Élisabeth Massacret
Responsable de programmes
au CIEP de Sèvres

Sylvie Pons
Professeur à l'Alliance Française
Paris

HACHETTE
Livre
Français langue étrangère
58, rue Jean-Bleuzen, 92170 VANVES

Cet ouvrage s'inspire du travail réalisé au CIEP de Sèvres, par une équipe composée d'Élisabeth Massacret et de Pierrette Mothe, dans le cadre du programme Leonardo pour l'ASE – Académie Syndicale Européenne –

Crédits photographiques et crédits textes voir page 192.

Maquette et Réalisation PAO : O'Leary
Couverture : Encore lui !
Photo couverture : Fotogram Stone/M. Mouchy
Dessins : Catherine Beaumont
Graphiques : Valérie Leroux
Secrétariat d'édition : Claire Dupuis
Recherche iconographique : Any-Claude Médioni

ISBN : 201155122-6

شناسنامه کتاب
نام کتاب : *Cafe Creme 4*
تیراژ و نوبت چاپ : چاپ اول ۵٠٠٠ جلد
لیتوگرافی : درخشان م آشوری ۶۷٠۹۷۲۸
چاپ و صحافی :
ناشر : انتشارات جنگل (Jungle publication - Iran - Tehran)
تلفن : ۰۹۱۱۳۱۹۷۵۰۷ – ۲۲۱۲۰۴۷ –۳۱۱۰
021- 6926639 - 6921166

Avant-propos

Café Crème 4 perfectionnement s'adresse à des adultes ayant suivi au moins 300 heures d'enseignement du français.

Le niveau 4 conserve les principes fondamentaux de *Café Crème* :
– un contenu assimilable en une centaine d'heure : les connaissances de base étant acquises, ce niveau propose révision et enrichissement des outils linguistiques ;
– une approche linguistique basée sur l'analyse de discours et les types de textes ;
– une démarche d'apprentissage dynamique : les principales rubriques sont conservées en particulier **Découvertes** et **Boîte à outils** ;
– une organisation des acquisitions en fonction de la séquence classe ; l'interactivité est renforcée et généralisée à l'ensemble des activités.

Café Crème 4 perfectionnement complète l'apprentissage par :
– une approche plus fonctionnelle des problématiques de société, liée au français sur objectifs spécifiques ; trois grandes entrées thématiques constituent les trois parties :
      partie 1: le monde du travail,
      partie 2 : la citoyenneté,
      partie 3 : le temps libre ;
– une utilisation systématique de supports authentiques non modifiés et dont le choix est très variés ;
– un renforcement des activités orales et écrites. L'accent est mis sur les productions ;
– un enrichissement des savoir-faire :
      présenter et interpréter des graphiques,
      lire des textes de spécialité,
      faire des exposés,
      lire des textes littéraires...

Enfin une évaluation systématique des acquisitions et des savoir-faire est mise en place tous les deux dossiers.
Une préparation au DELF deuxième degré est proposée à la fin de chaque partie.

En fin d'ouvrage, se trouvent :
– des simulations globales qui peuvent être développées librement en fonction des rythmes d'enseignement et d'apprentissage;
– la transcription des enregistrements ;
– un index culturel qui reprend les principaux sigles et les éléments de civilisation rencontrés dans les textes.

Comme dans les niveaux précédents :
– un cahier d'exercices,
– un guide pédagogique,
– deux cassettes audio,
– une cassette vidéo avec transcriptions
contituent un ensemble pédagogique complet.

L'ensemble *Café Crème 3* et *4* représente un outil de travail indispensable pour tout apprenant de niveau avancé.

Tableau des contenus

	Thème	Savoir-faire	Linguistique
UNITÉ 1 **Le monde professionnel**	les catégories socio professionnelles	lire des textes officiels, des décrets commenter des données chiffrées faire un exposé Localiser et caractériser	les auxiliaires d'aspect valeurs de l'imparfait et du plus-que-parfait constituer son autodictionnaire
UNITÉ 2 **L'entreprise aujourd'hui**	les entrepreneurs français	décrire un parcours professionnel rédiger un texte informatif et publicitaire argumenter et convaincre	les pronoms relatifs composés le vocabulaire de l'entreprise et de l'emploi
UNITÉ 3 **Les femmes dans l'entreprise**	l'organisation du travail la féminisation des noms de métier le partage des tâches	donner son opinion sur une question d'actualité faire un commentaire écrit sur des données rédiger pour convaincre	l'opposition et la concession le vocabulaire de l'emploi le texte descriptif
UNITÉ 4 **Le climat social**	la vie syndicale des Français la situation sociale en France	analyser une situation justifier un choix organiser un message à l'oral	faire une comparaison rapporter des propos des procédés pour faire un exposé et argumenter des expressions journalistiques
UNITÉ 5 **L'évolution du travail**	les changements dans la vie professionnelle les nouvelles formes d'emploi	commenter des graphiques faire un exposé pour présenter son activité professionnelle rédiger un c.v.	reconnaître et formuler une définition la négation utiliser des connecteurs
UNITÉ 6 **La France dans l'Europe**	l'Union européenne et l'euro les cultures en contact	utiliser des registres de langue différents expliquer ses motivations ou ses choix sur un thème	argumenter en utilisant une opposition l'hypothèse relative au passé : concordance des temps lire les sigles des expressions pour décrire le fonctionnement d'institutions
UNITÉ 7 **La vie associative**	le bénévolat en France le développement des associations l'engagement	se présenter pour trouver un emploi participer à un débat	le gérondif marquant la relation de cause à effet exprimer un sentiment de manière imagée le texte injonctif
UNITÉ 8 **La vie politique**	les clivages politiques la parité les élections	donner des arguments pour convaincre	l'emploi de *or* subjonctifs imparfait et plus-que-parfait la mise en relief le vocabulaire des élections

PARTIE 1 : LE MONDE DU TRAVAIL

PARTIE 2 : LA CITOYENNETÉ

Tableau des contenus

		Thème	Savoir-faire	Linguistique
PARTIE 2 : LA CITOYENNETÉ	**UNITÉ 9** **Paris, rencontre des cultures**	l'immigration le code de la nationalité	reconnaître les caractéristiques d'un texte historique, d'un texte journalistique comprendre une polémique	se situer dans le temps bien utiliser un dictionnaire
	UNITÉ 10 **La région Languedoc-Roussillon**	la découverte d'une région : géographie, économie, culture	présenter des données chiffrées pour faire une description interroger pour obtenir des informations, des explications, des jugements	la mise en relief la place de l'adjectif
PARTIE 3 : LE TEMPS LIBRE	**UNITÉ 11** **Panorama des loisirs**	les loisirs enquête sur les pratiques culturelles des Français les jeux	comprendre des règles de jeu	l'infinitif passé l'emploi de l'infinitif le vocabulaire des règles de jeu caractéristiques d'un texte théâtral : la comédie
	UNITÉ 12 **Les français et la forme**	le sport le phénomène « bio »	comprendre l'organisation textuelle d'un texte argumenté organiser sa pensée à l'oral	les connecteurs de cause et de conséquence les expressions lexicales de cause et de conséquence
	UNITÉ 13 **Culture en fête**	les activités culturelles la fête	comprendre le parler des jeunes	les niveaux de langue le passé surcomposé
	UNITÉ 14 **Tour de France culturel**	les festivals insolites la critique journalistique	reconnaître et comprendre un texte de critique comprendre un débat radiophonique exprimer des nuances et des degrés dans l'appréciation	la cohérence du texte : les termes de reprise
	UNITÉ 15 **Économie et loisirs**	loisirs et faits de société sociologie du voyage	comprendre une prise de position polémique concéder pour mieux affirmer dans un débat écrire des slogans publicitaires	les degrés d'intensité : superlatifs et équivalents le passage au discours indirect les verbes introducteurs du discours rapporté

Carte de France

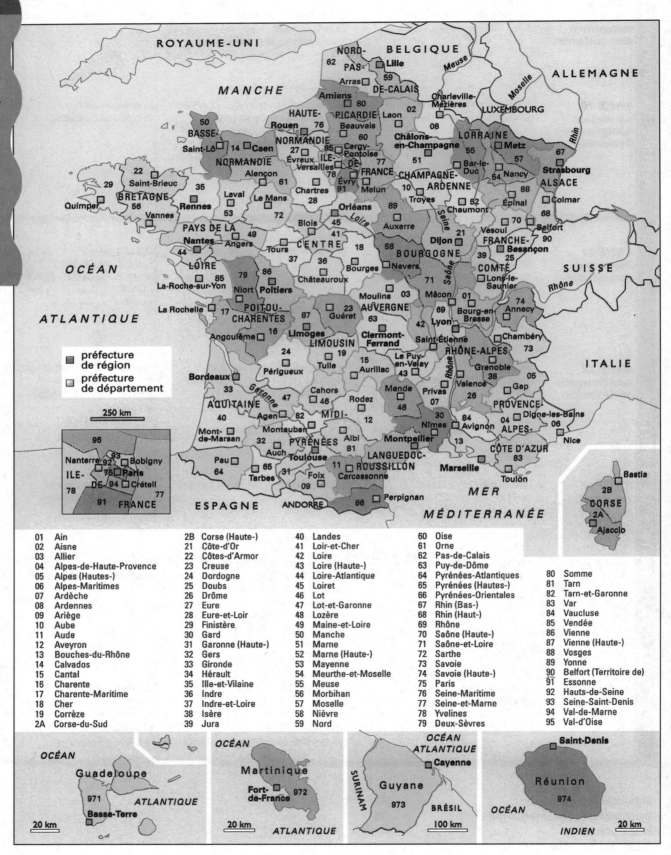

01	Ain	2B	Corse (Haute-)	40	Landes	60	Oise
02	Aisne	21	Côte-d'Or	41	Loir-et-Cher	61	Orne
03	Allier	22	Côtes-d'Armor	42	Loire	62	Pas-de-Calais
04	Alpes-de-Haute-Provence	23	Creuse	43	Loire (Haute-)	63	Puy-de-Dôme
05	Alpes (Hautes-)	24	Dordogne	44	Loire-Atlantique	64	Pyrénées-Atlantiques
06	Alpes-Maritimes	25	Doubs	45	Loiret	65	Pyrénées (Hautes-)
07	Ardèche	26	Drôme	46	Lot	66	Pyrénées-Orientales
08	Ardennes	27	Eure	47	Lot-et-Garonne	67	Rhin (Bas-)
09	Ariège	28	Eure-et-Loir	48	Lozère	68	Rhin (Haut-)
10	Aube	29	Finistère	49	Maine-et-Loire	69	Rhône
11	Aude	30	Gard	50	Manche	70	Saône (Haute-)
12	Aveyron	31	Garonne (Haute-)	51	Marne	71	Saône-et-Loire
13	Bouches-du-Rhône	32	Gers	52	Marne (Haute-)	72	Sarthe
14	Calvados	33	Gironde	53	Mayenne	73	Savoie
15	Cantal	34	Hérault	54	Meurthe-et-Moselle	74	Savoie (Haute-)
16	Charente	35	Ille-et-Vilaine	55	Meuse	75	Paris
17	Charente-Maritime	36	Indre	56	Morbihan	76	Seine-Maritime
18	Cher	37	Indre-et-Loire	57	Moselle	77	Seine-et-Marne
19	Corrèze	38	Isère	58	Nièvre	78	Yvelines
2A	Corse-du-Sud	39	Jura	59	Nord	79	Deux-Sèvres

80	Somme
81	Tarn
82	Tarn-et-Garonne
83	Var
84	Vaucluse
85	Vendée
86	Vienne
87	Vienne (Haute-)
88	Vosges
89	Yonne
90	Belfort (Territoire de)
91	Essonne
92	Hauts-de-Seine
93	Seine-Saint-Denis
94	Val-de-Marne
95	Val-d'Oise

Partie 1
LE MONDE DU TRAVAIL

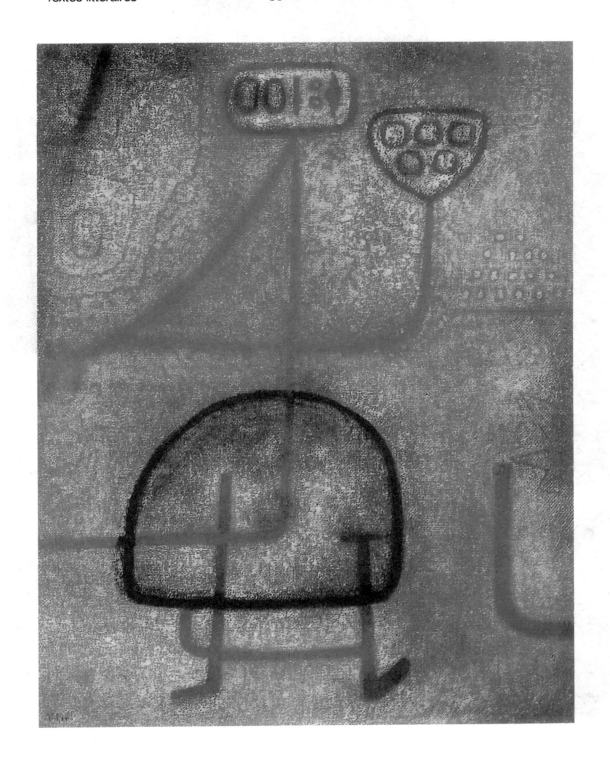

L E MONDE PROFESSIONNEL

Jeu de photos-devinettes

Règle du jeu (2 à 5 joueurs)

1. On tire au sort pour savoir qui sera le premier meneur de jeu.

2. Le meneur de jeu choisit une photo (sans dire laquelle). Les autres devront deviner de quelle photo il s'agit.

Pour les aider, le meneur de jeu donne des indices en décrivant un détail précis de l'image (par exemple : *sur cette photo, on voit un personnage qui a le bras tendu*).

Le joueur qui trouve après le premier indice marque 10 points. Celui qui trouve après le deuxième indice marque 9 points et ainsi de suite jusqu'à 1. Chaque joueur a droit à une seule réponse pour chaque indice donné.

Si, après le neuvième indice, aucun joueur n'a trouvé la bonne réponse, c'est le meneur de jeu qui marque 10 points.

3. Celui qui a gagné la première manche devient à son tour meneur de jeu. On arrête la partie... quand on est fatigué et on compte les points.

Répartition de la population active en France par secteurs économiques

Secteurs	Activités économiques
Secteur primaire 5 %	Agriculture – sylviculture – pêche
Secteur secondaire 30 %	Industries – mines – production d'énergie – bâtiment et travaux publics
Secteur tertiaire 65 %	Transports et télécommunications – commerce – administration – banques et autres services

CATÉGORIES SOCIOPROFESSIONNELLES

AGRICULTEURS exploitants

ARTISANS, COMMERÇANTS

CHEFS D'ENTREPRISES

CADRES SUPÉRIEURS administratifs commerciaux, ingénieurs...

PROFESSIONS INTELLECTUELLES SUPÉRIEURES

PROFESSIONS LIBÉRALES

PROFESSIONS INTERMÉDIAIRES (cadres moyens) administratives, commerciales, techniques, de la santé

EMPLOYÉS de l'administration, du commerce, agents de service, policiers...

OUVRIERS agricoles, de l'industrie, de l'artisanat, chauffeurs

LE SECTEUR PUBLIC EN FRANCE

FONCTION PUBLIQUE	• fonctionnaires : agents de l'administration centrale de l'État ou des collectivités locales (policiers, juges, professeurs, employés des Postes...) • agents des services publics (employés du métro appartenant à la Régie autonome des transports parisiens...)
ÉTABLISSEMENTS PUBLICS	• employés des entreprises nationalisées (Électricité et Gaz de France, certaines banques...)
SOCIÉTÉS D'ÉCONOMIE MIXTES	• employés de la Société nationale des chemins de fer, de là Compagnie française des pétroles...

Regardez les tableaux ci-dessus, puis répondez aux questions.

1. Quelles images illustrent le travail dans le **secteur primaire** ? dans le **secteur secondaire** ? dans le **secteur tertiaire** ?

2. Quels sont les **types d'activité économique** que vous pouvez identifier ?

3. À quelles **catégories socioprofessionnelles** vous semblent appartenir les personnages représentés ?

4. À votre avis, font-ils partie du **secteur public** ou du **secteur privé ?**

Par groupes de deux ou trois, comparez vos réponses et justifiez votre point de vue.

Pour vous aider

• à localiser sur une image :

en haut, en bas, au centre
à droite, à gauche de la photo/du personnage
au premier plan, au second plan,
à l'arrière-plan, en gros plan

il y a/on voit,
on peut voir/on distingue/on aperçoit
un objet...

• à caractériser un personnage :

– **par son apparence physique :** un homme grand, à cheveux courts, au nez pointu...
– **par ses vêtements :** un homme qui porte une casquette, une blouse...
– **par son attitude, ses gestes :** un homme debout, assis, le bras levé, penché en avant, qui tient un outil...
– **par son activité :** un homme qui conduit un tracteur, qui est en train de parler...
Si vous n'êtes pas certain(e) :
– un homme qui a l'air de lire, de...
– un homme tient un objet qui a l'air d'être une pince/qui ressemble à une pince...

LE DROIT DU TRAVAIL

Article L. 212-1 du code du travail

La durée légale du travail effectif des salariés est fixée à trente-neuf heures par semaine […].

La durée quotidienne du travail effectif par salarié ne peut excéder dix heures, sauf dérogation.

Loi n° 98-461 du 13 juin 1998 d'orientation et d'incitation relative à la réduction du temps de travail

Après l'article L. 212-1 du code du travail, il est inséré un article L. 212-1bis ainsi rédigé :

« Art. L. 212-1bis. Dans les établissements ou les professions mentionnés à l'article L. 200-1 (...), la durée légale du travail effectif des salariés est fixée à trente-cinq heures par semaine à compter du 1er janvier 2002. Elle est fixée à trente-cinq heures par semaine à compter du 1er janvier 2000 pour les entreprises dont l'effectif est de vingt salariés.

DÉCRET N° 84-972 DU 28 OCTOBRE 1984
relatif aux congés annuels des fonctionnaires de l'État
(*Journal officiel* du 1er novembre 1984)

Le Premier ministre,

Sur le rapport du ministre de l'Économie, des Finances et du Budget et du secrétaire d'État auprès du Premier ministre, chargé de la fonction publique et des simplifications administratives,

Vu la loi n° 84-16 du 11 janvier 1984 portant dispositions statutaires relatives à la fonction publique de l'État, notamment son article 34 ;

Vu le décret n° 78-399 du 20 mars 1978 relatif, pour les départements d'outre-mer, à la prise en charge de congés bonifiés accordés aux magistrats et fonctionnaires civils de l'État ;

Vu l'avis émis par le Conseil supérieur de la fonction publique de l'État en date du 10 mai 1984 ;

Le Conseil d'État (section des finances) entendu,

Décrète :

Article 1er

Tout fonctionnaire de l'État en activité a droit, dans les conditions et sous les réserves précisées aux articles ci-après, pour une année de service accompli du 1er janvier au 31 décembre, à un congé annuel d'une durée égale à cinq fois ses obligations hebdomadaires de service. Cette durée est appréciée en nombre de jours effectivement ouvrés.

En route
vers les 35 heures

Pour 9 millions de salariés, la durée légale du travail sera de 35 heures au 1er janvier 2000. À cette date, en effet, la loi Aubry s'appliquera obligatoirement aux entreprises de plus de 20 salariés. Les entreprises plus petites – qui emploient au total 4 millions de salariés – ne seront concernées que deux ans plus tard. Il est important de souligner que les 35 heures ne constituent pas une limite infranchissable mais un simple seuil au-delà duquel se déclenche le compteur des heures supplémentaires. Les entreprises resteront donc libres de faire travailler leurs salariés 39 heures, voire davantage.

Le Particulier n° 913,
septembre 1998.

4 À COMBIEN DE JOURS DE CONGÉ AVEZ-VOUS DROIT ?

Vous avez droit à 2 jours et demi ouvrables de congé par mois effectivement travaillé pendant l'année de référence (art. L. 223-2).

• Que signifie travail effectif ?

Il s'agit du travail effectivement accompli au cours de l'année de référence.

Les périodes de maladie et les jours de grève ne sont pas légalement assimilés à un temps de travail effectif mais peuvent l'être par la convention collective ou l'accord de l'employeur.

• Qu'est-ce qu'un « jour ouvrable » ?

Les jours ouvrables sont tous les jours de la semaine à l'exception du dimanche et des jours fériés chômés. Le samedi, même non travaillé, est un jour ouvrable.

LES JOURS FÉRIÉS

• Les 11 jours fériés légaux (art. L. 222-1).

– le 1er janvier
– le lundi de Pâques
– le 1er mai
– le 8 mai
– l'Ascension
– le lundi de Pentecôte
– le 14 juillet
– l'Assomption (15 août)
– la Toussaint (1er novembre)
– le 11 novembre
– le 25 décembre (Noël)

Aux jours fériés légaux peuvent s'ajouter des jours fériés pour fête professionnelle ou locale. Ex. : Saint-Éloi dans la métallurgie, le Vendredi saint et le 26 décembre en Alsace-Moselle.

• Le repos pendant les jours fériés. La loi n'impose pas le chômage des jours fériés autres que le 1er mai (sauf pour les mineurs de moins de 18 ans).

• Les « ponts ». On parle de « pont » lorsque l'employeur accorde le repos d'une journée comprise entre un jour férié chômé et les jours de repos hebdomadaire (ex. : pont de l'Ascension).

Salariés vos droits, Guide pratique CFDT, 1996.

• •

1 Avant de lire.

Comparez ces quatre documents du point de vue de la présentation du texte (paragraphes, colonnes, espaces, variations typographiques).

1. Qu'est-ce qui est le plus visible dans chacun ?
2. Pouvez-vous repérer des éléments identiques dans les trois textes ? à l'intérieur d'un même texte ?

2 Pour identifier des documents.

Parcourez rapidement chaque texte, sans vous arrêter aux difficultés.

1. Quel est l'émetteur de chacun des documents ? Dans quels documents l'émetteur apparaît-il dans le texte ? Sous quelle forme ?
2. Quels sont les destinataires de chacun de ces documents ? Dans lesquels le destinataire apparaît-il dans le texte ? Sous quelle forme ?
3. Quel est l'objectif de chacun des textes ?

3 Dans le document 2 :

1. Observez les caractéristiques d'un texte de décret : combien y a-t-il de phrases ? Trouvez le verbe et le sujet de la première phrase.
2. Avant de pouvoir promulguer un décret, le Premier ministre doit :
   a. consulter certaines personnes ou organismes. Lesquels ? Quelles expressions ou structures permettent de l'indiquer dans le texte ?
   b. se référer à d'autres textes. Lesquels ? Quelles expressions sont utilisées pour l'indiquer ?

4 Dans les quatre documents, cherchez :

1. les verbes qui expriment les notions de droit et d'obligation ;
2. les noms qui désignent les différentes sortes de textes définissant des droits et des obligations. Pouvez-vous distinguer les différences de sens entre chacun de ces termes ? Contrôlez à l'aide d'un dictionnaire.

5 Dans le document 4, observez la manière de poser des questions et celle d'y répondre. Notez les différentes façons :

1. d'expliquer un mot ;
2. d'indiquer à quelqu'un ses droits et ses devoirs ;
3. d'indiquer les exceptions à la loi ou les cas particuliers.

6 En groupes.

1. **Jeu des incollables.** Deux d'entre vous seront les experts en code du travail français. Les autres viennent leur poser des questions précises sur le droit du travail en France et son évolution.
2. **Jeu de rôles.** Un ami français veut travailler dans votre pays. Il vous pose des questions sur les horaires de travail et les congés. Préparez cette conversation : lequel des documents étudiés pourra vous servir de modèle linguistique ? Jouez la scène.
3. **Discussion.** Connaissez-vous l'origine des onze jours fériés en France (religieuse, historique...) ? Comparez avec les jours fériés dans votre pays.

PEUT-ON CLASSER LES FRANÇAIS ?

❶ Première écoute. Répondez aux questions.

1. Quelle est la situation de communication (conversation informelle, exposé/conférence, reportage à la radio…) ?

2. De quelles aides matérielles dispose la personne qui parle ?

3. De quoi parle-t-elle ?

4. En groupe : essayez de résumer oralement ce que vous avez compris.

Deuxième écoute. Contrôlez et complétez vos réponses.

❷ Troisième écoute (avec la transcription sous les yeux, p. 168).

Notez toutes les expressions qui permettent de :

1. localiser dans le temps ;

2. localiser sur un tableau.

Exprimer une comparaison (insistance sur la différence)

• Pour indiquer une différence absolue :
Le **premier** document est un tableau, **l'autre** une photo.
Le **premier** document est un tableau, **le deuxième** une photo.
Le **premier** document est un tableau **alors que** l'autre est une photo.
Le **premier** document est un tableau **tandis que** l'autre est une photo.
Les ouvriers travaillent ensemble, **au contraire** l'employé travaille seul.
L'employée, **au contraire**, est seule.
Les ouvriers travaillent ensemble, **en revanche** l'employée est seule/l'employée, **en revanche**, travaille seule.

• Pour indiquer une différence de degré : on utilise les comparatifs :
Le travail autrefois était **plus** pénible qu'aujourd'hui.

• Pour indiquer une différence partielle :
Toutes ces personnes travaillent **mais pas** de la même façon.
Toutes ces personnes travaillent **mais les uns** font un travail physique, les **autres** font un travail de bureau.
Les ouvriers font **tous** le **même** travail **mais chacun** a une tâche **différente**.

MÉTALLURGIE 1

DIDIER

2

❸ Commenter des images.

1. Observez et comparez ces deux images. Quelles idées vous suggère cette comparaison ? Faites une liste des idées exprimées dans le groupe et écrivez-les au tableau.

2. Imaginez que vous devez écrire un article illustré par ces deux images. Écrivez le titre de l'article. Comparez vos productions. Choisissez le meilleur titre.

3. Pour enrichir votre vocabulaire : exercez-vous à décrire le plus précisément possible chaque image sans utiliser de dictionnaire. Notez (dans votre langue maternelle) les mots qui vous manquent pour décrire : des objets, des gestes et attitudes, des lieux… Cherchez ces mots dans un dictionnaire.
Notez dans votre autodictionnaire ceux que vous pensez avoir l'occasion de réutiliser fréquemment.

OÙ TRAVAILLENT LES FRANÇAIS ?

(en millions)

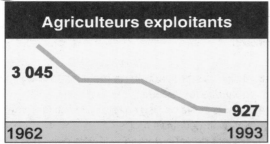

Agriculteurs exploitants

3 045

927

1962 — 1993

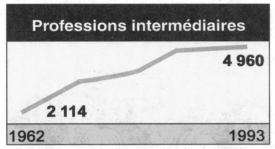

Professions intermédiaires

4 960

2 114

1962 — 1993

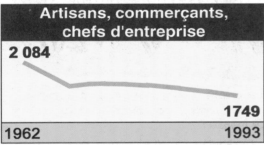

Artisans, commerçants, chefs d'entreprise

2 084

1749

1962 — 1993

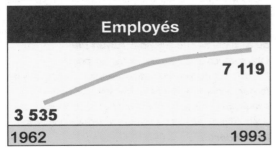

Employés

7 119

3 535

1962 — 1993

Les mutations de ces différentes catégories ces vingt dernières années font ressortir quelques évolutions marquantes :
– le déclin des agriculteurs exploitants dont le nombre a chuté de 3,1 millions en 1962 à 0,9 en 1994 (ils représentaient 16 % des actifs en 1962 et seulement 4 % en 1994) ;
– les ouvriers demeurent le groupe social le plus important même si leur nombre est en régression (de 8 millions en 1962 à 6,5 millions aujourd'hui). Régression encore plus sensible en pourcentage (de 40 % à 26 % des actifs entre 62 et 94) ;
– l'essor considérable du nombre d'employés (6 millions aujourd'hui) et des professions inter-médiaires (4,5 millions) ;
– les cadres sont également en progression constante.

Sciences humaines, n° 10.

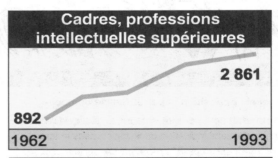

Cadres, professions intellectuelles supérieures

2 861

892

1962 — 1993

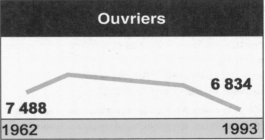

Ouvriers

6 834

7 488

1962 — 1993

❹ **Commenter des données chiffrées.**

Observez et comparez les documents 1 et 2, extraits de deux articles différents de la même revue.

Si vous regardez les chiffres, que remarquez-vous ? Comment l'expliquez-vous ? Notez et classez tous les mots et expressions qui permettent d'exprimer les variations.

L'évolution est-elle la même dans votre pays ? Renseignez-vous et, sur le modèle du document 2, écrivez un court texte pour présenter le résultat de vos recherches.
Dans notre pays, les dix dernières années font ressortir les évolutions suivantes : le nombre des ouvriers est en progression constante./Voici les évolutions marquantes des dix dernières années : montée en puissance/essor des ouvriers dont le nombre a augmenté de 25 %...

AUXILIAIRES D'ASPECT

• Pour décrire des actions, vous devez être capables d'utiliser les auxiliaires d'aspect. Ils permettent de préciser à quel stade du déroulement de l'action on se trouve, du point de vue de celui qui parle ou écrit : avant, après, pendant l'action.

Avant l'action : *L'ouvrier* **va** *frapper le fer rougi.* (futur proche)

L'ouvrier **se prépare à** *frapper le fer rougi.*

L'ouvrier **s'apprête à** *frapper le fer rougi.*

L'ouvrier **est sur le point de** *frapper le fer rougi.*

Pendant : *Les ouvriers* **sont en train de** *forger une barre de fer.*

Après : *Un ouvrier* **vient de** *donner un coup de marteau.* (passé récent)

❶ Utilisez les auxiliaires d'aspect avec les verbes entre parenthèses.

1. La mère est arrivée juste à temps : son petit garçon (avaler) un médicament très dangereux.

2. Ah, non ! je ne ressors pas pour acheter du pain, je (rentrer) à l'instant.

3. J'aimerais bien que tu ne mettes pas la télé à fond quand je (travailler).

4. Je suis arrivé un peu en retard, le film (commencer), il y avait déjà trois morts !

5. Désolé de vous déranger, je vois que vous (sortir).

6. Entrez donc, nous (boire) le café, vous en prendrez bien une tasse avec nous ?

VALEURS DE L'IMPARFAIT ET DU PLUS-QUE-PARFAIT

Rappel : opposition imparfait/passé composé

L'**imparfait** sert à décrire le cadre, le décor de l'action principale, sans indication de limitation dans le temps :
Il **pleuvait** *sans cesse. Il* **pleuvait** *depuis le matin.*
(Mais : *Il* **a plu** *pendant dix jours.*)

• Le **passé composé** (ou le **passé simple** dans les textes littéraires) sert à raconter des actions successives et achevées :
Il pleuvait, je **suis sorti** *et j'***ai pris** *le bus.*
Il **pleuvait**, *il* **sortit** *et* **prit** *l'autobus.*

🔥 C'est le **point de vue du narrateur** qui détermine l'utilisation des temps. Il choisit ce qu'il considère comme le décor et ce qu'il considère comme l'action principale :
Je **dormais** *quand le téléphone* **a sonné**.
Le téléphone **sonnait** *quand elle* **est entrée**.
Il peut aussi choisir de ne mettre aucune action en relief :
Au moment où le téléphone **sonnait**, *elle* **entrait**.

• L'imparfait sert à raconter des actions qui se sont répétées dans le passé, sans indication de limitation dans le temps :
Tous les matins, je **prenais** *le bus.*
Depuis mon arrivée, je **prenais** *le bus.*
(Mais : *J'***ai pris** *le bus tous les matins pendant 10 ans.*)

Les indicateurs de fréquence *(tous les…, chaque, souvent, parfois…)* sont parfois supprimés :
Je **prenais** *le bus.*

• Le **plus-que-parfait** exprime qu'une action passée et achevée est antérieure à une autre action passée, elle-même exprimée au passé composé, au passé simple ou à l'imparfait : *Je suis sorti. Il* **avait plu**.
Observez les transformations de ces phrases :
Il **a pris** *le bus tous les matins pendant dix ans. Il* **est** *fatigué. Alors il* **se décide** *à acheter une voiture.*
Il **avait pris** *le bus tous les matins pendant dix ans. Il* **était** *fatigué. Alors il* **se décida** *à acheter une voiture.*
Il **s'est décidé** *à acheter une voiture :*
il **lit** *les petites annonces tous les jours.*
Il **s'était décidé** *à acheter une voiture :*
il **lisait** *les petites annonces tous les jours.*
Vous voyez que l'imparfait correspond au présent et le plus-que-parfait au passé composé.

🔥 Une action est considérée comme achevée lorsque le narrateur la situe dans une période de temps déterminée :
Il **avait plu** *toute la nuit* ne signifie pas nécessairement que la pluie a cessé le matin. Je peux continuer ma phrase aussi bien par : *et il pleuvait encore* que par : *maintenant le soleil brillait.*

❷ Mettez le verbe entre parenthèses au temps qui convient.

1. Quand elle entra dans l'atelier, elle fut affolée : les machines (tourner), les ouvrières (s'affairer), le bruit (être) infernal.
2. En dix ans aucun accident ne (se produire), c'est alors que le drame arriva.
3. Pendant huit heures, il (travailler) sans prendre un instant de repos. Quand la sonnerie retentit, il (être) toujours devant sa machine.
4. Les étudiants ont fait un stage en usine pendant l'été ; pendant trois semaines ils (se lever) à 5 heures et (travailler) 8 heures par jour. À la fin du stage, ils (être) tous épuisés !
5. Quand je l'ai connue, elle était chef de service dans une banque mais auparavant elle (faire) tous les métiers.

❸ Après avoir étudié les textes des pages 16 et 17 :

1. Relisez le texte d'Émile Zola. Quels sont les temps employés ? Quelle est leur valeur ?
2. Réécrivez le texte d'Agota Kristof à partir de : *Quant à moi* (l. 20) en situant l'action dans le passé.

VOCABULAIRE

LEXIQUE : CONSTITUER SON AUTODICTIONNAIRE

Un autodictionnaire est un dictionnaire personnalisé que vous constituez progressivement. Il ne s'agit pas de relever tous les mots nouveaux mais seulement ceux qu'il vous semble particulièrement utile de retenir, en fonction de vos besoins et de vos intérêts.

Le plus pratique est d'utiliser des fiches.

• **Fiches-mots :** notez les mots de façon lisible et correcte : attention à l'orthographe !
N'oubliez pas d'indiquer le genre des noms, le groupe de conjugaison des verbes, la forme du féminin et du pluriel des adjectifs, et surtout relevez le contexte (phrase ou expression) dans lequel vous avez rencontré le mot. Si vous trouvez ensuite le même mot dans un autre contexte, vous compléterez votre fiche.
Exemple :

pont (nom, masc.)   *« Sous le pont Mirabeau, coule la Seine. »*
         On parle de pont lorsque l'employeur accorde une journée de repos entre un jour férié
         et les jours de repos hebdomadaire.

• **Fiche-constellation de mots.** Vous y regrouperez :
– soit les mots de même famille : *loi, législatif, législation, légal…*
– soit les mots appartenant au même champ lexical (= même domaine) : *congé, congé payé, jour férié, fête, pont.*
Dans ce cas, sur votre fiche *pont*, vous notez : (voir : *congé*). Cela vous permettra, si vous avez à parler ou à écrire sur ce sujet, d'avoir à votre disposition un ensemble de mots qui se rattachent au thème.
De temps en temps, demandez à votre professeur de vérifier votre travail.

❶ Commencez des fiches sur le monde du travail. Relisez les documents déjà étudiés et relevez tous les mots qui se rattachent au thème *travailler*. Vous pourrez avoir une fiche-constellation regroupant :
– les différentes manières de désigner le travail que l'on fait : *la profession ;*
– les différentes manières de désigner l'action de travailler : *exercer une profession ;*
– les manières de caractériser le travail : *un travail manuel ;*
– les manières de désigner les gens qui travaillent : *les salariés ;*
– les noms qui désignent les lieux où l'on travaille : *l'usine.*
Si ce thème vous intéresse particulièrement, vous pourrez ajouter par exemple : le nom des instruments du travail *(un scalpel)*, le nom précis des différents métiers *(un vendangeur…).*
Vous continuerez à enrichir votre fiche au cours de l'étude des documents suivants.

roman

Il l'aimait donc en mâle reconnaissant, la Lison, qui partait et s'arrêtait vite, ainsi qu'une cavale vigoureuse et docile ; il l'aimait parce que, en dehors des appointements fixes, elle lui gagnait des sous, grâce aux primes de chauffage. Elle vaporisait si bien qu'elle faisait en effet de grosses économies de charbon. Et il n'avait qu'un reproche à lui adresser,

5 un trop grand besoin de graissage : les cylindres surtout dévoraient des quantités de graisse déraisonnables, une faim continue, une vraie débauche. Vainement il avait essayé de la modérer. Mais elle s'essoufflait aussitôt, il fallait ça à son tempérament. Il s'était résigné à cette passion gloutonne, de même qu'on ferme les yeux sur un vice, chez des personnes qui sont, d'autre part, pétries de qualités ; et il se contentait de dire, avec son chauffeur,

10 en matière de plaisanterie, qu'elle avait, à l'exemple des belles femmes, le besoin d'être graissée trop souvent.

Pendant que le foyer ronflait et que la Lison peu à peu entrait en pression, Jacques tournait autour d'elle, l'inspectant dans chacune de ses pièces, tâchant de découvrir pourquoi, le matin, elle lui avait mangé plus de graisse que de coutume. Et il ne trouvait rien, elle

15 était luisante et propre, d'une de ces propretés gaies qui annoncent les bons soins tendres d'un mécanicien. Sans cesse, on le voyait l'essuyer, l'astiquer ; à l'arrivée surtout, de même qu'on bouchonne les bêtes fumantes d'une longue course, il la frottait vigoureusement, il profitait de ce qu'elle était chaude pour la mieux nettoyer des taches et des bavures. Il ne la bousculait jamais non plus, lui gardait une marche régulière, évitant de se mettre en

20 retard, ce qui nécessite ensuite des sauts de vitesse fâcheux. Aussi tous deux avaient-ils fait toujours si bon ménage, que, pas une fois, en quatre années, il ne s'était plaint d'elle, sur le registre des dépôts, où les mécaniciens inscrivent leurs demandes de réparation, les mauvais mécaniciens, paresseux ou ivrognes, sans cesse en querelle avec leur machine.

ÉMILE ZOLA, *La Bête humaine* (1890).

Aujourd'hui, je recommence la course imbécile. Je me lève à cinq heures du matin, je me lave, je me rase, je fais du café, je m'en vais, je cours jusqu'à la place Principale, je monte dans le bus, je ferme les yeux, et toute l'horreur de ma vie présente me saute au visage.

5   Le bus s'arrête cinq fois. Une fois aux confins de la ville et une fois dans chaque village que nous traversons. Le quatrième village est celui où se trouve la fabrique dans laquelle je travaille depuis dix ans.

Une fabrique d'horlogerie.

Je prends mon visage dans mes mains comme si je dormais mais je le fais pour cacher
10 mes larmes. Je pleure. Je ne veux plus de la blouse grise, je ne veux plus pointer, je ne veux plus mettre en marche ma machine. Je ne veux plus travailler.

J'enfile la blouse grise, je pointe, j'entre dans l'atelier.

Les machines sont en marche, la mienne aussi. Je n'ai qu'à m'asseoir devant, prendre les pièces, les poser dans la machine, presser sur la pédale.

15 La fabrique d'horlogerie est un immense bâtiment qui domine la vallée. Tous ceux qui y travaillent habitent le même village, sauf quelques-uns qui comme moi viennent de la ville. Nous ne sommes pas très nombreux, le bus est presque vide.

La fabrique produit des pièces détachées, des ébauches pour d'autres usines. Aucun d'entre nous ne pourrait assembler une montre complète.

20 Quant à moi, je perce un trou avec ma machine dans une pièce définie, le même trou dans la même pièce depuis dix ans. Notre travail se résume à cela. Poser une pièce dans la machine, appuyer sur la pédale.

Avec ce travail, nous gagnons tout juste assez d'argent pour manger, pour habiter quelque part, et surtout pour pouvoir recommencer le travail le lendemain.

25 Qu'il fasse clair ou sombre, les néons sont constamment allumés dans l'immense atelier. Une musique douce est diffusée par les haut-parleurs. La direction pense que les ouvriers travaillent mieux avec la musique.

Il y a un petit bonhomme, ouvrier lui aussi, qui vend des sachets de poudre blanche, des tranquillisants que le pharmacien du village prépare à notre intention. Je ne sais pas
30 ce que c'est, j'en achète parfois. Avec cette poudre, la journée passe plus vite, on se sent un peu moins malheureux. La poudre n'est pas chère, presque tous les ouvriers en prennent, c'est toléré par la direction, et le pharmacien du village s'enrichit.

Il y a parfois des éclats, une femme se lève, elle hurle :

– Je n'en peux plus !

35 On l'emmène, le travail continue, on nous dit :

– Ce n'est rien, ses nerfs ont lâché.

Dans l'atelier, chacun est seul avec sa machine. On ne peut pas se parler, sauf aux toilettes, et encore, pas trop longtemps, nos absences sont comptées, notées, enregistrées.

AGOTA KRISTOF, *Hier*, © Éd. du Seuil, Paris, 1995.

1 **En groupes.**
Lisez rapidement les deux textes, sans vous arrêter aux difficultés. Indiquez les ressemblances et les différences.

2 **Relisez attentivement les deux textes.**

1. L'époque : quels détails dans chaque texte permettent d'en situer l'époque ?

2. Le métier : quels points communs et quelles différences y a-t-il entre les métiers des deux personnages ? entre leurs conditions de travail ?

3. Les gestes du travail : cherchez les phrases qui les décrivent dans chaque texte.

4. Les sentiments éprouvés par chacun des deux personnages à l'égard de son travail : cherchez les expressions qui les expriment. Quelles raisons expliquent ces sentiments opposés ?

5. L'homme et la machine : dans le texte de Zola, la machine a un nom. Elle est comparée à une *cavale*. Pouvez-vous trouver le sens de ce mot en le rapprochant de mots de la même famille que vous connaissez ? Quels sont les autres mots qui, dans le texte, reprennent cette comparaison ? À quoi pourriez-vous comparer les ouvriers du texte d'Agota Christof ? Proposez un titre pour chacun des deux textes.

L'ENTREPRISE AUJOURD'HUI

Démographie des entrepreneurs français

172474 entr.

1652 514 entrepreneurs

1824 988 entrepreneurs

	Entre 20 et 40 ans	Entre 20 et 30 ans
Entreprises de plus de 10 salariés	24,2 %	4,2 %
Entreprises de moins de 10 salariés	34,9 %	8,5 %
Total des entreprises	33,4 %	7,6 %

Messieurs, on ne demande pas son âge à une dame ! (Et encore moins à son chef d'entreprise !)

2

Ce qu'ils veulent	Ce qu'ils ne veulent pas
Vivre une aventure	Devenir un notable
Etre appelé chef d'entreprise	Etre appelé patron
Animer une communauté d'hommes	Vivre avec des machines
Devenir des managers	Rester des techniciens
Déléguer et responsabiliser	Etre autoritaire et paternaliste
S'entourer et consulter	Diriger en solitaire

 La vie professionnelle est de plus en plus codifiée.

La tenue vestimentaire, les comportements vis-à-vis des clients dans le cadre de la vie professionnelle, et parfois en dehors, sont souvent plus ou moins codifiés. Certaines entreprises acceptent mal des employés habillés ou coiffés de façon voyante, trop gros, fumeurs, atteints de certaines maladies ou ayant des opinions politiques ou religieuses non conformes.

G. Mermet, *Francoscopie*, 1997
© Larousse-Bordas, 1996, p. 280.

 LES ASTUCES POUR SE VIEILLIR

En mal de crédibilité, les jeunes patrons essaient souvent de paraître plus vieux qu'ils ne le sont.
Principales techniques employées :
• se laisser pousser la barbe…
• … ou, pour les femmes, abuser d'un maquillage tapageur ;
• porter une tenue sombre de coupe traditionnelle (costume ou tailleur de couleurs assorties) ;
• opter pour une coiffure stricte (coupe ni trop courte ni trop longue pour les garçons, catogan[1] pour les filles ;
• adopter une attitude réservée en toutes circonstances ;
• porter des lunettes en écaille.
Tous ces efforts sont en fait largement inutiles. Les jeunes patrons ne peuvent espérer acquérir une réelle crédibilité face à leurs interlocuteurs que par leur discours ou, mieux, par leurs réalisations…

1. Catogan : nœud ou ruban qui attache les cheveux sur la nuque.

❶ Constituez quatre groupes. Choisissez un document par groupe, discutez-en et présentez-le aux autres groupes.
Pour vous aider, répondez aux questions concernant votre document et faites des déductions.

Document 1
1. Quel est le pourcentage de chefs d'entreprise de moins de 40 ans ?
2. Comment expliquez-vous ce chiffre ?

Document 2
1. Pouvez-vous expliquer les préférences et les rejets des entrepreneurs français ?
2. Partagez-vous leurs opinions ? Pourquoi ?

Document 3
1. Est-ce que la vie professionnelle est de plus en plus codifiée dans votre pays ?
2. Existe-t-il les mêmes codes ? Y en a-t-il d'autres ?

Document 4
1. Que pensez-vous des astuces employées par les jeunes entrepreneurs pour se vieillir ?
2. Lesquelles choisiriez-vous ?

❷ Remue-méninges.
Quelles qualités doit posséder un chef d'entreprise aujourd'hui ? Faites une liste commune. Classez-les par ordre d'importance. Justifiez vos choix.

❸ Caractérisez les personnages et les situations présentés dans chaque dessin (ci-dessus).

❹ Retrouvez le titre correspondant au dessin.
1. Simplifier l'organisation.
2. Responsabiliser ses collaborateurs.
3. Être à l'écoute du client.
4. Offrir un service réel au client.

La relève est à pied d'œuvre : un tiers des chefs d'entreprise français ont moins de 40 ans ; découvrez leur monde.

Ils allaient se coucher avec le marchand de sable[1] pendant que leurs parents regardaient Neil Amstrong marcher sur la lune en noir et blanc. Ils n'allaient pas à l'école le jeudi après-midi. Ils se prenaient les doigts dans le cadran de téléphones en bakélite noire, Mai 68[2] en très lointain bruit de fond. Plus tard, ils ont porté des sabots[3] en écoutant Bernard Lavilliers[4] sur des pick-up et dansé sur la musique du groupe appelé Police. Déjà la crise perçait sous le smic[5]. Et puis la France a basculé à gauche. La télé s'est mise en boîte, l'ordinateur a envahi les bureaux, les Sicav[6] ont aspiré l'épargne et le chômage les salariés des multinationales.

Et eux, enfants des « trente glorieuses[7] », adolescents des chocs pétroliers, étudiants des années « frime-fric[8] », trentenaires de la fin du siècle, ceux que le magazine *Le Nouvel Observateur* avait baptisés, en 1979, « la bof génération[9] », le bac + en poche, ils ont créé des entreprises. En assez grand nombre pour représenter, au dernier recensement, un tiers de la population entrepreneuriale française. Population qui n'avait pas connu un tel renouvellement depuis l'après-guerre.

Enquête réalisée
par la rédaction de *L'Entreprise*,
avril 1994.

1. Le marchand de sable : quand les enfants ont sommeil, les yeux leur piquent et on dit que « le marchand de sable est passé ». Le texte fait allusion à une émission de télévision, *Bonne nuit les petits*, de la fin des années 60.
2. Mai 68 : les événements de mai 1968. La cinquième république française traversa une crise économique, sociale, politique et culturelle.
3. Sabots : chaussures paysannes faites d'une seule pièce de bois. Les jeunes en portaient. C'était la mode.
4. Bernard Lavilliers : chanteur de variétés.
5. Le smic : salaire minimum interprofessionnel de croissance.
6. Les Sicav : sociétés d'investissement à capital variable. Créée dans les années 60, une Sicav est une gestion collective d'instruments financiers (actions et obligations) cotés en Bourse.
7. Les « trente glorieuses » : les trente années de prospérité économique précédant les chocs pétroliers (1948-1978).
8. Les années « frime-fric » : les années où les signes extérieurs de richesse étaient très importants (1980-1990).
9. La « bof génération » : *bof !* est une interjection française exprimant la lassitude. La « bof génération » fait référence à une jeunesse blasée, sans idéal.

---

❶ Lisez le texte 1 et faites un compte rendu oral.

1. Quelle est la source de ce document ? Qui l'a écrit ?

2. Quel est le thème du document ?

3. Choisissez un titre pour les paragraphes 1 et 2.

Comparez vos réponses avec celles de votre voisin.

Décrire le parcours professionnel d'une personne

Il/elle se destinait à… mais…
Il/elle voulait être… mais… l'en a empêché.
Il/elle était parti(e) pour une carrière à/de… mais la/le voilà parachuté(e) dans…
Il/elle est amené(e) à…
Il/elle dirige, crée, gère une société de…
Il/elle séduit/convainc/réussit à/se lance dans/s'entoure de…

• **Conseils pour rédiger un article :**
– Définir votre objectif : qu'est-ce que vous voulez que votre lecteur apprenne, retienne ?

– Commencer par rédiger le corps du texte.
– Citer une ou deux fois les propres paroles de la personne, si c'est possible.
– Utiliser de préférence le présent.
– Faire des phrases simples (15 mots maximum avec un vocabulaire précis).
– Finir par la recherche du titre.
Le titre synthétise l'idée essentielle du texte. C'est ce qui fera que le lecteur lira ou ne lira pas le texte de l'article.
– Relire l'article.

LE CRÉATEUR : « Plus c'est fou, plus ça me plaît ! »

*Fabrice Durand-Alizé,
25 ans, Aquarium de Touraine.*

Il voulait être basketteur, mais son dos l'en a empêché. Étudiant en Sciences Éco, il est amené à donner un coup de main à son père dont l'entreprise d'aliments pour chiens, créée cinq ans auparavant, bat de l'aile : « Il vendait des gros sacs d'aliments aux coopératives. J'ai réorienté le marketing vers la grande distribution. Et trois ans plus tard, j'ai revendu une entreprise remise à flot. »

Le virus est pris, Fabrice Durand-Alizé est et restera chef d'entreprise. Et il en crée plusieurs, dans la reprographie, la publicité, puis dans le prêt-à-porter, tout en cajolant un grand projet : un aquarium d'eau douce en pleine campagne. L'Aquarium de Touraine, filiale de la holding Durand-Alizé, 4 000 mètres carrés, 20 millions de francs (donc 5 en propre) d'investissements, a ouvert ses portes le 1er avril.

« Un projet fou, auquel personne ne croyait. C'est pour cette raison que cela me plaît », s'exclame le tout jeune dirigeant, dont l'assurance étonne. Mais il a séduit et convaincu la Caisse d'épargne, la mairie de Lussault-sur-Loire qui aménage le carrefour, le conseil général qui finance la commune et ses dix fournisseurs, qu'il a associés au projet. Prochaine étape ? La capitale. Et peut-être l'Europe.

L'HÉRITIÈRE : « 90 jours pour convaincre »

Son père préside toujours Bourgoin, le deuxième volailler d'Europe, 4,8 milliards de francs de chiffre d'affaires et 4 400 salariés. Mais c'est Corinne qui dirige, décide et gère. Elle était partie, ingénieur des Ponts et Chaussées, pour une belle carrière à la direction générale de grands groupes après avoir créé son entreprise... au Japon. Mais, après un accident familial, la voilà parachutée dans l'entreprise paternelle : « Je m'étais donné 90 jours pour m'imposer. Si je n'avais pas été reconnue dans les trois mois par les cinquante personnes avec qui je suis en contact direct, je serais partie. » Elle est restée.

LE REPRENEUR : « Réaliser le rêve de papa »

Il dirige Sofidel, un groupe de 3 et bientôt 4 sociétés, dans le Nord, spécialisées dans le traitement de surface. Il vise les 100 millions de francs de chiffre d'affaires d'ici à 5 ans. Son père, ouvrier devenu directeur d'usine à la force du poignet, ne parlait que de « se mettre à son compte ». James Delavault réalise le rêve paternel après dix ans d'expérience technique et commerciale, grâce à un de ses clients désireux de céder son affaire. La transaction a été conclue en 1988, avec le soutien de Sofaris. « Le plus intéressant dans ce métier, dit-il, c'est le pouvoir de décider et d'influer sur les événements. »

L'Entreprise, n° 103, avril 1994.

---

❷ Lisez les titres du document 2 et faites des hypothèses sur le contenu de chaque texte.

❸ Lisez l'article.

1. Justifiez le choix des titres.
2. Quels éléments apprend-on sur le parcours professionnel de chaque personne présentée ?
3. Comment ont-elles réussi ? Notez les mots-clés.

❹ Relevez dans chacun des textes des phrases, des expressions et des mots :

1. utilisés pour montrer que la personne n'était pas destinée au métier de chef d'entreprise ;
2. utiles pour parler de la carrière d'une personne.

❺ Vous devez écrire un article sur le parcours professionnel d'une nouvelle collaboratrice, Sandrine Daudin, pour le journal de votre entreprise. Aidez-vous de l'article et des notes ci-dessous.

Études : Sandrine Daudin voulait faire de la philosophie. Mais études courtes : Brevet de technicien supérieur (BTS) de technique commerciale. Contraintes familiales.
Travail : petite société de communication audiovisuelle avec quelques associés.
Souhaits : meilleure ambiance professionnelle ; moins de conservatisme chez ses collaborateurs.
Paroles de Sandrine : « La plupart des décisions prises par nos dirigeants le sont à partir des besoins des grandes entreprises. Les petites n'ont aucune existence à leurs yeux. Alors, il faut expliquer, expliquer encore. »
« J'ai fini par me résigner à porter des tailleurs. »

UNE ENTREPRISE DYNAMIQUE : LA FNAC

1

PARCOURS JEUNESSE 98 . UNE SÉLECTION DE 75 ROMANS POUR LES 7-12 ANS

On veut des Romans !

Aventures, rire, frissons, amitié...
les libraires de la Fnac proposent
de vrais romans, pour tous les appétits.

fnac

www.fnac.fr

2

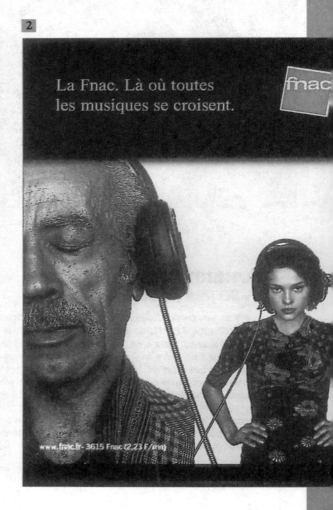

La Fnac. Là où toutes
les musiques se croisent.

fnac

www.fnac.fr - 3615 Fnac (2,23 F /mn)

❶ **Décrivez chaque photo et répondez aux questions.**

1. À qui s'adressent ces publicités ? Quels sont les produits vendus ? Qui est l'annonceur ?

2. Lisez et commentez les slogans.

❷ **Écoutez l'enregistrement et complétez la fiche d'identité de la FNAC.**

Raison sociale : …

Date de création : …

Activités : …

Chiffre d'affaires : …

Originalité : …

Implantation en France : …

Implantations à l'étranger : …

❸ **Rédigez quelques lignes pour une plaquette de présentation de l'entreprise Mikros Images, en vous aidant de l'interview au sujet de la FNAC.**

Utilisez les données suivantes.

Fondation : 1984.

Activités : publicité pour Dior. Habillage des jeux Olympiques.

Chiffre d'affaires : 45,5 millions de francs.

Implantation : Paris et Marseille.

Objectifs : traitement numérique de l'image. Maîtrise de nouvelles technologies.

Effectif : 40 salariés.

Des cartes de visite à l'aquarelle

Claude Leforestier, qui dirige l'Imprimerie des mouettes, à Dinard, poétise les cartes de visite des commerçants. À partir d'une photo de la façade du magasin, il fait réaliser une aquarelle originale par un artiste peintre. L'œuvre est reproduite en quadrichromie sur les cartes (2 500 francs hors taxes les mille). En deux ans, il a trouvé 500 clients dans sa région et vend aujourd'hui son concept dans chaque département (16 000 francs pour deux jours de formation et le matériel de démonstration).

CONTACT : IMPRIMERIE DES MOUETTES
TÉL : 02 99 46 14 23

Une agence spécialisée dans les mariages romantiques

Si l'on se marie moins aujourd'hui, on cherche pourtant, lorsque l'on y consent, à davantage marquer le coup. Par exemple, en se rendant dans un lieu insolite à l'étranger pour célébrer son mariage de manière romantique avec un nombre limité d'invités. Aux États-Unis et en Allemagne, des agences se sont donc spécialisées dans l'organisation de ces noces exotiques.

CONTACT : GRAND LUXE INTERNATIONAL
TÉL : (1) 201 327 23 33

Le restaurant pour chiens

Le fast-food Poppy Hut, avec service au volant, ne sert à manger qu'aux chiens : cheeseburgers, frites à la mélasse, cola canin, etc. : on est aux États-Unis. On y fête même les anniversaires…

CONTACT : MARKETING PROFIT
FAX : 01 30 74 89 24

L'ENTREPRISE, N° 153, juin 1998.

❹ **Par groupe de deux, choisissez un des objets ou des services décrits ci-dessus.**

1. Cherchez les trois arguments que vous utiliseriez pour convaincre quelqu'un d'acheter ce produit ou ce service.
2. Cherchez les trois arguments à utiliser pour refuser d'acheter ce produit.

❺ **Jeu de rôles : par groupes de deux, vous jouez le rôle de vendeur, vous présentez le produit, et ses arguments pour convaincre d'acheter. Un autre joue le rôle de client et donne ses arguments pour refuser de l'acheter.**

Argumenter et convaincre à l'oral	
Pour valoriser	**Pour dévaloriser**
sur le plan pratique	
utile, indispensable, pratique, performant, efficace…	inefficace, superflu, dérisoire…
sur le plan esthétique	
charmant, délicieux, enchanteur, splendide, super, génial, sublime, superbe…	horrible, laid, abominable, épouvantable, hideux, repoussant, de mauvais goût…
sur le plan normatif	
insolite, étonnant, original…	bizarre, curieux, singulier, saugrenu, grotesque…

Conseils pour organiser un message

1 sur le plan chronologique
Tout d'abord, ensuite…
En premier lieu, en second lieu…
Premièrement, deuxièmement…
D'une part, d'autre part, en conséquence…
De toute façon, finalement, au fond, en somme, bref…

2 utiliser des procédés pour
– réfuter les arguments de l'autre :
justement, au contraire, pas du tout…
– s'opposer, insister, faire des hypothèses :
mais/or, quand même/il y a même…,
même les enfants…
si vous…, vous + futur (proche ou simple)

LES PRONOMS RELATIFS

• Les pronoms relatifs sont utilisés pour lier, dans une même phrase, deux informations concernant le même élément. Ils permettent de caractériser une personne ou une chose.

Formes simples :

Pronoms	Fonctions	Exemples
Qui	sujet	*Il a convaincu le maire/la mairie.*
		***Il/elle** va financer son projet.*
		***Celui-ci/celle-ci** va financer son projet.*
		➜ *Il a convaincu le maire/la mairie **qui** va financer son projet.*
Que	complément d'objet	*Il a convaincu le maire/la mairie.*
		*Il **l'**a associé(e) à son projet.*
		➜ *Il a convaincu le maire/la mairie **qu'**il a associé(e) à son projet.*
		(Avec le pronom relatif **que**, on accorde le participe passé.)
Dont	complément d'un nom	*Il a aidé son père. L'entreprise **de** son père bat de l'aile.*
		➜ *Il a aidé son père **dont** l'entreprise bat de l'aile.*
	complément d'un verbe	*C'est une entreprise. On parle souvent **de** cette entreprise.*
		➜ *C'est une entreprise **dont** on parle souvent.*
	complément d'un adjectif	*Mon père a une entreprise. Il **en** est fier.*
		➜ *Mon père a une entreprise **dont** il est fier.*
Où	complément de lieu	*L'entreprise **où** je travaille est très connue.*
	complément de temps	*L'année/l'époque/la période/le moment/le jour **où** l'entreprise a été créée était très favorable au développement.*

✍ Lorsque l'antécédent est une phrase complète, les pronoms relatifs **qui**, **que**, **dont** sont précédés de **ce** :
   *Elle s'était donné 90 jours pour s'imposer, **ce qu'**elle a réussi à faire.*

❶ Complétez ces phrases avec *ce qui, ce que, ce dont, ce à quoi*. Précisez dans quelle situation on peut dire les phrases.

1. Je ne te dirai pas … cela me fait penser.
2. J'ai fait une liste de … tu dois emporter.
3. Il ne m'a pas invité, … je me moque éperdument.
4. Voyager pour mon travail, c'est … me plaît le plus.
5. J'ai enfin réalisé … je rêvais depuis si longtemps.
6. Je lui ai proposé de venir mardi, … il m'a répondu par la négative.
7. Elle a enfin trouvé du travail ; c'est … elle attendait depuis longtemps.

LES PRONOMS RELATIFS COMPOSÉS

Prépositions
• **Par, dans, avec, pour, sur, sans, selon, parmi, pendant…**
   + **lequel, laquelle, lesquels, lesquelles**
   + **qui** (seulement pour les personnes)
   + **quoi** (seulement pour les choses sans antécédent)
*C'est la personne **avec qui/laquelle** je suis en contact direct.*
*C'est le stylo **avec lequel** j'écris le mieux.*
*Je ne sais pas **avec quoi** écrire.*

• **À + lequel = auquel**
À + lesquels/lesquelles = auxquels/auxquelles
*Personne ne croyait à ce projet fou. C'est un projet fou, **auquel** personne ne croyait.*

• **De + lequel = duquel**
De + lesquels/lesquelles = desquels/desquelles
Duquel/desquels/desquelles sont précédés d'un groupe prépositionnel **(à cause de, loin de, au-dessus de, à droite de…)**

Un entrepreneur dirige deux sociétés. Je suis assis à côté de lui.
➜ *L'entrepreneur **à côté duquel/de qui** je suis assis, dirige deux sociétés.*

• **Remarque**
Les pronoms relatifs se trouvent aussi :
– dans des propositions relatives incises, c'est-à-dire entre deux virgules ou deux parenthèses :
*L'aquarium de Touraine, 4 000 mètres carrés, 20 millions de francs **(dont cinq en propre)** d'investissements, a ouvert ses portes le 1er avril.*
– dans des phrases mettant en relief un élément :
*Mais c'est Corinne **qui dirige, décide et gère**.*
C'est un(e)/voilà un(e), ce sont des/voilà des + nom + pronom relatif mettent en valeur le nom.

✍ Les formes composées sont moins utilisées dans la langue orale, à cause de leur lourdeur. Dans la langue écrite, on les emploie souvent dans les textes administratifs ou législatifs.

② **Associez les éléments.**

1. Les collaboratrices sans
2. Les syndicats avec
3. L'entreprise grâce à
4. Les projets en
5. Le directeur d'usine pour
6. Les besoins à partir

a. lesquels on croyait n'ont pas abouti.

b lequel je travaillais était trop exigeant.

c. desquels on a bâti notre projet n'étaient pas assez précis.

d. lesquels la direction doit signer ont des positions différentes.

e. lesquelles je n'aurais pas pu achever ce travail sont très efficaces.

f. laquelle j'ai obtenu ce travail est très dynamique.

③ **Transformez les phrases suivantes à partir des mots soulignés, et continuez-les. (Attention aux transformations : les articles indéfinis et les adjectifs possessifs deviennent des articles définis.)**

Il travaille dans une entreprise.

➜ *L'entreprise dans laquelle il travaille va être obligée de licencier une dizaine de salariés.*

1. J'ai pris connaissance du règlement.
2. Le directeur est parti à la suite d'une grève.
3. Les salariés acceptent de renoncer à un pourcentage de leur salaire.
4. L'entreprise affiche des bénéfices.
5. Les sociétés interviennent sur de nouveaux secteurs.
6. Le chef d'entreprise avait confiance en son associé.
7. Il faut faire un choix parmi de nombreux candidats à ce poste.
8. Il a obtenu facilement ce poste grâce à un ami.

C'est uniquement par amitié que je te donne un des deux premiers rôles !

Lequel ?

VOCABULAIRE

❶ **Caractérisez une personne travaillant dans une entreprise.**

Reliez des mots et expressions des deux colonnes. Notez la construction des verbes.

➜ *C'est quelqu'un qui appartient au groupe des créateurs.*

Appartenir à + nom

1. *Appartenir*
2. Se partager
3. Aspirer
4. Être capable
5. Être prêt

a. à associer la municipalité à son projet.
b. à se mettre à son compte.
c. de remuer des montagnes.
d. au groupe des créateurs.
e. entre la vie professionnelle et la vie de famille.

❷ **Réutilisez les expressions idiomatiques des textes du document 2, p. 21, dans un dialogue à deux répliques.**

Donner un coup de main.

➜ *Tu travailles dans l'entreprise de ton père ?*

Non, mais quelquefois je lui donne un coup de main.

1. Battre de l'aile.
2. Remettre à flots.
3. Être parachuté dans.
4. À la force du poignet.

5. Se mettre à son compte.
6. Céder son affaire.

❸ **Relisez le texte *Une agence spécialisée dans les mariages romantiques*, p. 23.**

Rédigez un texte informatif et publicitaire sur le concept suivant : des cours de rollers pour tous. Utilisez les structures suivantes :

Si l'on… aujourd'hui, on cherche pourtant à…

Par exemple, en… pour…

… est/sont donc spécialisé(es) dans…

❹ **Trouvez la définition correspondant aux termes suivants :**

faillite – bénéfices – production – partenaire – licenciement – dépôt de bilan – chiffre d'affaires.

1. Ensemble des produits et services créés.
2. Situation d'un commerçant dont le tribunal a constaté la cessation de paiement.
3. Personne associée à une autre.
4. Action de priver de son emploi.
5. Acte par lequel un commerçant fait connaître au tribunal de commerce qu'il cesse ses paiements.
6. Gains réalisés.
7. Total des ventes effectuées pendant la durée d'un exercice commercial.

Évaluation

1 COMPRÉHENSION ÉCRITE

La Poste : adieu facteur, bonjour banquier

Premier employeur de France, la Poste ne veut pas être le prochain mammouth à dégraisser. Et pourtant il y a des sureffectifs… Et pourtant la concurrence va débarquer, là aussi au tournant
5 *du prochain millénaire*

La plupart des Postes européennes préparent déjà 2003, date à laquelle s'ouvriront les débats sur une dérégulation complète du marché postal. La Poste française change elle aussi. 6 500
10 postiers ont été transformés en conseillers commerciaux : après une formation spécifique, on les incite à démarcher la clientèle avec à la clé un intéressement qui peut atteindre jusqu'à la moitié de leur salaire. Aujourd'hui, même les
15 employés des bureaux de poste ou les facteurs sont évalués en fonction de leur capacité à vendre des produits. Une véritable révolution dans une maison qui avait érigé l'ancienneté en vertu. Pour la première fois depuis cinq ans, les
20 comptes sont sortis du rouge, même si 58 millions de francs de bénéfices ont encore l'air un peu pâle à côté de 90 milliards de francs de chiffre d'affaires. Enfermé dans les rigidités d'un autre siècle, alourdi par ses charges de service
25 public, le mammouth postal est en effet encore loin d'avoir terminé sa mutation. 4 000 bureaux ont une activité qui correspond à moins de deux heures de travail par jour. Rien que sa présence en zone rurale représente pour La Poste un sur-
30 coût annuel de plus de 3 milliards de francs. En dépit de 4 000 suppressions d'emplois par an, la productivité des postiers français reste une des plus faibles d'Europe. Et l'on évalue les sureffectifs à plus de 50 000. Marqués par la culture
35 du service public et de la défense de l'usager, une bonne partie des agents rejettent la modernisation et l'orientation commerciale imprimée par la direction.

D'après *Le Nouvel Observateur*, 25/06/1998.

Notez les réponses exactes
(2 points par réponse, total sur 10 points).

1. La Poste est actuellement en France :
  a. une entreprise publique ;
  b. une entreprise privée.
2. En 2003 :
  a. La Poste n'aura plus le monopole de la distribution du courrier ;
  b. La Poste deviendra une banque.
3. En 1998 :
  a. les postiers n'avaient aucune activité commerciale ;
  b. certains postiers doublaient leur salaire en recherchant de nouveaux clients pour La Poste.
4. La Poste a de la difficulté à se transformer parce que :
  a. les nouvelles orientations sont en contradiction avec la culture traditionnelle de l'entreprise ;
  b. il n'y a pas assez de personnel.
5. L'expression *dégraisser le mammouth* signifie :
  a. diminuer le salaire des employés ;
  b. diminuer le nombre des employés.

2 PRATIQUE DE LA LANGUE

❶ **Mettez le verbe entre parenthèses à la forme qui convient : imparfait, plus-que-parfait, passé composé, auxiliaires d'aspect** *(1/2 point par réponse, total sur 5 points).*

Au début de ma carrière je (être nommé) comme facteur dans un petit village d'Auvergne. Je (commencer) ma tournée tous les jours à 8 heures et je (faire) au moins 50 km en vélo tous les jours. Je (aimer) bien cette vie saine, toujours au grand air ! Dans ce village, je (rester) cinq ans, mais la région (se dépeupler) : la gare (être fermée) un an avant mon arrivée, le bureau de poste (être supprimé) à son tour. Alors je (devoir) me décider à partir pour la ville. Au moment de mon départ, l'école (fermer) prochainement.

❷ **Transformez les énoncés suivants de façon à faire une seule phrase** *(total sur 5 points)*. **Utilisez des pronoms relatifs.**

Les ingénieurs de ce service sont très jeunes. Ils sortent tous de grandes écoles. Ils viennent d'être recrutés.

‹ *Les ingénieurs de ce service, qui sortent tous de grandes écoles et qui viennent d'être recrutés, sont très jeunes.*

1. Nous attendons M. Léger, directeur d'une agence de publicité. Je vous ai parlé hier de cette agence. Elle pratique des prix intéressants *(2 points)*.

2. Je vous présente mon collègue Daniel. Il est intérimaire. Je vais travailler avec lui sur le nouveau projet *(2 points)*.

3. Le directeur m'a dit de laisser tomber le rapport pour commencer à taper le bilan annuel. Je travaillais sur ce rapport depuis trois jours *(1 point)*.

3 SAVOIR-FAIRE

❶ **Choisissez l'expression qui convient** *(1 point par réponse, total sur 5 points)*.

1 (Au-devant – au premier plan – à l'avant) de la photo, on voit le facteur en compagnie d'une femme (un – avec le – au) visage rond et rougi par le grand air.

2. Le facteur (met – porte – est habillé avec) un uniforme impeccable, (alors que – comme – cependant) la femme est en tenue négligée.

3. Le facteur et la paysanne sourient, ils (ont l'air – ressemblent – deviennent) heureux de vivre tous les deux.

❷ **Lisez les CV de Martine et d'Alice.**

CV de Martine :
1980 : commence des études de biologie.
1981 : mariage, naissance de jumeaux, abandon des études.
1990 : crée une entreprise de location de jouets.
1992 : embauche Alice.

CV d'Alice :
1988 : doctorat de sociologie.
1988-1992 : chômage, petits boulots.
1992 : embauchée par Martine comme agent commercial.

À partir des éléments suivants, construisez des phrases pour décrire un parcours professionnel. Variez les structures *(total sur 3 points)*.

1. Martine – biologiste – naissance de jumeaux.
2. Alice – sociologue – location de jouets.

3. Mettant à profit son expérience de mère de famille, Martine – entreprise innovante : la location de jouets.

❸ **Transformez ces jugements dévalorisants en jugements valorisants** *(1/2 point par réponse juste, total sur 2 points)*.

1. Ce téléphone est un modèle archaïque qui possède une sonnerie stridente.

2. Le processeur P2 a une capacité de traitement très faible qui ne permet qu'un nombre limité d'applications

4 LEXIQUE

Choisissez le mot ou l'expression qui convient le mieux dans ce texte *(1 point par réponse, total sur 5 points)*.

1. Un des principaux sites de (recrutement – licenciement – partenaire) sur Internet crée un nouveau site dénommé Push. Si vous y déposez votre CV, il sera proposé à des (bureaux – secteurs – entreprises) en France et dans le monde. Sur ce même site, on peut consulter des (offres d'emploi – dépôts de bilan – règlements) classées par secteur, par pays et par type de poste.

2. Les jeunes femmes diplômées ne sont que 9 % à (être secrétaire de direction – occuper un poste de cadre – se partager entre la vie professionnelle et la vie de famille) contre 22 % de leurs homologues masculins. À âge, secteur d'activité et niveau de formation égaux, elles (affichent des bénéfices – perçoivent un salaire – se mettent à leur compte) de 10 à 15 % inférieur.

5 CONNAISSANCE DES RÉALITÉS FRANÇAISES

Vrai ou faux *(5 points)* **?**

1. Actuellement le grand problème de l'économie française est la moyenne d'âge élevée des chefs d'entreprise.

2. La Fnac est une multinationale spécialisée dans la distribution des biens de culture et de loisirs.

3. Le secteur économique le plus développé en France est le secteur tertiaire.

4. La durée légale du travail en France est portée à 35 heures à compter du 1er janvier 2000.

5. Le nombre des agriculteurs a augmenté au cours de ces dernières années.

Unité 3

LES FEMMES DANS L'ENTREPRISE

 Le temps partiel, solution le plus souvent souhaitée pour une mère de famille

Parmi ces quatre solutions, laquelle trouvez-vous la plus souhaitable pour une femme ayant des enfants ?

	POPULATION (en %)	FEMMES ACTIVES (en %)
• Travailler à temps plein, en ne prenant que les congés légaux	4	4
• Travailler à temps plein, mais en s'arrêtant quelques années pour s'occuper des petits enfants	30	24
• Travailler à temps partiel	51	64
• Ne pas travailler du tout	15	8
• Ensemble	100	100

 LA JEUNE MÈRE TIRAILLÉE ENTRE SES ENFANTS ET SON TRAVAIL

Le travail féminin suscite des réactions ambivalentes chez les Français. D'un côté, plus des trois quarts (77 %) pensent que la montée de l'activité féminine est une bonne chose pour l'équilibre de la femme (autonomie financière, relations sociales...). Mais, parallèlement, un pourcentage à peine plus faible (73 %) considère que le travail féminin est néfaste pour l'équilibre des enfants. Les trois quarts des Français sont convaincus que c'est surtout à la mère qu'incombe la responsabilité de s'occuper des enfants.

Seulement 24 % estiment que le temps partiel ou l'arrêt de travail temporaire devrait concerner celui des deux parents qui a le plus bas salaire. Enfin, 59 % des Français sont favorables à l'idée d'une aide financière aux mères de jeunes enfants, pour faciliter leur arrêt temporaire d'activité.

Le Monde Initiatives, 17/05/1996 ; Consommation et modes de vie CREDOC n° 82 12/93.

 Le temps partiel d'abord

Interrogés sur la solution souhaitable pour une mère de famille, rares sont les Français qui considèrent préférable que celle-ci continue à travailler à plein temps. Peu nombreux sont également les partisans du retour de la femme au foyer (15 %). Il s'agit surtout de personnes de plus de 60 ans, avant tout des hommes, des habitants de petites communes rurales, des non-diplômés ou des femmes au foyer. La grande majorité de la population préfère, au contraire, que des changements interviennent dans le rythme d'activité : 30 % des Français estiment que, pour une mère, la solution la plus souhaitable est de s'arrêter temporairement de travailler : 51 % pensent que la meilleure solution est celle du travail à temps partiel. Le travail à temps partiel, pour la mère de famille, arrive donc non seulement en tête des solutions souhaitables aux yeux des Français, mais il a, plus encore, la préférence de 64 % des femmes actives.

Le Monde Initiatives, 17/05/1996 ; Consommation et modes de vie CREDOC n° 82 12/93.

 QUELQUES CHIFFRES EN FRANCE

- Les femmes représentent presque 50 % des salariés.
- 16,3 % des femmes sont payées au taux de salaire horaire le plus bas contre 7,8 % des hommes.
- Les hommes touchent globalement une retraite double de celle des femmes.

Dans les entreprises, la misogynie se porte bien

Ni chez Peugeot, ni chez Renault, ni chez le pétrolier Total, ni chez Rhône-Poulenc, ni chez Saint-Gobain, pas chez l'Oréal ou Christian Dior… Dans les états-majors des entreprises, les femmes brillent par leur absence. La loi, les études, l'époque supposée moins misogyne n'ont pas infléchi les vieilles habitudes.

À peine 5 % des trois cents premiers groupes français ont une femme dans leur direction générale, selon une étude de la SCRL, une société d'informations économiques et financières.

Alors que la police ose nommer une femme à la tête d'un de ses services les plus prestigieux, la « crime », les grandes entreprises, comme le monde politique, n'ont pas changé. Quelques noms reviennent, toujours les mêmes, comme alibis de l'ouverture : Anne Lauvergeon, associé-gérant chez Lazard ; Isabelle Bouillot à la direction de la Caisse des dépôts et consignations […] ; Annette Roux, présidente des chantiers de plaisance Bénéteau, joue l'éternelle « veuve Cliquot » aux affaires.

Depuis le milieu des années 70, les grands corps de l'État comme les grandes écoles de commerce ont accepté la mixité dans leurs rangs. Mais, brusquement, ces grandes écoles, sésame indispensable pour figurer dans la direction des grands groupes, perdent leur pouvoir d'ascenseur social quand le directeur doit se dire au féminin. Elles se sont immiscées où elles ont pu, surtout dans les postes nouveaux, souvent considérés comme subalternes par les hommes.

Ainsi, 26 % des femmes cadres occupent un poste dans la communication, 9 % dans l'administration générale. Elles ne sont plus que 7,2 % dans les finances, 5,1 % dans les relations humaines et 3 % dans l'informatique.

La réalité par secteur est encore plus crue. Si le monde financier et le commerce paraissent un peu s'ouvrir, l'industrie et le bâtiment restent hermétiquement clos. Dans ces grands groupes, il n'y a pas de femme cadre supérieur dans la production ou la recherche.

Hauts lieux du pouvoir, les conseils d'administration sont tout aussi verrouillés. Sur les 2 261 mandats d'administrateurs des 200 premières entreprises françaises, 58 ont été attribués à des femmes […].

Mais ces femmes administrateurs s'appellent souvent… Monique Bouygues chez Bouygues, Irène Allibert chez Sommer-Allibert ou Liliane Bettencourt chez L'Oréal, fondé par son père. « Femmes de paille » ou héritières, elles ne doivent souvent leur siège qu'à leur rôle de gardienne des intérêts familiaux.

Martine Orange
Le Monde, 8 mars 1996.

 INÉGALITÉS ENTRE SEXES DANS LA VIE PROFESSIONNELLE

À niveaux de formation, expérience, catégorie professionnelle, âge, secteur d'activité équivalents, l'écart de salaires entre les hommes et les femmes se situe entre 10 et 15 %.

Les femmes représentent 53 % des bacheliers, 55 % des effectifs des classes préparatoires et de l'enseignement supérieur, mais elles ne représentent que 30 % des cadres, moins de 10 % des dirigeants et leur taux de chômage est supérieur à celui des hommes (14 % contre 10 %)

---

1 **Dites sous forme de phrases toutes les idées que vous inspire le dessin 1.**

2 **Avant de lire les documents, répondez par groupes de deux aux questions suivantes.**

1. Selon vous, quels sont les avantages du travail féminin ?

2. Selon vous, quels sont les inconvénients du travail féminin ?

Comparez vos réponses avec celles des autres groupes et faites une synthèse des réponses.

3 **Comparez vos réponses avec celles des Français présentées dans le document 3.**

1. Points communs.
2. Différences.

4 **Faites un commentaire écrit du tableau 2. Mettez-vous par deux et comparez vos réponses.**

5 **Comparez votre commentaire avec le texte du document 4.**

6 **Relevez dans le document 4 :**

1. les termes qui indiquent le nombre de personnes : *rares sont les Français…*

2. les termes qui indiquent la préférence : *la solution souhaitable…*

3. les termes qui indiquent l'opinion : *considèrent…*

7 **Retravaillez votre texte en introduisant certains de ces termes.**

8 **Individuellement, faites une présentation de la situation des femmes dans l'entreprise en France en vous aidant des documents 5 à 7.**

Faire une présentation
• **Pour introduire une idée générale :** On constate (neutre)…, on déplore (subjectif)…
• **Pour enchaîner les idées :** En ce qui concerne…, par ailleurs…, on peut également noter/souligner…, enfin…
• **Pour donner un exemple :** Ainsi…

Plus qu'une simple affaire de langage

par Madame Yvette Roudy

La création d'une commission de terminologie destinée à étudier la féminisation des noms de professions n'est pas une simple affaire de langage mais entre dans un projet politique global de réduction des inégalités entre les hommes et les femmes.

Comment concevoir en effet, pour répondre à l'obligation faite par la loi pour l'égalité professionnelle de juillet 83, d'éviter le sexisme dans les annonces d'emplois, comment éviter donc cette présentation sexiste lorsqu'on n'a à sa disposition, la plupart du temps, aucun outil linguistique permettant d'évoquer les fonctions féminines au moyens de vocables féminins ?

C'est là une des absurdités actuelles d'un système où la volonté, d'un côté, de voir les femmes accéder à tous les métiers et l'absence de représentation linguistique de ces métiers lorsqu'ils sont exercés par des femmes, de l'autre, constitue un handicap pour les femmes qui ne peuvent que se sentir rejetées de professions qui sont si peu féminines qu'elles n'ont même pas de féminin.

Ceci est d'autant plus scandaleux et inégalitaire que ce type de problème affecte surtout les postes élevés dans la hiérarchie sociale où il semble entendu que le système reste masculin et que les femmes qui veulent y accéder n'y doivent être que « tolérées ».

C'est donc dans un esprit d'égalité et de justice que ce travail de commission doit être entrepris, ses résultats, nous le savons, risquent de bouleverser un usage qui, en 1984, est profondément anachronique.

Yvette ROUDY
Médias & Langage,
« La langue française au féminin ».

---

❶ Le document 1 reproduit la couverture d'une revue où sont publiés les articles 2 et 3.

1. Cette revue est-elle :
– un magazine d'information sur l'actualité ?
– une revue spécialisée ?

2. En vous aidant des titres du document 1, dites à votre avis ce qui est plus qu'une affaire de langue. À deux, comparez vos réponses.

❷ Lisez le document 2.

1. Indiquez ce qui est propre à la langue française.

2. Dites quelles sont les conséquences de cette particularité sur la vie professionnelle des femmes.

3. Recherchez dans le premier paragraphe la solution proposée pour réduire les inégalités entre les hommes et les femmes.

4. Dans les paragraphes 2, 3, 4 et 5, relevez :
a. Les arguments présentés par Yvette Roudy pour défendre la création d'une commission de terminologie pour étudier la féminisation des noms de profession ;
b. les connecteurs logiques utilisés pour appuyer son raisonnement.

❸ Regardez la légende de la photo du document 3, lisez le texte et recherchez :

1. les points communs avec le texte 2 ;

2. les apports nouveaux.

3. les solutions proposées par Benoîte Groult pour résoudre les problèmes de terminologie.

À deux, comparez vos réponses.

Je suis une écrivaine...

Entretien avec Benoîte Groult, par Alain Fantapié

Benoîte Groult, chargée de présider la commission ministérielle de terminologie pour la féminisation des titres répond aux question de « Médias et Langage ».

A. F.

Vous voyez en somme le langage comme un des lieux ou s'exerce la misogynie ? Mais on peut se poser une question : en changeant, en infléchissant le langage, que changera-t-on à la misogynie ?

B. G.

On supprimera en tout cas une de ses manifestations. Et peut-être une des plus pernicieuses parce qu'elle n'est pas immédiatement décelable. La plupart des gens croient que les phénomènes linguistiques sont le fait du hasard. Alors que j'ai été frappée par un phénomène : plus les femmes s'élèvent dans l'échelle sociale, qui correspond généralement aussi à l'échelle des salaires, plus on leur refuse un titre féminin. C'est un mécanisme diabolique et qui fonctionnait admirablement parce que personne ne songeait à le dénoncer. Mais les exemples sont éloquents. Si je suis la dévouée secrétaire d'un patron, aucun problème, tout le monde dira de moi LA secrétaire. À ce niveau-là, le signe du féminin ne porte atteinte à

aucun privilège féminin. Mais si je veux pénétrer dans le bastion du pouvoir politique, un des mieux gardés, soudain je n'ai plus droit à mon article normal et je deviens Madame LE secrétaire d'État. Avouez que c'est curieux ! Quand une femme fait un travail jusqu'ici réservé aux hommes, on l'excise en somme, on lui enlève un signe extérieur de féminité ! Preuve qu'elle usurpe une fonction qui n'est pas dans sa « nature ». Et cela joue même dans le cas où la forme féminine est évidente et serait très facile à utiliser, par exemple juge, ministre, qui se terminent par un e muet. Grammaticalement, qu'est-ce qui empêche de dire Madame LA ministre ? Mais nous savons bien que ce n'est pas au niveau de la grammaire que ça accroche : c'est au niveau des mentalités.

C'est si vrai que dans les métiers les moins prestigieux, le problème des dénominations s'évanouit comme par miracle : on est LE ou LA concierge, LE ou LA garde, LE caissier ou LA

caissière, l'instituteur ou l'institutrice. Mais si on monte en grade, alors il faut se soumettre à la loi de l'universel masculin : Gisèle Halimi sera considérée comme UN avocat au barreau de Paris ou UN député, bien qu'elle soit une des rares qui aient le courage de se battre pour imposer les mots de **députée** et d'**avocate**. De même Hélène Ahrweiler est **recteur** de l'Université, **chancelier** et **maître** de recherche au CNRS. Le raisonnement qui interdit l'usage de rectrice est d'autant plus aberrant que le mot **directrice** est parfaitement courant, à condition bien sûr qu'on soit directrice d'école primaire et non présidente-directrice-générale !

Les exemples sont innombrables et ils vont tous dans le même sens : on peut être **conseillère conjugale**, mais on est Madame **LE conseiller municipal**. Le féminin, pour les affaires de

« Je suis femme-écrivain, ou écrivain-femme ? ou je suis UN écrivain ? »

cœur, passe encore, mais pour les affaires de la cité, impensable !

De même, on veut bien qu'une femme devienne doyenne des Français, mais à condition que ce soit par l'âge. Si c'est par le mérite, si c'est un titre universitaire, elle sera Madame LE doyen.

---

❹ Jeu de rôles.

Vous faites partie de la commission de terminologie chargée d'étudier la féminisation des noms de métiers.

La discussion porte sur les noms de métier suivants : *pilote – chauffeur – juge – représentant de commerce – ingénieur – responsable des ventes.*

L'un propose des solutions pour féminiser les noms de métiers.

L'autre s'y oppose et justifie son avis...

❺ Vous écrivez à un(e) ami(e) qui fait partie de la commission. Vous rédigez quelques lignes pour donner votre avis sur le problème de la féminisation des noms.

VIE FAMILIALE ET VIE PROFESSIONNELLE

❶ **Écoutez une fois en entier le document sonore. Répondez aux questions et notez les mots qui justifient votre réponse.**

1. Qui parle ?
   a. Une Française.
   b. Une Suédoise.
   c. Une Suisse.

2. C'est :
   a. une militante féministe.
   b. une mère de famille.
   c. une femme politique.

3. Où ?
   a. Dans une réunion amicale.
   b. Dans un colloque.
   c. Dans une réunion politique.

4. À propos de quoi ?
   a. Des difficultés des femmes dans la vie familiale.
   b. Des difficultés des femmes dans la vie professionnelle.
   c. Des difficultés pour arriver à l'égalité entre hommes et femmes.

À deux, comparez vos réponses.
Récoutez l'enregistrement, vérifiez vos réponses.

❷ **Écoutez l'enregistrement une troisième fois. Répondez aux questions suivantes et notez les mots qui justifient votre réponse.**

1. Quel est le problème ?
   a. Les hommes considèrent que les femmes doivent rester à la maison.
   b. Les hommes ne veulent pas s'occuper des enfants.
   c. Les hommes ont peur d'être ridicules s'ils s'occupent des enfants.

2. Qui est responsable de la situation ?
   a. Les hommes.
   b. Les femmes.

3. Comment un changement peut-il se produire ?
   a. Le changement doit venir des hommes.
   b. Le changement doit venir de la société tout entière.
   c. Le changement doit venir des personnes qui occupent des postes importants.

À deux, comparez vos réponses et vérifiez-les.

❸ Décrivez les situations représentées dans les deux dessins humoristiques.

❹ Vous êtes chargé(e) de faire un sondage sur le partage des tâches ménagères entre hommes et femmes dans les familles de votre pays.

1. Préparez à deux une liste de questions, comparez votre liste avec celles des autres groupes puis établissez en commun une liste type.
2. Une moitié du groupe questionne l'autre, puis vous mettez en commun les réponses.

AIDE AU TRAVAIL SCOLAIRE : LES MÈRES EN PREMIÈRE LIGNE

Les deux parents réunis consacrent en moyenne dix heures et demie par mois, soit vingt-cinq minutes par jour à aider chacun de leurs enfants dans le travail scolaire. Mais c'est à la mère qu'incombe le plus gros de la tâche : six heures et demie par mois et par enfant, contre trois heures seulement pour le père.
Dans beaucoup de couples, le partage est clair : à l'homme l'intervention d'urgence, à la femme le labeur quotidien, très absorbant quand l'enfant est encore à l'école élémentaire. L'abstention totale chez les mères est rare alors qu'elle avoisine 30 % pour les pères. Lorsque ces derniers aident leurs enfants, c'est en prélevant sur leur temps de repos ou de loisir. Rares sont ceux qui disent avoir aménagé ou réduit leur temps de travail dans ce but : pas plus de 3 % contre 12 % des mères.
Le déséquilibre entre les parents n'est pas près de disparaître : 60 % des pères estiment « faire ce qu'il faut » pour aider leurs enfants, soit la même proportion que les mères qui en font pourtant deux fois plus. Interrogés séparément sur le sujet, les enfants confirment pleinement la prédominance de l'aide maternelle.

Proportion d'hommes n'accomplissant aucune tâche domestique

	D'après les conjointes	D'après eux-mêmes
Allemagne de l'Est	62,7	42,7
Allemagne de l'Ouest	71,1	60,7
Belgique	61,0	60,8
Danemark	47,5	51,1
Espagne	79,7	76,6
France	60,7	58,4
Grande-Bretagne	70,6	74,2
Grèce	49,8	47,2
Irlande	31,9	84,0
Italie	60,2	55,6
Luxembourg	64,9	58,9
Pays-Bas	46,2	45,7
Portugal	71,9	69,3
Europe des Douze	**65,4**	**61,6**

Source : Eurobaromètre, enquête Famille et emploi dans l'Europe des Douze, 1990

❺ En vous aidant du document 1, faites un commentaire écrit du tableau. Donnez un titre à votre texte.

❻ Débat.
Faut-il prendre des mesures « positives » envers les femmes pour arriver à l'égalité ?
Travail en groupes : le groupe A recherche des arguments en faveur des mesures positives, le groupe B recherche des arguments contre.

L'OPPOSITION ET LA CONCESSION

• La concession marque une rupture dans la logique du système cause/conséquence :

Bien que les femmes soient allées plus longtemps que les hommes à l'école, elles ont du mal à valoriser leurs compétences. (Logique attendue : les femmes sont allées plus longtemps que les hommes à l'école, donc leurs compétences sont valorisées.)

• L'opposition relie deux éléments qui n'ont pas apparemment de liens logiques entre eux :

Elle a très bien réussi sa carrière, mais elle ne sait pas faire la cuisine.

• Principaux connecteurs de la concession :

– bien que + subjonctif

Bien que *les femmes* **aient** *des diplômes, leur compétence n'est pas reconnue.*

– quoique + subjonctif

Quoique *les femmes* **soient** *diplômées, leur compétence n'est pas reconnue.*

– même si/alors que + indicatif

Même si *les femmes* **ont** *des diplômes, leur compétence n'est pas reconnue.*

Alors que *la police elle-même* **nomme** *une femme à la tête d'un service prestigieux, les grandes entreprises n'évoluent pas.*

– malgré + déterminant + nom

La compétence des femmes n'est pas reconnue **malgré leurs diplômes.**

– en dépit de + phrase

En dépit *de leurs diplômes, les femmes ont du mal à faire reconnaître leurs compétences.*

pourtant/cependant + phrase

Les femmes sont compétentes, **pourtant** *leur compétence n'est pas reconnue.*

❶ Entraînez-vous à structurer vos phrases.
À partir des éléments suivants qui décrivent la situation des femmes, construisez des phrases dans lesquelles vous utiliserez des connecteurs de concession ou d'opposition.
Charges familiales – vie professionnelle.
➔ *Malgré leurs charges familiales, peu de femmes, en France, renoncent à leur vie professionnelle.*

1. Qualifications professionnelles – carrière moins rapide que celle des hommes.
2. Postes de responsabilité – salaires inférieurs à ceux des hommes.
3. Travail à mi-temps – horaires qui ne permettent pas de s'occuper des enfants.
4. Diplôme égal – employeurs recrutent des hommes.
5. Compétences – pas d'accès aux postes de responsabilité.
6. S'investir dans le travail – rester moins longtemps au bureau que les hommes.

❷ Rédigez un tract en faveur de l'égalité professionnelle entre hommes et femmes en faisant ressortir les oppositions et en complétant le schéma suivant.

Pour l'égalité entre pères et mères
Quand il y a des enfants dans un couple, 75 % des hommes estiment que…
62 % des hommes ne participent pas…

Pour l'égalité des salaires
Dans toutes les professions, on constate… même si…

Pour l'égalité devant l'emploi
Le taux de chômage des femmes…, alors que…

VOCABULAIRE

① **Enrichissez votre expression.**
Dans les phrases suivantes, remplacez les mots soulignés par des mots plus précis que vous avez rencontrés dans cette unité.

1. Les femmes <u>ont</u> difficilement des postes de responsabilité.
2. Beaucoup d'hommes pensent que les femmes <u>doivent avoir</u> la responsabilité des enfants.
3. En France, 50 % des femmes âgées de 25 à 54 ans <u>ont</u> une activité professionnelle dans les familles comportant au moins trois enfants.
4. Les femmes <u>ont</u> un double travail : à la maison et au bureau.
5. Trois millions de femmes <u>ont</u> des emplois à temps partiel.
6. L'écart de salaire entre les hommes et les femmes <u>est</u> de 27 %.

② **Complétez votre autodictionnaire sur le monde du travail en rajoutant des éléments qui figurent dans cette unité :**

1. sur les manières de caractériser le travail :
un travail précaire, un travail à haut risque...
2. sur les manières de désigner le type de travail :
un poste de responsabilité, un emploi non...

③ **Classez les expressions soulignées dans les phrases suivantes selon qu'elles se rattachent au champ lexical de l'accueil ou de l'exclusion.**

1. Le monde financier et le monde du commerce paraissent <u>s'ouvrir</u>, l'industrie et le bâtiment restent <u>hermétiquement clos</u>.
2. Les conseils d'administration restent <u>verrouillés</u>.
3. Dès qu'on grimpe dans la hiérarchie, les femmes <u>brillent par leur absence</u>.
4. Les diplômes des grandes écoles sont <u>un sésame</u> pour la direction des grands groupes.
5. Aujourd'hui les diplômes perdent leur pouvoir <u>d'ascenseur social</u>.

Puis, à votre tour, utilisez ces expressions dans des phrases.

LE TEXTE DESCRIPTIF

FONCTIONS
• informer le lecteur ;
• lui faire imaginer ce qu'il ne voit pas.

CARACTÉRISTIQUES
• Le texte littéraire mêle souvent deux types de descriptions :
– objective, celui qui écrit s'efface :
On l'employait surtout à ramasser les serviettes. Elle nettoyait les instruments, elle balayait les cheveux par terre...
– subjective, celui qui écrit apparaît, exprime des opinions, des sentiments :
Elle aurait été capable de plus d'application encore. Il aurait seulement fallu lui demander. Au reste, Pomme, qui les considérait parfois très longuement, ne s'avisait pas qu'elle y prenait plaisir.

• Temps employés : généralement l'imparfait :
Pomme ne savait ni friser... on l'employait surtout... elle nettoyait... elle faisait aussi...
Mais la description peut aussi se faire au présent.
• Mots le plus souvent employés :
Adjectifs et groupes nominaux qui caractérisent l'objet de la description :
C'étaient des dames d'un certain âge, les clientes, et riches, et fort bavardes.
Lunettes en brillants, lèvres couleur de lavande, azur clairsemé de la chevelure, doigts historiés de pierres précieuses et de taches brunes, sacs de crocodile...
Nombreux verbes qui décrivent un état : *être, sembler...*
C'était étrange mais pas effrayant du tout...

roman

P omme ne savait ni friser, ni couper, ni teindre. On l'employait surtout à ramasser les serviettes. Elle nettoyait les instruments. Elle balayait les cheveux par terre. Elle remettait en pile les *Jours de France* éparpillés. Elle s'essuyait le bout du nez avec un mouchoir à carreaux.

5   Elle faisait aussi les shampooings, massant le cuir chevelu de la clientèle avec la tendre application qui lui était due. Elle aurait été capable de plus d'application encore. Il aurait seulement fallu lui demander.

C'étaient des dames d'un certain âge, les clientes, et riches, et fort bavardes. En fait, elles étaient tout ça d'un seul bloc. Vieux caquetages péremp-
10   toires !

Mais ni les lunettes en brillants, ni les lèvres couleur de lavande sous l'azur clairsemé de la chevelure, ni les doigts historiés de pierres précieuses et de taches brunes, ni les sacs de crocodile ne semblaient toucher l'attention de Pomme, tout entière absorbée dans la composition sur le dos de sa main d'une
15   eau ni trop chaude ni trop froide, à l'usage des cheveux qui, mouillés, seraient semblables à tous les cheveux.

Elle renversait doucement les têtes dans une révérence hydraulique des grands fauteuils basculants. Les bustes étaient couverts d'une grande serviette blanche, et les cheveux trempés, agglutinés par le savon, faisaient des algues
20   ondoyant sous la berge des larges cuvettes d'émail blanc.

Le regard s'était effacé sous les gros yeux morts des paupières peintes, les lèvres sanguinolaient au tranchant du nez, et ces visages renversés devenaient à leur tour végétaux, telles de grandes feuilles d'arbres délavées, diaphanes sauf quelques nervures, au fil d'une rivière.

25 C'était étrange mais pas effrayant du tout, ces figures étalées comme à la surface de l'eau, ces vieilles Ophélies[1] qui venaient de perdre pour un moment tout leur pouvoir de domination et qui devenaient même l'objet d'un possible mépris sous le regard cependant sans malveillance de Pomme. Et Pomme se disait que sa laideur à elle ne serait jamais de cet ordre-là. Jamais si soudaine.

30 Si elle avait été capable de pensées subversives, si elle n'avait pas seulement senti, et confusément, en une très vague haine peut-être au moment du pourboire, la formidable brutalité des vieilles carnassières (par exemple, cette façon qu'elles avaient d'ouvrir, de fermer leur sac, d'un claquement du fermoir), Pomme aurait eu davantage de plaisir encore à les regarder, si parfaitement

35 subjuguées, si parfaitement annulées sous le casque du séchoir, la tête immobile, pour ainsi dire inanimée, toujours brandie, toujours altière, mais cette fois comme au bout d'une pique. Au reste Pomme, qui les considérait parfois très longuement, ne s'avisait pas qu'elle y prenait plaisir.

Pascal Lainé, *La Dentellière*, © Éd. Gallimard, 1974, p. 36-39.

1. Ophélie : référence à la fiancée d'Hamlet (pièce de Shakespeare) morte noyée et au poème d'Arthur Rimbaud « Ophélie » qui commence par ces vers :
    Sur l'onde calme et noire où dorment les étoiles,
    la blanche Ophélie flotte comme un grand lys.

Lisez le texte en entier et, à deux, répondez aux questions suivantes.

1 Quel est le temps le plus employé dans le texte ? D'après vous, ce texte est-il : argumentatif, descriptif ou informatif ?

2 Indiquez la profession de Pomme et la catégorie socioprofessionnelle à laquelle elle appartient. Dans quel genre d'établissement travaille-t-elle ?

3 Caractérisez l'attitude de Pomme au travail en faisant une phrase complète. Relevez dans le texte les expressions qui justifient votre réponse.

4 Que pensez-vous du caractère de Pomme ? Quelles indications vous donnent le texte ?

5 Le texte présente-t-il les clientes de manière positive ou négative ? Relevez les expressions qui justifient votre réponse.

6 1. Pour chacun des termes suivants, indiquez la comparaison qui est faite et l'image suggérée.
Les cheveux.
→ *Les cheveux sont comparés à des algues, ce qui fait penser à la mer.*
  a. Le bord des cuvettes.
  b. Les visages renversés.

2. a. Expliquez *vieilles carnassières* (l. 32) et *claquement du fermoir* (l. 33).
Quelle image est suggérée ?

b. Expliquez la comparaison *comme au bout d'une pique* (l. 37). À quel événement historique fait-elle référence ?

7 1. Indiquez les nuances entre ces trois mots : *caquetage* (l. 9), *bavardage, babillage*. Lequel est le plus péjoratif ?
Utilisez ces trois mots dans une phrase.

2. Indiquez la racine du mot *sanguinolaient* (l. 22). Recherchez d'autres mots de la même famille et utilisez-les dans une phrase.

8 Faites parler Pomme.
Elle décrit son travail et ses sentiments envers les clientes.
Écrivez un texte de quatre à cinq lignes.

9 Choisissez une autre profession (vendeuse, secrétaire, serveuse de restaurant…) que pourrait exercer Pomme. Décrivez ses activités et utilisez les mêmes procédés que l'auteur pour faire revivre son imaginaire.
Rédigez un texte d'une dizaine de lignes.

LE CLIMAT SOCIAL

TOUS ENSEMBLE !

CHACUN POUR SOI !

SAUVE QUI PEUT !

PESSIN

Taux de syndicalisation

Une étude récente de l'Institut syndical européen sur le nombre de salariés syndiqués par rapport à la population de chaque pays de l'Union européenne montre que la France est dernière, très loin derrière tous les autres :

Suède :	86 %
Autriche :	46 %
Danemark :	80 %
Italie :	39 %
Finlande :	72 %
Allemagne :	34 %
Norvège :	57 %
Royaume-Uni :	33 %
Belgique :	53 %
Portugal :	30 %
Irlande :	53 %
Grèce :	25 %
Luxembourg :	50 %
Pays-Bas :	25 %
France :	11 %

CFDT Magazine n° 205, juin 1995.

Pour les Français, le dialogue social est en panne

Pour vous, le dialogue social en France fonctionne-t-il ?

en pourcentage		PROFESSION DE L'INTERVIEWÉ		
	Ensemble	CSP1*	Profession intermédiaire	CSP2**
TRÈS BIEN	0	2	0	0
PLUTÔT BIEN	17	20	15	9
PLUTÔT MAL	55	54	62	58
TRÈS MAL	25	22	23	31
PAS DE RÉPONSE	3	2	0	2

*Expl. agr., chefs d'entreprise, prof. lib., cadres ** Employés, ouvriers

Le Monde 06/02/1996.

France : état des lieux
(données juin 1998)

- **Population :**
  58,5 millions d'habitants
- **Population active :**
  22,5 millions, soit 55,4 %
- **Durée légale du travail :**
  39 heures par semaine
  (35 heures en 2002)
- **Taux de chômage :**
  12,3 soit 3,1 millions
  de chômeurs
- **Chômage des jeunes :**
  28,1 %
- **Chômage de longue durée :**
  38,9 % des personnes
  au chômage depuis plus
  d'un an
- **Personnes en situation
  de pauvreté :**
  9,3 % des familles
- **Congés annuels :**
  5 semaines
- **Âge de la retraite :**
  60 ans

5

① À deux.

1. Faites une liste des stéréotypes sur le caractère des Français.

2. Quels stéréotypes correspondent à la caricature (document 1) ?

② Lisez les documents 2 et 3.

1. Indiquez le sens des abréviations : *expl. agr., prof. lib.* (document 2).

2. En vous appuyant sur les documents 1, 2 et 3, rédigez quelques phrases décrivant la réalité sociale française.

③ Lisez le document 4.

1. À votre avis, quelle est la préoccupation majeure des Français ? Relevez les informations qui justifient votre réponse.

2. Comparez la situation sociale de votre pays avec celle de la France en reprenant des éléments du document 4.

④ Regardez le document 5.

1. À votre avis, quels sont les motifs de lutte de cette manifestante ?

2. Complétez la première phrase de la pancarte :
… *qui se bat risque de perdre.*

3. Imaginez d'autres phrases pour cette manifestation.

Faire une comparaison
• Pour marquer le degré :
Il y a plus de/moins de… qu'en France.
La situation est moins/plus critique en ce qui
concerne… alors qu'en France…
• Pour marquer des différences :
Contrairement à la France…
Les principales différences portent sur…
Il n'y a pas d'analogie/de similitude/de point
commun…
• Pour marquer des ressemblances :
Il y a des analogies/des similitudes/des points
communs…

À la Une

LA CROIX
L'ÉVÉNEMENT

a

Social

Les Français piétinent

La grève se poursuit à la SNCF. FO et la CGT défilent contre la réforme de la Sécurité sociale. Les projets sur la fiscalité et la réforme de l'État seront retardés. *Pages 2-3-4*

Le Monde   b

26 · LUNDI 27 NOVEMBRE 1995

Les cheminots et les étudiants en grève maintiennent la pression sur le gouvernement

Le succès des manifestations confirme l'impopularité du plan Juppé sur la Sécurité sociale

Rennes, lundi : leur train bloqué à 1 km de la gare, les passagers ont gagné la ville à pied, valises à la main. *(Photo Mochel/AFP)*

c

MERCREDI 29 NOVEMBRE 1995   N° 15935 bis

4,70F

le Parisien

LA GREVE DES TRAINS, METROS ET BUS SE POURSUIT AUJOURD'HUI

La grande pagaille

d

Les transports en commun quasi paralysés aujourd'hui

Elle roule, la grève

Libération

1 Le Premier ministre refuse de céder. Les syndicats poursuivent la grève.

Le dialogue est au point mort, les manifs redémarrent et les profs embrayent

2a

Le Monde   DIMANCHE 3 · LUNDI 4 DÉCEMBRE 1995

La CGT et Force ouvrière appellent à la généralisation de la grève

Etudiants et agents de l'Etat veulent faire de la journée de mardi un nouveau temps fort

2b

Appels à la grève: la traînée de poudre

❶ À deux. Lisez les titres de presse a, b, c et d.

1. Ces titres rendent compte du même événement. De quel événement s'agit-il ?

2. Classez ces titres du plus transparent au moins transparent, puis indiquez à quelle catégorie du style journalistique ils appartiennent.

Type de titre	Titres
Informatif	…
À sensation	…
Humoristique	…

3. En vous aidant du contexte, faites des hypothèses sur le sens des sigles : SNCF, FO, CGT (titre a).

4. Donnez un équivalent des mots soulignés :
   a. Les Français piétinent.
   b. Les cheminots.
   c. La grande pagaille.
   d. Elle roule, la grève.

5. Expliquez le jeu de mots du titre d.
Un jeu de mots repose sur le double sens d'une expression. Par exemple, dans *Cambriolage chez un pâtissier, la recette était bonne*, le mot *recette* a plusieurs sens :
– une recette de cuisine, c'est la manière de faire un plat ;
– la recette d'un commerçant, c'est l'argent qui est dans la caisse.

❷ Lisez les titres de presse 1 et 2. Transformez le titre humoristique 1 en titre informatif.

Expliquez le jeu de mots de ce titre.

❸ 1. Recherchez dans le titre 2 a l'expression équivalente à l'expression *la traînée de poudre* (titre 2 b).

2. Indiquez le verbe avec lequel s'emploie d'habitude cette expression.

3. Transformez le titre 2 b pour en faire une phrase contenant un verbe.

❹ Relisez la totalité des titres et proposez trois titres indiquant trois positions (pour/contre/neutre) face à ce conflit.

Justifiez vos réponses en relevant les indices qui montrent l'opinion de l'émetteur.

❺ Classez les différents titres selon les procédés linguistiques utilisés :

1. phrases nominales (sans verbes) :…
2. phrases complètes :…

❻ Proposez des titres pour rendre compte du conflit illustré par la caricature ci-dessous :

1. phrase nominale :…
2. phrase complète :…
3. phrase humoristique :…

© Libération, 02/06/1998.

ÊTRE SYNDIQUÉ ?

DOCUMENT SONORE 1

❶ Première écoute.

Écoutez les réponses des personnes interrogées et complétez le tableau suivant.

Personnes	Raisons de ne pas adhérer
Personne 1	…
Personne 2	…

❷ Deuxième écoute.

Écoutez en interrompant l'écoute après l'audition de chaque personne et notez, sous forme de mots-clés les raisons pour lesquelles cette personne n'adhère pas ou n'adhère plus à un syndicat.

Comparez vos réponses avec celles des autres membres du groupe.

❸ Troisième écoute.

Écoutez à nouveau les personnes interrogées et notez les mots et expressions qui structurent le message.

Personnes	Éléments de structuration du message
Personne 1	– …
	– …
	– …
Personne 2	– …
	– …
	– …

❹ Simulation d'interview.

À deux, jouez la scène : l'un pose une question, l'autre répond en structurant son message, puis inversez les rôles.

Organiser un message à l'oral

La lecture globale d'un texte vous a habitués à repérer des éléments qui permettent d'anticiper le sens du message.

À l'oral, certains mots et expressions qui structurent le message servent de signaux pour attirer l'attention.

• L'annonce du plan qu'on va suivre :
je vais aborder trois points/j'aborderai la question sous deux angles/trois sortes de causes peuvent expliquer cette situation/je ne suis pas de cet avis, et ce, pour deux raisons.

• Les marques d'enchaînement (connecteurs chronologiques) :
tout d'abord… ensuite… également… par ailleurs, enfin/en premier lieu, en second lieu/d'une part… d'autre part/pour conclure/en conclusion.

DOCUMENT SONORE 2

❶ Première écoute.

Écoutez le document sonore en entier et répondez aux questions suivantes (justifiez vos réponses en indiquant les indices entendus).

Questions	Réponses	Indices
Qui parle ?	…	…
Où ?	…	…
Quand ?	…	…
De quel événement s'agit-il ?	…	…

Mettez-vous par deux et comparez vos réponses.
Deuxième écoute : écoutez à nouveau le document en entier et complétez vos réponses.

❷ Troisième écoute.

Répondez aux questions suivantes.

1. Quelles images peuvent illustrer la manifestation ?
  a. un thème :
  b. une couleur :
  c. un objet fétiche :

Mettez-vous par deux et comparez vos réponses.

2. Combien de témoignages de manifestants avez-vous repéré dans le document ?

3. Ces manifestants parlent-ils directement ou le journaliste rapporte-t-il leurs propos ?

③ Relevez les verbes qui indiquent que le journaliste rapporte les propos des manifestants.

④ Faites parler le dernier manifestant dont le journaliste rapporte les propos.

⑤ Rédigez un article de quelques lignes rendant compte de cette manifestation.

Rapporter des propos	
Propos directs	**Propos rapportés**
1. Phrase déclarative affirmative ou négative *Le plan proposé par le gouvernement est inacceptable.* *La grève ne s'arrêtera pas.*	***a.*** Le locuteur rapporte les paroles (verbes introducteurs : *dire, dire que*) : *Le manifestant dit : « Le plan du gouvernement est inacceptable. »* *Le manifestant dit que le plan du gouvernement est inacceptable.* ***b.*** Le locuteur rapporte une opinion (verbes introducteurs : *penser, estimer, trouver que*) : *Le manifestant pense que le plan proposé par le gouvernement est inacceptable.* *– Il estime que la grève ne s'arrêtera pas.* ***c.*** Le locuteur rapporte une attitude (verbes introducteurs : *refuser, s'opposer à, protester contre, critiquer, ne pas admettre, approuver, soutenir*) : *Le manifestant critique le plan proposé par le gouvernement.* *Il approuve la poursuite de la grève.* ***d.*** Le locuteur rapporte un sentiment (verbes introducteurs : *s'indigner de, être révolté par*) : *Le manifestant s'indigne du plan proposé par le gouvernement.*
2. Phrase interrogative : *Que vont devenir mes enfants ?* *Est-ce qu'ils pourront trouver du travail ?* *Combien de temps devrons-nous attendre ?*	***a.*** Le locuteur rapporte les paroles (verbes introducteurs : *demander, se demander, s'interroger sur*) : *Le manifestant se demande ce que vont devenir ses enfant.* *Il se demande s'ils pourront trouver du travail.* *Il se demande combien de temps ils devront attendre.* *Il s'interroge sur ce que vont devenir ses enfants.* *Il s'interroge sur l'avenir de ses enfants.* ***b.*** Le locuteur rapporte une attitude, un sentiment (verbes introducteurs : *s'inquiéter, craindre*) : *Il s'inquiète/il craint pour l'avenir de ses enfants.* *Il s'inquiète de savoir combien de temps ils devront attendre.*

ARGUMENTER : QUELQUES PROCÉDÉS

• La mise en relief :

Réagir aujourd'hui, ***c'est*** préserver demain ?

C'est en réagissant aujourd'hui ***qu'on*** préservera demain ;

Il est clair/évident/incontestable qu'en réagissant aujourd'hui on préservera demain.

• L'hypothèse :

Si nous réagissons aujourd'hui, nous préserverons demain.

❶ À l'aide des éléments suivants, faites des phrases. Pour rendre votre argumentation plus convaincante, utilisez la mise en relief ou l'hypothèse.

1. Dialoguer/améliorer le dialogue social.

2. Lutter contre l'inflation/éliminer la pauvreté.

3. Former des diplômés/réduire le chômage des jeunes.

4. Diminuer le temps de travail/créer des emplois.

❷ Rédigez un petit texte argumentatif sur un thème de votre choix.

Si nous voulons... nous devons...

En... nous...

... c'est...

Il est évident qu'en... nous...

Mon fils, il faut penser à ton avenir !

Oui... mais on ne vit qu'une fois !

HEGEL

PHYSIQUE

PHILO
PHILO
PLATON
MATHS

FAIRE UN EXPOSÉ : QUELQUES PROCÉDÉS

• **Pour faire une introduction :**

La situation de l'emploi est **particulièrement/extrêmement préoccupante/inquiétante/grave/alarmante...**

La situation de l'emploi **s'aggrave** ce dernier trimestre.

Les suppressions d'emploi **atteignent un chiffre record.**

• **Pour mettre en évidence des chiffres :**

Les chiffres sont **éloquents/parlants.**

Le secteur de... est **plus particulièrement touché/atteint par** les suppressions d'emploi et les plans sociaux.

C'est le secteur de... **qui est le plus** particulièrement **touché par** les réductions d'effectifs.

Le secteur du textile et de la chaussure **est sinistré,** avec des réductions d'effectifs qui peuvent **atteindre jusqu'à** 80 % comme dans l'entreprise/chez Bally.

• **Pour faire une énumération :**

De nombreux secteurs sont touchés par les suppressions d'emplois : armement, textile, chaussures, biens d'équipement...

Parmi les secteurs touchés par les suppressions d'emplois, **citons** : l'armement, le textile...

• **Pour citer des chiffres :**

L'entreprise... envisage/prévoit de licencier/le licenciement de **2 000** personnes **sur 5 800** soit près de **1 sur 3.**

L'entreprise voit disparaître près **d'un tiers/de la moitié/des trois quarts de ses salariés.**

• **Pour faire des comparaisons :**

Le secteur de... est **le plus** touché par les suppressions d'emplois.

Le secteur de... est **le moins** touché.

Le secteur de... est **assez peu/peu** touché.

Le secteur de... est touché **dans une moindre mesure.**

Le secteur public supprime massivement des emplois **mais** le secteur public **n'est pas épargné pour autant.**

VOCABULAIRE

Dans cette unité, vous avez noté un certain nombre d'expressions figurées utilisées par les journalistes, par exemple : *appel à la grève : la traînée de poudre.*

❶ Donnez l'équivalent des expressions soulignées suivantes puis, à votre tour, utilisez-les dans des phrases.

1. La rumeur s'est répandue comme une traînée de poudre.
2. En révélant ce secret, elle a mis le feu aux poudres.
3. Son projet n'est pas réaliste, c'est jeter de la poudre aux yeux.
4. Il était très pressé, il a pris la poudre d'escampette.
5. Il n'est pas très intelligent, il n'a pas inventé la poudre.

❷ Indiquez si les expressions figurées soulignées correspondent aux notions d'arrêt ou de démarrage.

Une traînée de poudre ➜ propagation.
Les manifestations redémarrent ➜ démarrage.

1. Le dialogue est au point mort.
2. Les profs embrayent.
3. Mercredi : coup d'envoi des négociations.
4. Les Français piétinent.
5. Le dialogue social est en panne.

❸ Entraînez-vous à faire un exposé.
À l'aide du document ci-dessous, présentez les secteurs particulièrement touchés par les suppressions d'emploi.

ARMEMENT
- **GIAT Industries** 2 569 sur 11 128
- **Dir. des constructions navales** environ 3 375 sur 23 500

TEXTILE/ CHAUSSURES
- **Myrys** environ 300 sur 1 086
- **Lainière de Roubaix** environ 300 sur 587
- **Bally** environ 1000 sur 1200

BIENS DE CONSOMMATION
- **Moulinex** 2 600 sur 6 000

INDUSTRIE/ BIENS D'ÉQUIPEMENT
- **Alcatel-Alsthom** 30 000 sur 197 000 en Europe dont la moitié en France
- **Pechiney** environ 3 000 sur 17 000
- **Framatome** environ 600 sur 12 500
- **Charbonnages de France** environ 1 050 sur 11 000

CHIMIE
- **Rhône-Poulenc** 500 sur 22 800

AÉRONAUTIQUE
- **Aérospatiale** plus de 3 000 sur 31 000
- **Turbomeca** 650 sur 3 650

TRANSPORTS
- **Air France Europe** 950 sur 11 000
- **Sernam** 2 000 sur 5 800
- **UPS** 800 sur 2 400

BANQUES
- **Crédit foncier** 2 000 sur 3 500
- **Crédit lyonnais** 4 000 sur 35 000
- **Banque de France** 760 sur 2 400 (imprimerie)

AUTOMOBILE
- **Peugeot** 1 760 sur 50 500
- **Renault** 1 640 sur 59 000

SERVICES PUBLICS
- **France Télécom** 1 400 sur 150 000
- **La Poste** 3 000 sur 300 000
- **SNCF** 5 000 sur 178 000
- **Société française de production** 700 sur 1 000

effectifs

Infographie : Le Monde

DIX SECTEURS PARTICULIÈREMENT TOUCHÉS PAR LES SUPPRESSIONS D'EMPLOIS (nombre d'emplois supprimés par rapport à l'effectif total)

1 COMPRÉHENSION ÉCRITE

L'entreprise Cacharel va progressivement cesser toute fabrication et recentrer son activité sur la création et la distribution de sa marque. La société de prêt-à-porter lancera d'ici à la fin de
5 l'année un plan social qui devrait toucher les cent cinquante ouvriers de son entreprise de Nîmes (France). Le 3 novembre dernier, le P-DG avait annulé à la dernière minute la signature d'un plan social portant sur la suppression de
10 soixante-huit postes. La direction s'était inquiétée des mauvais résultats de l'entreprise et avait annoncé la nécessité d'une réorganisation en profondeur. Cette année, les pertes enregistrées par la société atteignent 15 millions de francs ;
15 un nouveau plan social permettrait, en fermant deux des quatre chaînes de montage de l'usine de Nîmes, de réduire les surcoûts de production. « À l'horizon de l'an 2000, Cacharel ne sera plus une société de création-fabrication
20 mais une société de création-distribution », prévient le directeur général. Le coût minute de travail qui, dit-il, est de 2,20 francs dans le textile français contre 1,30 franc en Italie, pousse l'entreprise à quitter la France. En 1985, Cacharel
25 comptait 1 200 salariés et possédait quatre usines dans la région de Nîmes. À l'heure actuelle, la société emploie, tous secteurs confondus, 419 personnes entre Paris et Nîmes et ne dispose plus que d'une seule usine qui
30 fabrique 15 % de la production. Le restant est sous-traité en Italie, au Portugal ou dans les pays de l'Est. Les représentants du personnel craignent pour la survie de leur usine. Ils refusent de faire endosser à la production les diffi-
35 cultés de l'entreprise. Pour eux, la dégradation de la situation est due à des erreurs de gestion.

Lisez le texte et répondez aux questions suivantes *(2 points par réponse, total sur 10 points).*

1. Parmi les titres suivants, choisissez celui qui convient le mieux.
   a. Cacharel : une entreprise qui revient de loin…
   b. Cacharel : la fin du *made in France* ?
   c. Cacharel : pas de nouveaux licenciements.
   d. Cacharel : la clé sous la porte ?
   e. Cacharel : mort d'une entreprise.
2. L'entreprise Cacharel est une entreprise qui fabrique :
   a. des articles de bureau ;
   b. des meubles ;
   c. des produits de beauté ;
   d. des tissus ;
   e. des vêtements.

3. Trouvez la bonne information.
   a. Cent cinquante ouvriers de l'usine Cacharel vont être licenciés.
   b. Soixante-huit ouvriers de l'usine Cacharel vont être licenciés.
   c. L'usine Cacharel de Nîmes va fermer.
   d. Une partie de l'usine Cacharel de Nîmes va fermer.
   e. Cacharel va installer une usine en Italie.
4. Dans la liste suivante, éliminez le problème qui n'est pas indiqué dans le texte.
   a. Le manque de bénéfices.
   b. La surproduction.
   c. La mauvaise gestion financière.
   d. Les coûts de la production.
5. Parmi les expressions suivantes relevées dans le texte, éliminez celle qui ne correspond pas à la notion de plan social.
   a. Suppression de postes.
   b. Licenciement.
   c. Réorganisation.
   d. Distribution.

2 PRATIQUE DE LA LANGUE

❶ À l'aide des éléments suivants, faites des phrases en utilisant des expressions marquant l'opposition ou la concession. Variez au maximum vos expressions *(total sur 5 points)*.

1. Être âgée – rester très active.
2. Faire régulièrement du sport – être souvent malade.
3. Grande compétence et ancienneté – ne pas obtenir une augmentation de salaire.
4. Avoir de jeunes enfants – travailler à temps complet.
5. Avoir des diplômes – ne pas trouver d'emploi.

❷ Transformez les phrases suivantes pour les rendre plus convaincantes en utilisant des procédés de mise en relief et en variant les procédés *(total sur 5 points)*.

1. Faisons la grève, nous obtiendrons une augmentation de salaire.
2. Nous demandons l'égalité des salaires entre les hommes et les femmes, nous nous battons pour la justice.
3. Nous voulons préserver notre environnement, nous devons interdire la circulation des voitures en ville.
4. Achetez un appartement aujourd'hui, vous ferez un bon investissement.
5. Augmentez les salaires, la consommation sera relancée.

3 LEXIQUE *(total sur 5 points)*

1. Parmi les offres d'emploi ci-dessous, choisissez
celle qui vous semble conforme aux usages
de la langue française *(1 point)*.
  a. H/F ingénieur débutant.
  b. H/F ingénieur débutant(e).
  c. Ingénieur/ingénieure débutant(e).
  d. Un(e) ingénieur débutant.
  e. Un(e) ingénieur débutant(e).

2. Dans les phrases suivantes, remplacez
les expressions soulignées par des mots vus dans
les unités 3 et 4 *(4 points)*.
  a. Pour les femmes, l'industrie et le bâtiment sont
  des secteurs qui restent complètement fermés.
  b. Dans la hiérarchie des entreprises, les femmes
  sont absentes.
  c. Le dialogue entre les grévistes et la direction
  est bloqué.
  d. Il était pressé, il est parti très vite.

4 SAVOIR-FAIRE

❶ **Transformez cette interview en rapportant
les propos de manière indirecte** *(total sur
5 points)*.

« Les lecteurs de la Bibliothèque nationale de
France sont littéralement enterrés, alors que la
position de la bibliothèque sur les berges de la
Seine pouvait leur procurer une des plus belles
vues du monde. Je reviens de la British Library,
que beaucoup citent en exemple, il ne faut pas
oublier que son élaboration a pris plus de vingt
ans. Il faut avouer que celle de Paris a été plus
rapide. Ensuite, la cohabitation de deux bibliothèques, l'une destinée à la recherche, l'autre au
grand public me paraît heureuse. Et puis c'était
une grande idée que cette présence importante
de la culture au cœur de Paris. »

❷ **Faites cinq phrases pour comparer
la situation des femmes dans l'entreprise dans
votre pays et en France** *(total sur 5 points)*.
Vous devez :

1. introduire une idée générale ;
2. indiquer un degré de comparaison ;
3. marquer des différences ;
4. mettre en évidence des chiffres ;
5. indiquer une conclusion.

5 CONNAISSANCE DES RÉALITÉS FRANÇAISES

**Répondez aux questions suivantes
(total sur 5 points).**

1. Quel est le rôle de l'Académie française ?
2. En France, comment s'appelle le diplôme de fin
d'études secondaires ?
3. Comment désigne-t-on quelqu'un qui a fait trois
ans d'études supérieures ?
4. À quel domaine se rattachent ces sigles :
FO, CGT, SNCF, RATP ?
5. Citez deux revendications féministes.

L'ÉVOLUTION DU TRAVAIL

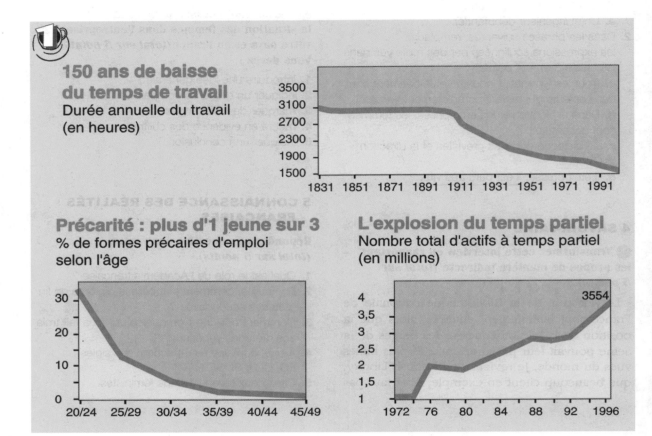

1

150 ans de baisse du temps de travail
Durée annuelle du travail (en heures)

3500
3100
2700
2300
1900
1500

1831 1851 1871 1891 1911 1931 1951 1971 1991

Précarité : plus d'1 jeune sur 3
% de formes précaires d'emploi selon l'âge

30
20
10
0

20/24 25/29 30/34 35/39 40/44 45/49

L'explosion du temps partiel
Nombre total d'actifs à temps partiel (en millions)

4
3,5
3
2,5
2
1,5
1

3554

1972 76 80 84 88 92 1996

2

3

OFFRES D'EMPLOI

LE TRAVAIL A-T-IL ENCORE UN AVENIR ?

Croissance, croissance, croissance ! Tous les politiques courent après. Comme si c'était la solution miracle au chômage.

Faire repartir la machine économique créera bien sûr des emplois. Mais insuffisamment. Ce n'est pas seulement la société qui est malade du chômage, c'est le travail qui est en crise. Si les entreprises utilisaient aujourd'hui toutes les nouvelles technologies à leur disposition, des millions d'emplois de plus seraient supprimés. Alors, faut-il partager le travail ? Faut-il réduire le temps qu'on y passe ? Et surtout ne faut-il pas repenser radicalement notre rapport au travail et au temps ?

Le Nouvel Observateur, 15/05/1997.

CADENCES – PRÉCARITÉ – PRESSION
Les nouveaux galériens du travail

Elles sont téléopératrices, femmes de ménage dans une entreprise de nettoyage, caissières dans une grande surface. Ils sont agents de sécurité, ouvriers dans les abattoirs, chauffeurs-routiers ou employés au réassort dans un supermarché. Tous ils travaillent dur, trop dur.

Le Point, 30/05/1998.

Travailler, dignité ou privilège ?

Travailler ne va plus de soi. Ça n'allait d'ailleurs pas de soi jadis. Ça allait avec « chaînes » et mépris. C'est chômer qui était un privilège... Les temps ont bien changé.

L'Itinérant, 21/07/1998.

---

❶ Remue-méninges.

Regardez rapidement l'ensemble de ces documents. Quel est leur point commun ?

Écrivez au tableau les mots qui vous paraissent les plus importants par rapport au thème commun.

À tour de rôle, reliez entre eux deux ou plusieurs mots qui vous semblent être en relation et expliquez pourquoi vous établissez cette relation.

❷ En trois équipes.

Chaque équipe présente et commente une partie des documents aux autres équipes.

Équipe 1 : photo et dessin.
À quoi fait référence le dessin humoristique ?
(Vous pouvez vous aider de l'index culturel, p. 180.)

Équipe 2 : titres et chapeaux d'articles.
Cherchez, dans un dictionnaire, l'étymologie des mots *travail* et *chômage*, le sens exact des mots *galérien, cadence, précarité, travail à la chaîne*.
Ces titres expriment-ils des idées contradictoires ?

Équipe 3 : présentez les graphiques en utilisant les expressions ci-contre.

❸ Organisez une discussion pour comparer et discuter de l'évolution du travail en France, dans votre pays, dans le monde. Avant de commencer, préparez, individuellement ou par deux, une fiche sur les différents éléments de la problématique : les faits, leurs causes, les solutions possibles, les points de vue différents.

Commenter un graphique

• Présentation :
Cette courbe, ce graphique, ce tableau **montre/fait apparaître/permet de constater** que le chômage augmente/une augmentation du chômage.
On **constate/observe** une baisse du chômage.

• Variations :
Une augmentation, un accroissement ≠ une diminution.
Une hausse ≠ une baisse (sensible, forte ≠ légère, continue ≠ brusque).
Une progression ≠ un ralentissement, une chute (brutale).
Le chômage augmente ≠ diminue.
La courbe monte ≠ descend.
Le nombre de chômeurs **passe de... à...**

• Repères chronologiques :
Entre 1830 et 1930, à partir de 1910, au début/à la fin du siècle, dans les années trente, pendant la Première Guerre mondiale...

UNE NOUVELLE FORME D'EMPLOI : LE TÉLÉTRAVAIL

Bien que la comparaison hante toujours les esprits, le télétravail n'est pas la simple duplication du vieux travail à domicile. Aujourd'hui, la définition la plus communément admise met moins l'accent sur la délocalisation de l'emploi que sur le support technologique (télécopie, modem, micro-ordinateur…) nécessaire au télétravail. Le télétravail est donc une forme de travail à distance qui requiert les techniques des télécommunications et/ou de l'informatique. Du coup, l'éventail des expériences recensées à ce jour s'avère fort large et les conditions optimales d'usage de cette forme d'emploi sont encore loin d'être établies avec certitude.

UNE RÉALITÉ PLURIELLE

Il existe au moins trois formes différentes d'activité regroupées sous le terme générique de télétravail. La première implique une forte structuration en réseau dont les ramifications conduisent au domicile du télétravailleur. Il en est ainsi des travaux de traduction à distance. À l'heure actuelle, par exemple, les télétravailleurs de la Société Logomotiv, spécialisée en prestations de services linguistiques, sont répartis entre la France, l'Allemagne, le Luxembourg et la Grèce, mais puisent dans un vaste réservoir de données terminologiques situé à Madrid et Paris. Le réseau fonctionne dans tous les sens puisqu'à tout moment les télétravailleurs peuvent être contactés afin de satisfaire à une demande urgente. De la même manière, sans que la pression de l'urgence soit aussi forte, l'amélioration du réseau de communications a modifié dans beaucoup d'entreprises la façon de travailler des commerciaux : ces derniers peuvent en effet gérer à distance l'expédition des commandes, prendre connaissance à tout moment de l'état effectif des stocks…

La seconde forme de télétravail rappelle le vieux travail en chambre, conjugue une certaine forme d'isolement mais ne nécessite pas pour autant une centralisation aussi forte du réseau de communication. La formation à distance (cours de langue par téléphone), le marketing téléphonique, le travail à domicile à temps partiel grâce à l'implantation de micro-ordinateurs au foyer des salariés, en sont les versions les plus communes. Dans l'assurance notamment, ce partage inédit des lieux de travail a vu le jour au cours des années 80. En 1987, France Télécom a impulsé de même une décentralisation partielle pour une dizaine d'agents lyonnais qui, une semaine sur deux, travaillent chez eux en saisissant par Minitel des messages télégraphiés à lire ensuite par téléphone à leurs destinataires. Grâce à l'informatique – rien de plus facile que d'emmener sa disquette de travail –, cette recomposition des espaces de travail a été également facilitée pour tous ceux (journalistes, universitaires, éditeurs, traducteurs…) qui, hier déjà, distinguaient difficilement leurs lieux et temps de travail des lieux et temps de hors-travail.

La dernière forme de télétravail a ceci de particulier qu'elle évite l'éclatement du collectif salarié. Service offert principalement aux PME et PMI, le secrétariat à distance, tel qu'il est proposé par exemple par la société Aatena d'Aix-en-Provence, est une illustration de la tendance à l'extériorisation de certaines activités (tenue d'agendas, comptabilité, suivi téléphonique, assistance bureautique, gestion d'archives sur disque optique…) qu'autorisent désormais avec efficacité les nouvelles technologies, et cela sans pour autant renvoyer systématiquement les salariés à leur domicile. Sous la houlette de CIT-COM (une société du groupe France Télécom), le Conseil général du Lot-et-Garonne vient pareillement de mettre sur pied un centre de télégestion et de télésecrétariat qui devrait pouvoir créer cinquante emplois nouveaux en zone rurale. Mais l'expérience la plus connue est celle de l'entreprise PBS. Dans des villages et petites villes de Lorraine, PBS gère aujourd'hui quatre centres de travail à distance au sein desquels se rassemblent quotidiennement des secrétaires, lesquelles peuvent répondre rapidement aux commandes (courrier, confection de documents divers) des entreprises clientes grâce aux équipements (télécopie, télex…) à leur disposition. La diminution des coûts fixes (le loyer notamment), l'augmentation de la productivité du travail et une nette diminution de l'absentéisme et de la fatigue due aux transports quotidiens sont autant d'arguments en faveur de cette décentralisation de l'emploi vers des zones peu urbanisées et peu industrialisées.

Sciences humaines n° 30, juillet 1993.

1 **Avant de lire le texte.**

1. Cherchez l'origine du document. À votre avis, est-il extrait d'un quotidien ou d'une revue ?

2. Que nous indique le titre de la revue *Sciences humaines* sur les contenus et le public ?

3. Lisez le titre de l'article. Quelles hypothèses pouvez-vous faire sur son contenu ?

2 **Analyse de la structure du texte.**

Le texte est organisé de la façon suivante :
- Définition du télétravail
- Différentes formes de télétravail
  - Forme 1
    - Caractérisation
    - Exemples
  - Forme 2
    - Caractérisation
    - Exemples
  - Forme 3
    - Caractérisation
    - Exemples

1. En parcourant rapidement le texte, retrouvez ces différentes parties.

2. Repérez :
a. la phrase qui donne la définition précise du télétravail ;
b. la phrase qui annonce les différentes formes de télétravail ;
c. les expressions qui introduisent chacune des formes de télétravail.

3. Cherchez les passages où l'auteur donne des exemples. Observez les différentes façons de les introduire dans un texte : à l'aide de signes de ponctuation, de mots ou expressions, de mots et de signes de ponctuation.

3 **Plan d'exposé.**
Vous devez faire un exposé à des collègues français pour présenter votre travail (ou un travail que vous connaissez bien). Préparez le plan de votre exposé. Écrivez une phrase de définition et la phrase d'annonce des différentes parties.

Reconnaître et formuler une définition

Observez la structure de la phrase de définition du télétravail dans le texte : sur ce modèle, vous pourrez construire toutes sortes de définitions.

Nom à définir	Verbe *être*	Nom ou groupe nominal de sens plus général	Caractérisation : *qui* + verbe
Le télétravail	*est*	*une forme de travail à distance*	*qui requiert des techniques…*

• On peut utiliser d'autres verbes :
On appelle *télétravail une forme de travail à distance qui requiert…*
(Remarquez la suppression de l'article devant le nom à définir.) Ce type de formules se trouve surtout dans les textes scientifiques.
*Le télétravail **consiste à travailler à distance** à l'aide de la télématique.*
Dans un dictionnaire, la définition du mot n'est pas donnée sous forme de phrase complète :
> Télétravail n. m. (rare au pluriel) : travail effectué à distance d'un lieu centralisateur et dont le résultat est envoyé dans ce centre par télécommunications.

Dictionnaire Hachette encyclopédique, 1998.

Exercez-vous à construire des phrases complètes à partir de définitions données dans un dictionnaire français.

• Pour mieux préciser le sens d'un mot, on indique souvent la différence avec des mots de sens voisin :
*Le télétravail **n'est pas la simple** duplication du travail à domicile.*
*   **ne consiste pas seulement** à travailler à domicile.*
*   **ne doit pas être confondu** avec le travail à domicile.*
*   **est différent du simple** travail à domicile…*

LES MÉTIERS DU FUTUR

❶ Compréhension globale.

1. Quelle est la situation ?

2. Combien de personnes parlent ?

3. De quoi parlent-elles ?

❷ Repérages : notez et classez les informations données sur :

1. la personne interviewée (âge, personnalité, goûts) ;

2. son travail (lieux, outils, statut professionnel).

❸ Comparez ces informations avec les différentes formes de télétravail définies dans le texte précédent. Dans quelle catégorie pouvez vous ranger le travail de Dominique ? Notez une définition donnée oralement. Que remarquez-vous sur sa formulation ?

Préparez les CV...

21 métiers
pour le XXIᵉ siècle

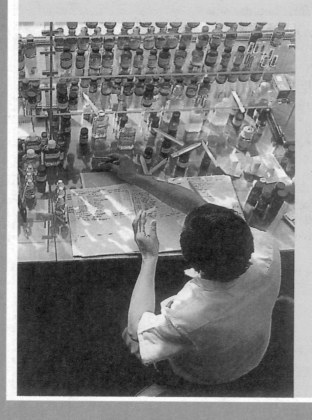

AGROALIMENTAIRE

Alexandre, 24 ans

Aromaticien

Les industriels réclament des spécialistes capables de donner du goût et du parfum à leurs produits. Ayez du nez.

1 Alexandre souhaitait donner à son Deug de chimie et biologie un prolongement « plus réjouissant et artistique que la chimie pure » et moins « chichiteux » que la parfumerie. À l'Isipca (Institut supérieur international de parfumerie, cosmétique et aromatique alimentaire), il a donc opté pour une MST (maîtrise de sciences et techniques) en arômes alimentaires qui lui a permis de décrocher, après deux ans d'apprentissage, un CDD. Son métier ? créer ou copier un arôme commandé par un industriel. Fondé sur l'olfaction et la dégustation, il ne réclame comme instruments qu'une paillasse, un évier, des micro-pipettes et des verres à dégustation. Ainsi, bien sûr, qu'une aromathèque, banque de 1 500 matières premières naturelles.

• MARCHÉ : débouché en hausse, aussi bien dans les industries agroalimentaires que dans les sociétés aromatiques.

• FORMATION : base bac + 2 (BTS ou Deug option chimie, Deust parfums, arômes et cosmétiques de Montpellier), puis MST section arômes et parfums, en université ou à l'Isipca.

• SALAIRE ANNUEL : technicien débutant, à partir de 130 000 F ; ingénieur débutant, à partir de 180 000 F.

④ Simulations : un métier du futur !

> *Société de maintenance informatique (92)*
> recherche
> **TECHNICIENS**
> confirmés
> pour la réparation d'imprimantes.
> Poste à pourvoir le 1ᵉʳ septembre
> CDI
> **2 COMMERCIAUX H/F**
> Jeunes diplômés,
> aucune expérience requise
> bilingue anglais, bilingue allemand,
> poste à pourvoir le 1ᵉʳ septembre,
> équipe jeune, évolution rapide
> si candidat compétent,
> contrat à durée indéterminée.
> Envoyer CV avec photo
> + lettre de motivation s/réf. KM27 à :
> ANNONCES QUARTIER
> 1, villa Le Mesnil • 92320 CHÂTILLON

1. Une société ou un organisme public veut recruter un aromatiseur ou un développeur social. À l'aide des documents, rédigez l'annonce qui sera publiée. Notez les informations à donner, les sigles ou abréviations utilisés.

2. Bernard ou Alexandre répond à l'annonce. Rédigez le CV.

CONSEIL :

Un CV (*curriculum vitae* : « déroulement de la vie », en latin) doit donner les informations suivantes : nom, prénom, âge, situation de famille, adresse, diplômes, emplois antérieurs.

3. La candidature de Bernard ou d'Alexandre a été retenue. Il est convoqué pour un entretien d'embauche. À deux, vous jouez la scène.

CONSEILS :

Les questions posées à un candidat portent généralement sur :
– les motifs de la candidature ;
– la formation, les études ;
– les postes occupés précédemment ;
– la personnalité, les goûts ;
– le projet de carrière ;
– le salaire souhaité.

Il est recommandé au candidat de ne pas répondre par *oui* ou *non* mais de motiver ses réponses, de montrer son intérêt pour le travail demandé, de ne pas hésiter à poser des questions précises (horaires, déplacements, etc.) mais de ne parler du salaire qu'à la fin de l'entretien.

SOCIAL

Bernard, 41 ans

Développeur social

Les urbanistes ne travaillent plus dans leur tour d'ivoire.

2 Les nouveaux métiers du développement social et urbain ont émergé au milieu des années 80. Mais la fonction de chef de projet de développement social et urbain est depuis peu au cœur de ces emplois en expansion. Après une maîtrise de sciences et techniques d'aménagement du territoire, puis un DESS d'urbanisme, Bernard Meunier a passé quatre années en milieu rural pour la réhabilitation de l'habitat, une dizaine en milieu urbain pour le réaménagement des centres-villes. Avec l'apparition, en 1993, des contrats de ville, Bernard devient chef de projet. « Mes capacités correspondaient à la volonté de la municipalité de Sens de prendre davantage en compte le développement urbain, aux sens culturel, social et éducatif. » Entre les associations, les centres sociaux et le public, il organise des partenariats et cherche des solutions pour améliorer les services à la population.

• MARCHÉ : 400 personnes travaillent actuellement comme chefs de projet. Un poste qui rassemble de nombreuses sensibilités, dont celles des travailleurs sociaux, des éducateurs…

• FORMATION : les expériences comptent autant que les formations.

• SALAIRE MENSUEL : de 9 000 à 20 000 F bruts.

L'Événement du jeudi, 3 juin 1998.

LA NÉGATION

1 Rappel de règles

• **Quand supprime-t-on *pas* dans la négation ?**

– Lorsque **ne** est associé à un mot de sens négatif :

ne... plus, ne... jamais, ne... aucun, ne... rien, ne... personne, ne... nulle part :

*On **ne** marche **plus***

(= on ne croit plus aux promesses ➜ familier)

– Lorsque **ne** est suivi de **ni... ni** :

*Les négociations ont abouti ? Non, nous **n'**avons obtenu **ni** augmentation de salaire **ni** diminution du temps de travail.*

• **Quand supprime-t-on *ne* dans la négation ?**

– Dans la langue familière :

*Faut **pas** pousser !*

(= il ne faut pas pousser/exagérer ➜ familier)

– Dans les réponses elliptiques :

– Vous avez déjà travaillé ici ?

– Jamais. (= je n'ai jamais travaillé ici)

Plus de blabla.

(= nous ne voulons plus de paroles creuses ➜ familier)

– Qui veut faire des heures supplémentaires ? – Pas moi !

– Il est bien ton nouveau bureau ? – Pas mal !

2 Renforcement de la négation

Pour donner plus de force à la négation, elle peut être renforcée par un deuxième mot négatif après **ne... plus** :

*On **ne** trouve **plus** de travail **nulle part**.*

*Je **ne** connais **plus** personne ici.*

Ce n'est pas possible après **ne... pas**. Mais vous pouvez utiliser d'autres expressions de renforcement :

On ne trouve pas du tout de travail.

*– Tu es en colère ? – **Pas du tout/absolument pas/pas le moins du monde.***

Renforcement de la réponse **non** : *Bien sûr que non !*

① **Négation absolue/négation relative.**

Quelle réponse convient le mieux à ces questions ?

1. Toujours amateur de cigares ?

2. C'est à vous ce briquet ?

3. Vous fumez une cigarette à la fin du repas ?

4. Tu as fini ton paquet de cigarettes ?

5. Il s'est décidé à arrêter de fumer ?

a. Pas toujours, quelquefois un cigare.

b. Pas encore, il m'en reste trois.

c. Non, je ne fume plus.

d. Non, moi je ne fume pas.

e. Toujours pas.

RAPPELEZ-VOUS

• Opposition **ne... pas/ne... plus** :

*Il **ne** fume **pas**.* (= il n'a jamais fumé ➜ négation absolue et intemporelle)

*Il **ne** fume **plus**. (=* il a fumé à un moment mais actuellement, c'est terminé ➜ négation relative)

• Opposition **ne... pas/ne... pas encore** :

*Je **ne** connais **pas** le directeur.* (➜ négation absolue)

*Je **ne** connais **pas encore** le directeur.* (= je pense faire sa connaissance dans l'avenir ➜ négation relative)

• Opposition **ne... pas/ne... pas toujours/ne... toujours pas** :

*Il **ne** fume **pas** le cigare.* (= il n'aime pas le cigare, il ne fume jamais le cigare ➜ négation absolue)

*Il **ne** fume **pas toujours** le cigare.* (= en général il fume le cigare mais parfois autre chose ➜ négation relative)

*Il **n'**a **toujours pas** arrêté de fumer.* (= il a le projet d'arrêter mais actuellement il continue de fumer ➜ négation relative)

2 **Quelle fin de phrase convient le mieux après les débuts suivants ?**

1. Elle ne travaille pas,
2. Elle n'a jamais travaillé,
3. Elle ne travaille pas encore,
4. Elle ne travaille plus,
5. Elle n'a toujours pas trouvé de travail,
6. Certes, c'est une bonne secrétaire,

a. à cinquante ans, ce sera difficile de trouver un emploi.
b. elle termine ses études.
c. elle est à la retraite.
d. mais pas toujours aimable.
e. elle élève ses cinq enfants.
f. et pourtant ça fait deux ans qu'elle cherche.

COHÉRENCE DU TEXTE : SAVOIR UTILISER LES CONNECTEURS

• Pour qu'une suite de phrases constitue un texte compréhensible, il faut que chacune soit reliée à la précédente. Vous disposez de différents moyens pour assurer cette relation, en particulier les connecteurs qui permettent de préciser le type de relation qui existe entre les deux phrases :

*L'usine a fermé. Paul est **donc** au chômage.*

L'utilisation d'un connecteur n'est pas toujours nécessaire :

L'usine a fermé. Paul est au chômage. ➜ la relation de cause à conséquence est suffisamment claire.
Mais si vous rédigez un texte long, il sera nécessaire de préciser certaines de ces relations.

Dans le texte de la p. 00, vous avez relevé différents connecteurs de phrases (soulignés ci-dessous) et vous en connaissez d'autres. Ils précisent des relations de :
– cause/conséquence :
donc, du coup (fam.), c'est pourquoi, en effet,

en conséquence...
– illustration par l'exemple :
ainsi, par exemple, notamment, en particulier...
– concession :
toutefois, pourtant, néanmoins, cependant...
– opposition :
mais, au contraire, en revanche...
– comparaison :
de la même manière, de même, pareillement...
– temps :
alors, ensuite, puis, en même temps...
– énumération, structuration du texte :
d'abord, premièrement..., enfin, pour finir...
Grammaticalement, ces mots sont des adverbes ou des conjonctions. Ils peuvent avoir des équivalents appartenant à d'autres catégories grammaticales :
premièrement = la première...

3 **Utilisez des connecteurs convenables pour relier les phrases de ce texte.**

An 2000 : demain le chaos ? Un simple changement de date risque de déclencher des catastrophes dans notre monde informatisé et robotisé. *(cause)* Pour économiser de l'espace sur leurs coûteuses machines, les informaticiens ont convenu d'exprimer les années à l'aide de leurs deux derniers chiffres. *(illustration)* On passera à la fin du siècle du 31/12/99 au 01/01/00. *(temps)* Les logiciels comprendront qu'on est revenu au 1er janvier 1900, ce qui provoquera de multiples incidents cocasses et aussi des accidents graves. *(concession)* Le remède est simple. *(cause)* Il suffit d'ajouter les chiffres manquant. *(opposition)* C'est un travail énorme et qui nécessite des compétences rares. *(conséquence)* Les sociétés de service s'arrachent les informaticiens qualifiés.

D'après *Le Nouvel Observateur*, 26/02/1998.

VOCABULAIRE

Quelles peuvent être les activités d'un *écotoxicologue* ?
Comment le mot est-il composé ?
Connaissez-vous d'autres mots où l'on retrouve certains de ces éléments (vous pouvez consulter un dictionnaire) ?
Vers quel domaine économique ces informations vous orientent-elles ?
Ajoutez une pincée d'imagination : rédigez la définition de ce métier pour un dictionnaire de l'an 2000.
Comparez vos productions et choisissez la meilleure.

DELF

Durée de l'épreuve : une heure.
Objectif : faire un compte rendu guidé du contenu d'un document écrit comportant des références précises à la réalité socioculturelle française ou francophone.
Consigne :
Lisez soigneusement le texte suivant. Vous répondrez ensuite aux questions posées.

Attention : vous ne devez pas introduire d'autres idées ou informations que celles qui figurent dans le document ni faire de commentaires personnels. Vous pouvez réutiliser les « mots clés » du document mais non des phrases ou des passages entiers. Vous devez rédiger vos réponses sous forme de phrases complètes, constituant des paragraphes cohérents.

CHÔMEURS : LE MATCH INTÉRIM/ANPE[1]

« À L'ANPE, on vous interroge, puis on entre les données dans une machine. Chez Manpower, c'est la même chose, sauf qu'une semaine après ils vous appellent pour vous proposer du boulot ». Marie-Thé a 35 ans, un niveau CAP[2] couturière. […] En septembre dernier, après avoir passé deux ans à élever sa petite fille, elle a retrouvé du travail, sans pousser une seule fois la porte de l'Agence

5   nationale pour l'emploi. Son employeur s'appelle Manpower. Depuis neuf mois, il lui a fourni une flopée[3] de contrats de quelques jours ou d'une semaine, à plier des prospectus et à trier des enveloppes pour les entreprises de conditionnement qui foisonnent dans la région. *« On ne peut pas dire que j'ai chômé »,* sourit Marie-Thé, avant d'ajouter : *« L'intérim, c'est le meilleur moyen que je connaisse pour trouver du boulot immédiatement. »* Voilà pourquoi, au mois d'avril, près d'un demi-

10 million de personnes avait opté pour l'intérim, un chiffre en progression de 35 % par rapport à l'an dernier. À écouter les demandeurs d'emploi qui ont fait ce choix, l'ANPE ne souffre pas la com-

paraison. *« La grosse différence en fait, c'est l'accueil,* explique Francine, 34 ans, secrétaire intérimaire. *Et puis à l'ANPE, les files*

15 *d'attente, les paperasses, les annonces qu'on lit sur les panneaux mais qui sont déjà pourvues quand vous vous pointez[4], ça finit vraiment par attaquer le moral… »*
Le tableau est-il vraiment aussi noir ? À

20 regarder les chiffres pourtant, l'ANPE n'a pas à rougir de son activité. Depuis quelques années, l'agence s'est engagée dans une véritable révolution. En 1997, elle a collecté 2,6 millions d'offres d'emploi, soit

25 plus du double qu'en 1993. Et 9 postes sur 10 ont été pourvus. En face, l'intérim a proposé la même année 8 363 000 missions. Mais des missions qui ne durent qu'un peu plus de deux semaines en moyenne. […]

30 En temps que service public de l'emploi, l'ANPE doit faire face aux demandes de trois millions de chômeurs, alors que les agences d'intérim ne font que puiser dans un vivier[5] de main-d'œuvre soigneusement

35 sélectionné, pour satisfaire leurs clients. « *Le premier tri se fait dès que le demandeur d'emploi franchit la porte de l'agence,* explique une directrice d'agence du centre de la France [...]. *Les chômeurs de longue durée et les RMIstes[6], on ne les inscrit pas. L'intérim n'est pas la Croix-Rouge. Ces gens-là sont trop difficiles à réinsérer. »*

Pour l'agence de travail temporaire, pas question de prendre des risques. Elle n'inscrira un nou-
40 veau nom dans son précieux fichier qu'après avoir fait passer de véritables entretiens d'embauche et des tests de compétence

Certaines formations spécifiques sont très demandées, [...] les informaticiens bien sûr... Mais le plus souvent le candidat a intérêt à ne pas s'arc-bouter sur son précédent métier ou son diplôme.
« L'intérim est le moyen le plus rapide de trouver du travail dès lors que vous êtes prêt à tout faire »,
45 explique Christophe, 25 ans, titulaire d'une maîtrise de droit, qui travaille depuis sept mois comme employé de bureau dans de grands sièges sociaux de la Défense.

Pour beaucoup de jeunes demandeurs d'emploi en effet, l'intérim reste le seul moyen de mettre le pied dans une entreprise dans l'espoir de décrocher quelque chose de durable. Un rêve qui sourit désormais à un intérimaire sur six en moyenne.

© *Le Nouvel Observateur*, 11/06/1998.

1. ANPE : agence nationale pour l'emploi.
2. CAP : certificat d'aptitude professionnelle, qualification dans le domaine des métiers manuels.
3. Flopée : grande quantité (fam.).

4. Se pointer : arriver (fam.).
5. Vivier : réserve.
6. RMIste : personne qui perçoit le RMI (Revenu minimum d'insertion), allocation accordée aux personnes sans ressources.

QUESTIONS

1. Quelle est l'idée générale exprimée dans ce texte ?
2. Quels sont les points communs et les différences qui existent entre l'ANPE et les agences d'intérim, du point de vue du statut et du rôle économique ?
3. Donnez un titre au premier paragraphe du texte (du début à *attaquer le moral*, ligne 18).

4. Expliquez pourquoi l'ANPE *n'a pas à rougir de son activité* (paragraphes 2 et 3).
5. Faites le bilan des avantages et des inconvénients des agences d'intérim pour les demandeurs d'emploi.
6. Reformulez, en une ou deux phrases, une conclusion pour ce texte.

Conseils

Avant de répondre aux questions, prenez le temps :
– d'observer globalement le texte. Notez l'origine, la date, les caractéristiques extérieures les plus apparentes (chiffres, sigles, italique...). Réfléchissez au sens du titre : permet-il de faire des hypothèses sur le contenu ?
– de lire la totalité du texte rapidement de façon à comprendre le sens général et l'organisation d'ensemble ;
– de lire soigneusement toutes les questions posées.
Dans vos réponses, essayez de faire des phrases courtes et précises. Marquez les relations logiques entre les phrases.
N'oubliez pas de relire avec soin votre texte.

Durée : 1 heure

Objectif : faire un compte rendu guidé de documents écrits comportant des références précises à la réalité socioculturelle française ou francophone et effectuer une comparaison avec les réalités de sa culture d'origine.

Consigne : après avoir lu attentivement les documents ci-dessous, vous répondrez aux questions posées.

Évolution du taux de chômage en France entre 1990 et 1996

Taux de chômage	1990	1996
Global	9,2	12,1
Hommes	7,0	10,4
Femmes	12,0	14,2
Cadres supérieurs	2,6	4,6
Employés	11,9	14,8
Ouvriers	12,2	15,3
Diplôme supérieur	3,3	7,4
BEPC*	8,6	11,9
Sans diplôme	13,1	17,2
15-24 ans	19,1	26,3
19-49 ans	8,1	11,4
50 ans et plus	6,5	8,0

* Brevet d'études du premier cycle de l'enseignement secondaire.

QUESTIONS

1. Caractérisez la situation de l'emploi en France :
   a. de 1990 à 1996 ;
   b. en 1998.
2. Comparez avec la situation de l'emploi dans votre pays du point de vue :
   a. de l'importance du chômage ;
   b. des catégories sociales et professionnelles qui sont touchées par le chômage ;
   c. de l'évolution actuelle.

Sur ces différents points, votre comparaison portera sur les tendances générales de la situation plutôt que sur des chiffres précis.

Le chômage en baisse pour le dixième mois consécutif

Lionel Jospin[1] est parti vendredi en vacances le cœur léger. Avant de s'envoler pour l'île grecque d'Antiparos, il a appris que, pour le dixième mois consécutif, le chômage reculait en France. Certes, la baisse est lente (– 0,5 % en juin, soit 14 000 chômeurs de moins) mais la tendance est incontestable. En un an, le nombre de demandeurs d'emploi a fondu de 5 %. Le taux de chômage atteint désormais 11,8 % de la population active, contre 12,5 % il y a un an.

Cette nouvelle embellie du mois de juin profite aux demandeurs d'emploi de plus de 25 ans en général et aux jeunes femmes. Les chômeurs de longue durée sont moins nombreux (0,8 %) et les inscriptions à l'ANPE consécutives à un licenciement économique continuent de décroître fortement (– 24 % par rapport à juin 1997). [...] Ce dixième mois de baisse consécutive est « le signe que ce recul du chômage n'est pas accidentel mais une tendance de fond » explique Paul Betbèze, chef économiste du Crédit Lyonnais. « Le chômage diminue par les deux bouts : il y a davantage de sorties (les embauches) et moins d'entrées (les licenciements). Sauf accident, cela devrait continuer. »

Jean-Michel Salvador.
Journal du Dimanche, 02/08/1998.

1. Premier ministre.

Conseils

On vous demande d'interpréter et de commenter des données chiffrées, non de les reproduire : évitez de citer tous les chiffres, donnez seulement ceux qui sont significatifs pour illustrer votre commentaire. Le deuxième document vous donne de nombreux exemples des diverses manières de présenter des résultats statistiques dans un texte. Vous pouvez naturellement les réemployer dans votre propre commentaire, en particulier pour décrire la situation de votre pays, mais attention : ne recopiez pas textuellement des phrases, choisissez des expressions adaptées et introduisez-les dans des phrases personnelles.

Partie 2
LA CITOYENNETÉ

LA FRANCE DANS L'EUROPE

PARLEMENT EUROPÉEN

1

Finlande (16)
Grèce (25)
France (87)
Royaume-Uni (87)
Allemagne (99)
Danemark (16)
Belgique (25)

(25) Portugal
(22) Suède
(21) Autriche
(64) Espagne
(6) Luxembourg
(15) Irlande
(31) Bays-Bas

Italie (87)

Consultation
Contrôle

Consultation
Budget

Parlement européen (626 députés)

Initiative
Exécution

Commission européenne
(20 commissaires)

Cour de justice européenne (15 juges)

Conseil des ministres
(15 ministres)

Arrêts
Recours

Recours
Arrêts

Particuliers
Gouvernements

Élu au suffrage universel pour 5 ans. Participe au pouvoir législatif, à l'élaboration du budget, au contrôle des dépenses. Nombre de sièges variable selon les pays, indépendamment de l'importance démographique. Tout citoyen européen âgé de 18 ans minimum peut élire ou être élu au Parlement européen quel que soit son lieu de résidence

2 **PIB par habitant pour l'Union européenne (UE 11), les États-Unis et le Japon**
(richesse par habitant exprimée en milliers de SPA : standard de pouvoir d'achat.*)

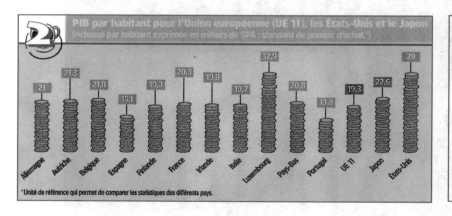

Allemagne	Autriche	Belgique	Espagne	Finlande	France	Irlande	Italie	Luxembourg	Pays-Bas	Portugal	UE 11	Japon	États-Unis
21	21,3	21,8	15,1	19,3	20,3	19,8	19,7	32,9	20,8	13,8	19,3	22,6	29

*Unité de référence qui permet de comparer les statistiques des différents pays.

PAYS QUI NE PARTICIPENT PAS À L'EURO AU PREMIER JANVIER 1999 **3**

Le Royaume-Uni
Le Danemark
La Suède
La Grèce

4 **Population** (chiffres de 1997)

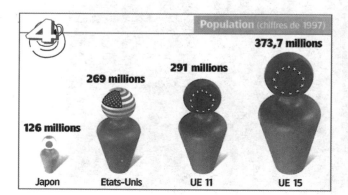

126 millions
Japon

269 millions
Etats-Unis

291 millions
UE 11

373,7 millions
UE 15

Part du PIB mondial **5**

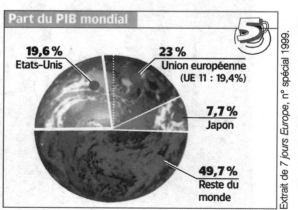

19,6 %
Etats-Unis

23 %
Union européenne
(UE 11 : 19,4%)

7,7 %
Japon

49,7 %
Reste du monde

Extrait de *7 jours Europe*, n° spécial 1999.

❶ Connaissez-vous l'Union européenne ?

Mettez-vous par groupes de deux et répondez au questionnaire suivant (sans regarder la page de gauche).

1. Les pays de l'Union européenne.
    a. Combien de pays font partie de l'Union européenne ?
    b. Faites une liste des pays de l'Union européenne. Vous ferez précéder le nom du pays d'un article :
    le Portugal.
    c. Quel pays est le plus favorable à la construction européenne ?
    L'Allemagne.   La France.   Le Luxembourg.

2. Population.
    a. Combien d'habitants vivent dans l'Union européenne ?
    300 millions.   328 millions.   373 millions.   449 millions.
    b. Combien d'habitants vivent en France ?
    47 millions.   52 millions.   58 millions.   60,9 millions.

3. L'Europe en dates. Associez à chaque date un événement :
    a. Suppression des barrières douanières à l'intérieur d'un grand marché unique.   1979
    b. Mise en circulation d'une monnaie unique (l'euro).   1992
    c. Première élection du Parlement européen au suffrage universel.   1993
    d. Libre circulation des citoyens de l'Union à l'intérieur d'un grand espace unique. 1999

4. Les institutions de l'Europe.
    a. Chaque État membre dispose du même nombre de siège au Parlement européen.
    Vrai.   Faux.
    b. L'âge minimum pour voter est de :
    18 ans.   20 ans.
    c. Un citoyen de l'Union a le droit d'être élu au Parlement européen dans un autre pays que le sien.
    Vrai.   Faux.

5. L'Europe de la culture.
    Reclassez par ordre d'importance les monuments les plus visités en Europe.
    monuments
    a. L'Acropole d'Athènes.
    b. Le Colisée et le Forum de Rome.
    c. Le musée du Louvre.
    d. La tour de Londres.

6. L'Europe de l'économie.
    a. Combien de pays de l'Union européenne n'ont pas adhéré
    à la monnaie unique ?
    Trois pays.   Quatre pays.   Cinq pays.
    b. Parmi ces pays, quels sont ceux qui n'adhèrent pas à
    la monnaie unique ?
    Le Danemark.   L'Espagne.   La Finlande.
    La Grèce.   Le Royaume-Uni. La Suède.
    c. Quel est le pays de l'Union européenne dont le PIB est le plus élevé ?
    L'Allemagne.   Le Luxembourg.   La Suède.

Lorsque vous aurez fini, contrôlez vos réponses en recherchant des informations dans la page de gauche.

❷ En groupes. En utilisant les informations contenues dans les tableaux et celles que vous aurez retenues en répondant au questionnaire, faites une présentation de la France au sein de l'Union européenne.

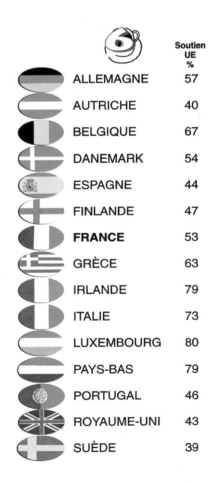

		Soutien UE %
	ALLEMAGNE	57
	AUTRICHE	40
	BELGIQUE	67
	DANEMARK	54
	ESPAGNE	44
	FINLANDE	47
	FRANCE	53
	GRÈCE	63
	IRLANDE	79
	ITALIE	73
	LUXEMBOURG	80
	PAYS-BAS	79
	PORTUGAL	46
	ROYAUME-UNI	43
	SUÈDE	39

L'Union des Quinze, un choc des cultures

SALUTAIRE MAIS RISQUÉ, le débat ouvert en Europe par le nouveau gouvernement français autour du « pacte de stabilité » budgétaire renvoie une nouvelle fois, et quarante ans après la signature du traité de Rome, à l'originalité initiale du projet européen : celle de réunir en un seul espace, économique et politique d'un type nouveau (ni fédéral ni confédéral) un ensemble de pays très divers sans remettre en question cette diversité. [...]

Si, face à la mondialisation, la nécessité de la construction européenne n'est plus guère contestée – chacun ne se déclare-t-il pas, à sa manière, « européen » ? – le chemin à suivre fait toujours l'objet de vifs débats. L'Union est un combat, un choc entre des cultures, économiques notamment, très différentes. Elle ne peut donc échapper, régulièrement, aux crises. [...]

En dépit de la Commission de Bruxelles et du marché unique, l'Europe reste une mosaïque d'économies nationales. Vues des États-Unis ou d'Asie, les couleurs de cette mosaïque se sont certes atténuées avec le temps. Un formidable processus de convergence entre les Quinze de l'Union, inédit dans le monde actuel, est intervenu.

Le traité de Maastricht a conduit à analyser cette convergence uniquement à travers des critères financiers (les déficits, l'inflation ou les taux). Sous cet aspect déjà, les progrès sont spectaculaires. Mais les avancées le sont plus encore sur « l'économie réelle » : les pays de l'Union ont connu un rapprochement remarquable de leurs niveaux de développement, de leurs structures économiques et de leurs problèmes, le chômage et la crise de l'État-providence notamment.

Lorsque l'on s'approche cependant de la mosaïque, on ne peut que constater que ses couleurs restent encore vives. Les économies européennes ont toujours, chacune, une personnalité propre – et des intérêts à court terme particuliers. Les Quinze conservent ensuite, et surtout, des cultures économiques très variées. Celles-ci sont, à chaque fois, le fruit d'une histoire, intellectuelle notamment, d'une géographie ou d'une démographie différentes. La Grande-Bretagne reste marquée par le rôle, essentiel, du libre-échange dans son décollage économique, la France par celui joué, chez elle, par l'État. L'Allemagne, elle, vit encore sous le choc de l'hyperinflation des années 20. Les Quinze cherchent à travailler ensemble alors qu'ils vivent toujours, chacun, avec un ensemble de valeurs très différentes. Un Britannique, un Allemand et un Portugais n'ont pas la même relation au travail, à l'argent ou à l'entreprise. La valeur que les uns et les autres accordent au temps, à l'égalité ou au risque n'est pas identique. Leurs préférences à l'égard de l'État ou du marché, de la contrainte ou du contrat diffèrent.

Chacun des pays européens reste finalement profondément imprégné d'une idéologie commune, nationale, qui transcende les clivages politiques locaux. Respectueux avant tout de l'individu, les Britanniques, de droite comme de gauche, sont d'abord des libéraux. Chrétiens-démocrates ou sociaux-démocrates, les Allemands ont avant toute chose le culte de la stabilité et du compromis social. Attachés à la solidarité, les Italiens de tous les partis n'en développent pas moins de riches formes de « libertarisme » anti-étatique. Conservateurs ou socialistes, les Français, enfants de Colbert, restent convaincus de la primauté du politique. Si chacun des pays de l'Union est encore convaincu de la supériorité de ses valeurs propres et de ce qu'elles impliquent en matière de politique budgétaire, fiscale, de revenus ou d'emploi, tous traversent aujourd'hui une même grave crise faite de chômage, de précarité et d'inégalités. Aucun « modèle » (pas plus celui des Anglais que celui des Allemands, des Français ou des Italiens) n'a démontré sa capacité à surmonter les défis de la mondialisation. La difficulté à laquelle se trouvent confrontés les Européens est donc d'imaginer une culture nouvelle – une culture européenne ? – qui tienne compte de ces cultures nationales, mais aussi de la relative inefficacité de chacune d'elles face aux enjeux du moment. [...]

L'union est, partout, une succession de compromis. À l'occasion de crises, aujourd'hui ou demain, les Français peuvent, à bon droit, espérer redonner la place qu'elle mérite à leur propre culture. Mais l'intégration, c'est aussi la prise en compte des autres et de leurs préoccupations. Il ne faudrait pas que « pour faire la France », quelques maladresses tactiques conduisent à « défaire l'Europe ».

ERIK IZRAELEWICZ
Le Monde, 12/06/1997.

---

❶ Remue-méninges.

1. Faites une liste des éléments qui constituent la culture d'un pays.
2. Donnez une définition du mot *culture*.

❷ Lisez le titre du texte et faites des hypothèses sur les raisons possibles de choc des cultures.

❸ Relevez dans les paragraphes 2, 3 et 4, les mots et expressions qui indiquent de quelle culture il s'agit.

❹ Relevez dans les paragraphes 5 et 6 les éléments qui constituent la fiche d'identité culturelle des pays cités.

L'Italie ➜ Valeurs : la solidarité.
Idéologie : libertarisme anti-étatique.

1. Grande-Bretagne : ...
2. France : ...
3. Allemagne : ...

❺ Donnez l'expression figurée utilisée dans le paragraphe 5 du texte qui correspond à l'expression du paragraphe 1 : *un ensemble de pays très divers.*

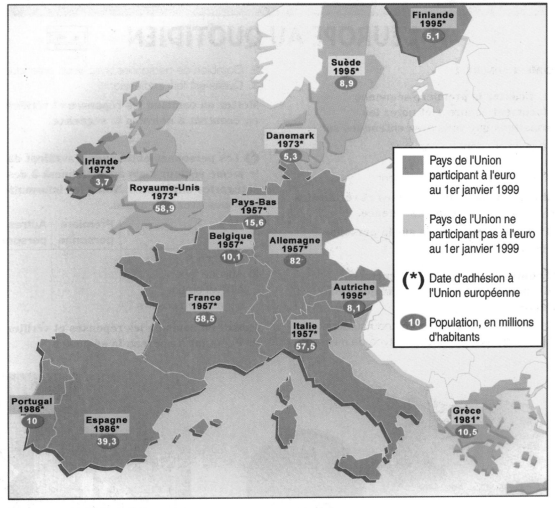

Finlande
1995*
5,1

Suède
1995*
8,9

Danemark
1973*
5,3

Irlande
1973*
3,7

Royaume-Unis
1973*
58,9

Pays-Bas
1957*
15,6

Belgique
1957*
10,1

Allemagne
1957*
82

France
1957*
58,5

Autriche
1995*
8,1

Italie
1957*
57,5

Portugal
1986*
10

Espagne
1986*
39,3

Grèce
1981*
10,5

Pays de l'Union participant à l'euro au 1er janvier 1999

Pays de l'Union ne participant pas à l'euro au 1er janvier 1999

(*) Date d'adhésion à l'Union européenne

10 Population, en millions d'habitants

6 Relevez les expressions utilisées pour marquer la différence entre Européens, puis utilisez-les pour faire une comparaison entre votre pays et la France.

7 Donnez l'équivalent des mots et expressions soulignés, puis réutilisez-les dans des phrases.

a. Un débat <u>salutaire</u> :
nécessaire ;   passionné ;   utile.

b. La construction européenne ne peut être que <u>le fruit</u> d'un compromis :
le but ;   la cause ;   le résultat.

c. Les <u>clivages</u> politiques :
les idéologies ;   les divisions ;   les positions.

8 Quelles sont les intentions de l'auteur de cet article :

1. donner des informations ?

2. donner une opinion ?

3. donner des informations et une opinion ?

Justifiez votre réponse en reprenant des éléments du texte.

9 Langue écrite soutenue ou courante.
Cet article utilise un procédé de la langue écrite soutenue : la mise en relief de l'adjectif, placé en début de phrase.
Relevez dans le texte des exemples d'utilisation de ce procédé puis transformez les phrases en langue courante.

Mise en relief : ***Respectueux*** *avant tout de l'individu, les Britanniques, de droite comme de gauche, sont d'abord des libéraux.*
Équivalent en langue courante : *Les Britanniques, de droite comme de gauche, respectueux avant tout de l'individu, sont d'abord des libéraux.*

10 Discussion en petits groupes.
Quelles valeurs parmi celles citées par le texte (relation au temps, à l'argent, à l'entreprise, etc.) vous semblent les plus difficiles à accepter :

1. pour un Français qui vient vivre dans votre pays ?

2. pour un citoyen de votre pays qui vient vivre en France ?

L'EUROPE AU QUOTIDIEN

DOCUMENT SONORE 1

❶ 1. Écoutez la première séquence du document sonore 1 et notez les informations que vous avez entendues sur :

a. l'événement dont on parle ;

b. la date ;

c. la préparation de cet événement.

Mettez en commun les réponses et vérifiez-les en écoutant à nouveau la séquence.

2. Faites des hypothèses sur la personne qui parle.

❷ Écoutez la deuxième séquence du document 1 et répondez aux questions suivantes :

1. Qu'est-ce que vous avez entendu au début de cette séquence ? Identifiez le type de message.

2. Combien de personnes avez-vous entendues ?

3. Quelle est leur profession ?

Mettez en commun les réponses et vérifiez-les en écoutant à nouveau la séquence.

❸ Les personnes entendues travaillent dans le même secteur mais appartiennent à des catégories différentes. Notez les informations que vous avez entendues.

	Première personne	Autres personnes
1. Catégorie		
2. Attitude face à l'événement : négative ou positive ?		

Mettez en commun les réponses et vérifiez-les en écoutant à nouveau la séquence.

FROMAGES AU LAIT CRU

À l'époque, c'est-à-dire en octobre dernier, l'affaire avait fait grand bruit. Certains journaux titraient, rageurs : « L'Europe veut couler nos fromages », « Sauvons nos fromages », « L'Europe s'attaque au cantal et au reblochon »… Et le prince Charles en personne venait à la rescousse des fromages au lait cru qu'il croyait menacés. Lutter pour la sauvegarde du camembert, du maroilles ou du chabichou, la cause aurait été juste… si elle s'était fondée sur des dangers réels ! Or l'alerte reposait sur un quiproquo que le Conseil des ministres de l'agriculture est venu, le 15 juin dernier, définitivement dissiper.

À l'origine du malentendu, une proposition de la Commission européenne, du 13 février 1990, de règles d'hygiène communautaires pour la production, mais aussi le stockage et le transport, de lait cru et des produits laitiers à base de lait cru. Les intentions de la Commission ont été un temps mal interprétées. Non, il ne s'agissait pas de menacer l'existence des fromages au lait cru, qui sont un des fleurons de la gastronomie française, mais au contraire de veiller à ce que des produits régionaux ou traditionnels bénéficient du marché unique. Avec toujours ce double souci en tête : libre circulation et protection de la spécificité et de la qualité.

7 jours Europe.

DOCUMENT SONORE 2

④ **Écoutez en entier le document sonore 2 et remplissez le tableau suivant.**

	Inquiète	Pas inquiète	Raisons
Personne 1			
Personne 2			
Personne 3			
Personne 4			
Personne 5			

⑤ **Rédigez un court texte destiné à informer et rassurer les Français sur le passage à la monnaie unique.**

DOCUMENT SONORE 3

⑥ **Écoutez en entier le document sonore 3.**
À votre avis, est-ce que l'attitude de la personne qui est interrogée correspond à la caricature ci-dessus ? Justifiez votre réponse en une phrase.

⑦ **À deux. Imaginez un dialogue entre le personnage de la caricature (A) et son crémier (B) en utilisant des arguments donnés dans le document 1 et le document sonore 3.**

A	B
C'est scandaleux…	*Vous faites erreur…*
C'est honteux…	*Pas du tout…*
C'est inadmissible…	*C'est complètement faux…*

DOCUMENT SONORE 4

⑧ **Écoutez en entier le document sonore 4.**

1. Quel autre aspect de l'Europe est évoqué ? Faites une phrase pour justifier votre réponse.
2. Si vous aviez la possibilité d'étudier ou de travailler à l'étranger, dans quel pays désireriez-vous vivre ? Rédigez un court paragraphe pour expliquer vos motivations.

GRAMMAIRE

ARGUMENTER EN UTILISANT UNE OPPOSITION

• L'utilisation du procédé linguistique **si + indicatif** a valeur d'opposition et sert à renforcer l'argumentation.
Si face à la mondialisation la nécessité de la construction européenne n'**est** plus guère contestée, le chemin à suivre **fait** toujours l'objet de vifs débats.
Premier élément de l'argumentation : face à la mondialisation la nécessité de la construction européenne n'est plus guère contestée (c'est une évidence).

Si chacun des pays de l'Union **est** encore convaincu de la supériorité de ses valeurs propres, tous **traversent** aujourd'hui une même crise.
Deuxième élément de l'argumentation : le chemin à suivre fait toujours l'objet de vifs débats (idée en opposition avec la première, on pourrait aussi dire : **mais/cependant/en revanche/néanmoins/toutefois/il n'en est pas moins vrai que** le chemin à suivre…)

❶ **Entraînez-vous à renforcer votre argumentation en utilisant une opposition.**
Chacun des pays de l'Union est convaincu de la supériorité de ses valeurs propres – tous traversent aujourd'hui une même crise.
➜ *Si chacun des pays de l'Union est convaincu de la supériorité de ses valeurs propres, il n'en est pas moins vrai que tous traversent aujourd'hui une même crise.*

1. En France, une majorité de personnes adhère à la construction européenne – les partis politiques restent divisés sur la question.
2. L'euro permettra de faciliter les échanges commerciaux – il ne peut résoudre tous les problèmes économiques.
3. Il est nécessaire de contrôler les conditions d'hygiène de fabrication des produits alimentaires – tout le monde n'est pas convaincu que le goût y gagne.
4. L'Europe possède un riche patrimoine culturel – c'est un potentiel qui n'est pas assez valorisé.
5. Le marché unique fonctionne bien pour les échanges économiques – la libre circulation des personnes n'est toujours pas pleinement assurée.

❷ **En vous aidant d'informations contenues dans le texte suivant, présentez des arguments pour ou contre l'heure d'été.**
Vous utiliserez des oppositions pour renforcer votre argumentation.

L'heure d'été – autrement dit, la période de l'année pendant laquelle l'heure est avancée de 60 minutes par rapport à l'heure du reste de l'année – a commencé à être harmonisée en Europe en 1980. L'heure d'été a été lancée par les Britanniques et les Irlandais en 1916 ; 50 ans plus tard, l'Italie s'est mise à l'heure d'été. En 1976, cette mesure a été instaurée en France pour économiser l'énergie. Aujourd'hui, cet argument, contesté par les opposants à l'heure d'été, est passé au second plan. Pour ces derniers, l'heure d'été ne respecte pas les rythmes biologiques et perturbe fortement les enfants. Les partisans de l'heure d'été considèrent que c'est un atout économique pour les transports, mais aussi un facteur de qualité de vie (pratique plus tardive de sports et de loisirs par exemple), ainsi qu'un « plus » pour le développement du tourisme.

Contre : *Il faudrait supprimer l'heure d'été, les avantages sont bien minces !*
Pour : *Il faut maintenir l'heure d'été, je ne vois pas pourquoi on voudrait la supprimer !*

Oh flûte ! J'avais oublié qu'on changeait d'heure !!

L'HYPOTHÈSE RELATIVE AU PASSÉ : CONCORDANCE DES TEMPS

• **si + imparfait**, 2ᵉ verbe au **conditionnel présent**
Si elle se fondait sur des dangers réels (hypothèse relative au présent), *la cause serait juste.*
• **si + plus que parfait**, 2ᵉ verbe au **conditionnel passé**
Si elle s'était fondée sur des dangers réels (hypothèse relative au passé), *la cause aurait été juste.*

❸ Transformez les phrases suivantes en formulant une hypothèse relative au passé.

1. Ton explication serait compréhensible si tu me donnais plus de précisions.
2. Je serais très surprise si tu m'annonçais ton départ.
3. J'accepterais ton invitation si tu me fixais une autre date.
4. Je te téléphonerais si tu me donnais ton numéro.
5. Je viendrais te chercher à la gare si tu me prévenais.
6. Ma vie serait plus agréable si j'habitais à la campagne.

❹ Complétez les phrases suivantes avec des éléments de votre choix.

1. Si j'avais su que ce film était si mauvais, je ne…
2. Si vous m'aviez dit que vous n'aimiez pas le poisson, je…
3. S'il avait roulé moins vite…
4. Si j'avais su que tu avais déjà ce disque…
5. Si je n'avais pas oublié mon agenda…
6. S'ils avaient écouté la météo avant de partir en randonnée…

VOCABULAIRE

❶ Indiquez la signification des sigles soulignés dans les phrases suivantes.

1. Le Luxembourg a le PIB le plus élevé des pays de l'UE.
2. La PAC absorbe près de la moitié des dépenses de l'Union européenne.
3. Les moyens financiers de l'Union européenne proviennent en grande partie des prélèvements effectués sur les TVA nationales.
4. Le Royaume-Uni ne peut pas intégrer la monnaie unique au premier janvier 1999, il n'appartient pas au SME.

LEXIQUE

Constituez votre dictionnaire personnel de sigles en relevant systématiquement tous les sigles que vous trouvez dans l'ouvrage. N'oubliez pas de noter l'article devant chaque sigle (*la TVA*). Faites attention à la prononciation : pour certains sigles on prononce chaque lettre séparément (*le PIB*), pour d'autres on prononce comme s'il s'agissait d'un nom (*la PAC*).

❷ Reclassez les termes soulignés dans les phrases suivantes selon qu'ils appartiennent au domaine de la menace ou de la protection. Cherchez d'autres expressions de même sens, puis utilisez-les dans une phrase.

1. L'Europe veut couler nos fromages.
2. L'Europe s'attaque au cantal et au reblochon.
3. Le Prince Charles venait à la rescousse des fromages au lait cru.
4. Lutter pour la sauvegarde du camembert…
5. C'est une remise en cause de nos traditions.
6. Où allons-nous si l'Europe s'en prend aux fromages !

❸ Entraînez-vous à décrire le fonctionnement d'institutions. Complétez les phrases en utilisant les mots et expressions de la liste suivante : *assurer – définir – disposer – émettre – siéger – gestion – grandes lignes – recours – violation.*

1. Le Conseil de l'Europe … à Strasbourg.
2. Le Conseil européen … les … de la politique européenne.
3. La Commission européenne … d'un droit d'initiative en matière législative, elle … le respect des traités.
4. Le Comité économique et social … des avis en matière économique et sociale.
5. La Cour de justice est … des États membres et de leurs citoyens en cas de … des lois européennes.
6. La Cour des comptes … la … des finances communautaires.

discours

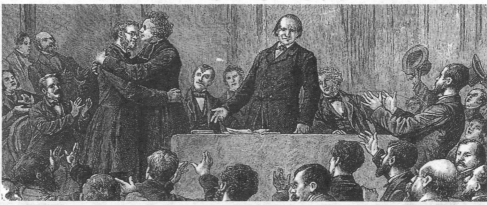

Un jour viendra où les armes vous tomberont des mains à vous aussi ! Un jour viendra où la guerre paraîtra aussi absurde et sera aussi impossible entre Paris et Londres, entre Pétersbourg et Berlin, entre Vienne et Turin, qu'elle serait impossible et qu'elle paraîtrait absurde aujourd'hui entre Rouen et Amiens, entre Boston et Philadelphie. Un jour viendra
5 où vous France, vous Russie, vous Italie, vous Angleterre, vous Allemagne, vous toutes, nations du continent, sans perdre vos qualités distinctes et votre glorieuse individualité, vous vous fondrez étroitement dans une unité supérieure, et vous constituerez la fraterni- té européenne, absolument comme la Normandie, la Bretagne, la Bourgogne, la Lorraine, l'Alsace, toutes nos provinces, se sont fondues dans la France: – Un jour viendra où il n'y
10 aura plus d'autres champs de bataille que les marché s'ouvrant au commerce et les esprits s'ouvrant aux idées. Un jour viendra où les boulets et les bombes seront remplacés par les votes, par le suffrage universel des peuples, par le vénérable arbitrage d'un grand sénat souverain qui sera à l'Europe ce que le Parlement est à l'Angleterre, ce que la Diète est à l'Allemagne, ce que l'Assemblée législative est à la France ! (*Applaudissements.*) Un jour
15 viendra où l'on montrera un canon dans les musées comme on y montre aujourd'hui un instrument de torture, en s'étonnant que cela ait pu être ! (*Rires et bravos.*) Un jour vien- dra où l'on verra ces deux groupes immenses, les États-Unis d'Amérique, les États-Unis d'Europe (*applaudissements*), placés en face l'un de l'autre, se tendant la main par-dessus les mers, échangeant leurs produits, leur commerce, leur industrie, leurs arts, leurs
20 génies… […]
Et ce jour-là, il ne faudra pas quatre cents ans pour l'amener car nous vivons dans un temps rapide.

Victor Hugo, *Discours d'ouverture du Congrès de la paix* (1849),
Œuvres complètes, politique, Éd. Robert Laffont, 1985.

1 Lisez le texte de Victor Hugo et répondez aux questions suivantes.

1. Sur quels points la vision prophétique de Victor Hugo sur l'Europe s'est-elle réalisée ?
2. Sur quels points ne s'est-elle pas réalisée ?

2 Ce texte est un discours. Quel procédé linguistique est utilisé pour retenir l'attention de l'auditoire ?
Relevez dans la troisième phrase du texte un autre procédé linguistique, souvent utilisé en poésie.

3 Sur le modèle rhétorique adopté par Victor Hugo, écrivez un court texte sur l'avenir du monde :

Un jour viendra où…
Un jour viendra où…
Un jour viendra où il n'y aura plus…
Un jour viendra où l'on verra…

4 Lisez le texte de Julien Benda et indiquez les points sur lesquels il contredit le texte de Victor Hugo.

L'attachement des hommes à leurs nations spécifiques est une chose si profonde, si tenace, que ceux qui veulent faire l'Europe ont souvent cru devoir les assurer que, tout en les unissant, on entend ne leur demander aucun renoncement d'aucune sorte à ce qui constitue leur personnalité, mais qu'elles conserveront intactes leurs « physionomies respectives ».

5

[…] Ces prêcheurs ressemblent à un homme qui aurait prétendu faire la France en assurant la Bretagne, la Bourgogne et la Provence qu'elles constitueront une union, mais sans avoir rien à abdiquer de ce qui les fait diverses et milite donc contre leur union. Il est évident que, pour ces penseurs, la quadrature du cercle n'a pas de secret. La vérité – et il faudra que nous la proclamions – est que les nations, pour faire vraiment l'Europe, devront abandonner, non certes pas tout, mais quelque chose de leur particularité, à laquelle elles tiennent tant, en faveur d'un être plus général ; qu'en d'autres termes, la formation de l'Europe impliquera pour les nations l'acceptation en quelque mesure de cette idée, à laquelle, il faut bien le dire, elles semblent fort peu acquises : l'idée de sacrifice.

10

15 Je viens de vous montrer des hommes qui prétendent que l'Europe se fera sans que les nations abdiquent rien de leur particularisme culturel. D'autres ont été plus loin et ont soutenu que c'est l'enfoncement le plus profond de chaque nation dans ce particularisme national qui est propre à faire l'Europe. C'est ce qu'exprime formellement André Gide, dans une page qui a fait fortune auprès de beaucoup d'« Européens », où il proclame que c'est en étant le plus national qu'une œuvre littéraire sert le mieux l'universel. « Quoi de plus espagnol, s'écrie-t-il, que Cervantès, de plus anglais que Shakespeare, de plus italien que Dante, de plus français que Voltaire ou Montaigne, que Descartes ou que Pascal… et quoi de plus universellement humain que ceux-là ? » Je vous invite d'abord à vous demander si tel écrivain de terroir et de renommée étroitement locale ne serait pas plus proprement français que Pascal, plus proprement anglais que Shakespeare, plus proprement espagnol que Cervantès. Mais surtout, je vous ferai remarquer qu'il est parfaitement faux que ce soit en étant nationaux que ces maîtres aient servi l'universel. Ils ont servi l'universel parce qu'ils ont *prêché* l'universel, parce qu'ils ont *parlé* dans l'universel. S'ils avaient prêché le national, ils eussent eu beau être les plus nationaux des écrivains, ils auraient servi le national et non l'universel. Treitschke et Barrès étaient éminemment nationaux, ils n'ont nullement servi l'universel. Érasme et Spinoza en ont été des piliers, or ils n'avaient pas de nation, pas de langue nationale. Mais là encore, nous nous trouvons en face d'un de ces mouvements purement littéraires – en l'espèce pathétique : « Quoi de plus espagnol que Cervantès, de plus anglais que Shakespeare ?… » – comme je vous en montrais un au début de cette causerie, qui sont pris au sérieux par des esprits hâtifs et à l'action desquels il faut absolument nous soustraire.

20

25

30

35

Julien Benda, *Une conscience européenne est une chose à créer* (1946),
La NEF, novembre 1946.

5 **Proposez une autre formulation pour**
l'expression beaucoup d'« Européens » (ligne 19).

6 **Résumez en quelques phrases les arguments**
de Julien Benda.

7 **En groupes.**
Pensez-vous que l'union des pays d'Europe
apporte des changements de société ?

L A VIE ASSOCIATIVE

Solidarité de proximité, une valeur en hausse

Les Français sont dans leur grande majorité attachés à l'idée de solidarité. Selon plusieurs sondages, le nombre de bénévoles actifs en augmentation dans toutes les associations.

72 %

des Français affirment être venus en aide à des personnes dans le besoin au moins de temps en temps.

Participez-vous aux actions de solidarité ?

16 %   souvent
56 %   de temps en temps
17 %   rarement
10 %   jamais

Quelles sont les priorités en termes de solidarité ?

1. L'aide au logement.
2. L'alimentation.
3. L'emploi.

Chacun sa façon d'aider...

Je préfère faire un don en nature : **48 %**
Je préfère faire un don en argent : **15 %**
Je n'ai aucune préférence : **28 %**

Les 10 associations les plus connues en France

1. Croix-Rouge française
2. Médecins sans Frontières
3. Restos du cœur
4. Secours catholique
5. Emmaüs
6. Secours populaire
7. Médecins du Monde
8. UNICEF
9. ARC
10. ATD-Quart Monde

Source : SOFRES/nov. 1997, dans *Présence Croix Rouge* n° 383.

10,5 MILLIONS DE BÉNÉVOLES EN FRANCE

Ils sont de plus en plus nombreux à consacrer leur énergie et leur temps aux autres.
La citoyenneté est décidément une valeur qui monte.

ENQUÊTE SUR CETTE FRANCE QUI TOURNE LE DOS À L'ÉGOÏSME.

LES GENS BIENS

C'est une France silencieuse et discrète, éloignée des feux des médias. Une France réconfortante qui nous renvoie l'image d'un pays qui donne chaud au cœur, le pays de douce France, de belle France, le pays des gens bien, de ce que nous avons été, sommes encore un peu ou nous promettons d'être. Le pays des gens bien. Alors que les nuages s'accumulent sur la cohésion sociale, se lève la France de ceux qui agissent bénévolement. La France de l'acte gratuit. Non, la montée de l'individualisme n'a pas tout emporté sur son passage : 10,5 millions de Français donnent de leur temps et de leur énergie pour une activité citoyenne, altruiste, culturelle, sportive. 23 % de plus que six ans plus tôt, selon une enquête de la Fondation de France portant sur l'année 1996.

Un raz de marée. Les Restos du cœur refusent du monde. Le Secours populaire aligne dans toute la France une armée de 72 000 bénévoles, 77 % de plus qu'il y a quinze ans. Les 600 salariés du Comité français d'organisation embauchés pour la Coupe du monde de foot s'appuient sur 12 000 indispensables volontaires, d'autant plus méritants que la plupart n'assisteront pas aux matchs.

L'Événement du jeudi, 17/06/1998.

ARMÉE DU SALUT

Et si vous jouiez au *Père Noël* cette année ?

 unicef

ATD QUART MONDE

Quête nationale
une ambiance de fête

« Je te donne », tel a été le couplet repris en coeur par tous ceux qui ont participé à la grande quête nationale de la Croix-Rouge Française.

Parce que la misère et l'abandon reviennent comme une rengaine, les bénévoles ont joué la musique du coeur le week-end du 23 au 24 mai 1998.

Vous avez été nombreux à avoir alimenté le juke-box de la solidarité.

Comme Jean-Michel, les bénévoles de la Croix-Rouge étaient dans les rues de vos villes pour partager leur elan solidaire. Moment de grande complicité entre un donateur et un quêteur.

❶ Par groupe de deux.
Prenez rapidement connaissance des documents et dites si les affirmations suivantes sont vraies ou fausses.

1. Un bénévole, c'est quelqu'un qui donne de l'argent à des associations.
2. Le bénévolat en France est un phénomène qui s'est développé récemment.
3. Les associations les plus connues en France sont des associations culturelles.

❷ Précisez le sens des associations suivantes :

1. L'ARC.
2. L'UNICEF.
3. ATD-Quart monde.

❸ Parmi les associations les plus connues en France, quelles sont celles qui sont connues dans votre pays ?

❹ Relevez dans le document 2 les termes qui s'appliquent aux bénévoles et au bénévolat sur les points suivants :

1. Caractérisation du bénévolat : …
2. Augmentation du bénévolat : …

❺ Quel aspect de la fête est développé dans le document 4 ? Justifiez votre réponse en reprenant des expressions du texte.

❻ En vous inspirant des slogans ci-dessus, imaginez une affiche pour une des associations suivantes.

1. Sos-Racisme.
2. Les amis du Louvre.
3. Les Bretons de Paris.
4. La société protectrice des animaux.
5. Les amis de le Terre.
6. Les droits du piéton.

ÉCONOMIE

Elles emploient déjà 900 000 personnes
La frénésie des associations

Entre le secteur public rigide et les entreprises privées pusillanimes, elles défrichent de nouvelles voies, à mi-chemin de l'efficacité économique et de la solidarité sociale.

Gilles Jourdan aurait pu devenir chef d'entreprise et créer une SARL. Il a préféré monter une association. [...] Il ne regrette en rien ce choix « *idéologique* ». Son affaire tourne : Ménage Service, l'association qu'il a créée il y a deux ans, emploie aujourd'hui près de 60 personnes. Ses résultats sont équilibrés, son chiffre d'affaires frôle 1,5 million de francs. Mais Gilles Jourdan ne se préoccupe pas vraiment de faire des bénéfices. Ménage Service est une association à but non lucratif, dont l'objectif principal est l'insertion. Ce statut, régi par un article spécifique du Code du Travail, lui permet d'embaucher des chômeurs ou des RMIstes en grande difficulté, pour leur faire effectuer des travaux domestiques chez des particuliers. « *Ménage, repassage, mais aussi aide à domicile ou garde d'enfants* », résume Gilles Jourdan. Les employés sont formés, suivis, placés et salariés par l'association. [...]
L'horreur économique serait-elle soluble dans le monde associatif ? À l'heure où les experts constatent la fin du travail, reconnaissent les limites du secteur public et déplorent le manque d'initiative du secteur privé, les emplois de demain se trouvent peut-être dans les associations. En France, ce secteur pèse déjà lourd, selon le sociologue Roger Sue qui y dénombre 900 000 emplois au sens strict. Il ne s'agit pas d'une nouvelle et incongrue spécificité hexagonale : en Europe, selon une enquête de la Commission, une création d'emploi sur sept se fait dans une association. Aux États-Unis, le secteur associatif représenterait même 10 % de l'emploi total ! En France, le phénomène a décollé dans les années 80 et a atteint sa vitesse de croisière dans les années 90, le nombre de créations d'associations passant de 40 000 à 60 000 par an.

[...] Certains secteurs sont [...] plus porteurs que d'autres, en particulier lorsqu'il s'agit de combler les défaillances des pouvoirs publics. « *Si 300 000 associations se sont engouffrées dans le secteur sanitaire, éducatif ou social*, explique Roger Sue, *c'est bien que la demande existe !* » Elle ne fait même que s'amplifier. Mais l'État, faute de moyens, ne peut plus l'assumer et le secteur privé, lui, la juge pour le moment trop peu rentable. [...]

Plus souple, plus réactive que l'entreprise privée, l'association est aussi souvent plus facile à monter. Et parfois même à financer ! Gilles Jourdan, le fondateur de l'antenne parisienne de Ménage Service, travaille sur un nouveau projet pour cet été : une entreprise d'insertion qui proposerait ses services pour du petit jardinage, du lessivage, ou du nettoyage de moquettes. Il sait qu'il pourra compter sur un capital de départ de 500 000 francs, rassemblés auprès de services publics et de fondations d'entreprises privées. De quoi faire pâlir d'envie les jeunes créateurs d'entreprise qui abandonnent de guerre lasse leur projet, faute d'avoir réussi à convaincre leur banquier ! De quoi faire bondir aussi certaines entreprises privées qui se positionnent sur ce marché et qui hurlent à la concurrence déloyale !
Où s'arrête l'association, où commence l'entreprise ? [...] La situation fiscale des associations [...] pose problème. [...] Les associations ne sont pas assujetties à l'impôt, mais certaines d'entre elles ont néanmoins dû faire face à des redressements fiscaux parce qu'elles se positionnaient ouvertement sur le marché concurrentiel.

MATTHIEU CROISSANDEAU
Le Nouvel Observateur, 28 mai-3 juin 1998.

Ménage Service : une entreprise d'insertion à but non lucratif, aux résultats équilibrés, qui emploie 60 personnes pour un chiffre d'affaires de 1,5 million de francs.

Unis Cité

Fondée il y a quatre ans, cette association permet à de jeunes volontaires, qu'ils soient chômeurs ou étudiants titulaires d'un diplôme de gestion, de s'engager à travailler pendant 9 mois pour des associations, des maisons de retraite ou des organisations de quartier, avec simplement une bourse de 2000 francs pour leurs frais. À Unis Cité on considère que servir la collectivité devrait faire partie du parcours normal du citoyen. C'est aussi une occasion de brassage social, dans une société de plus en plus cloisonnée, et une expérience très appréciée des intéressées, d'autant plus qu'elle ne nuit pas à leur CV, bien au contraire. Les candidatures affluent. Anne-Marie Pache, porte-parole d'Unis Cité, réfute les analyses pessimistes sur l'individualisme des jeunes. « On entend trop souvent que les jeunes sont indifférents, repliés sur eux-mêmes. C'est faux. Ils s'impliquent différemment que ceux des générations précédentes, mais ils s'engagent. Non pas dans des grands mouvements idéologiques ou religieux, mais dans des actions citoyennes concrètes. »

❶ **Trouvez dans le premier paragraphe de l'article ce qui relève de :**

1. l'efficacité économique ;

2. la solidarité sociale.

❷ **Lisez la suite de l'article et indiquez si les affirmations suivantes sont vraies ou fausses.**

1. Les associations développent des emplois dans le secteur des services.

2. Les entreprises privées considèrent que les associations leur font de la concurrence parce que :

    a. elles paient moins d'impôts ;

    b. on leur prête plus facilement de l'argent ;

    c. elles paient des salaires moins élevés ;

    d. elles proposent des prix inférieurs ;

    e. elles n'ont pas besoin d'être rentables.

❸ **Reformulez l'expression suivante en utilisant un autre adjectif :** *Il ne s'agit pas d'une nouvelle spécificité hexagonale.*

Vous pouvez vous aider de l'exemple suivant pour comprendre le sens d'*hexagonal* : *L'Hexagone compte 800 000 associations.*

❹ **Jeu de rôles. Par groupe de deux. Un des jeunes de la bande dessinée (p. 75) s'adresse à l'association Unis Cité (document 2) pour trouver du travail. Il explique ses motivations, ses disponibilités, ses compétences. Le responsable de l'association l'interroge et lui donne des informations sur les attentes de l'association, les conditions financières, les avantages de travailler pour une association.**

S'ENGAGER DANS UNE ASSOCIATION ?

DOCUMENT SONORE 1

❶ Écoutez en entier le document sonore 1 et répondez aux questions suivantes.

1. Cette chanson représente quel type d'association ?

2. Quel est le but de cette association ?

3. Quels arguments sont utilisés pour expliquer les activités de cette association ?

  a. Donner aux autres, c'est aussi agir pour soi.

  b. La crise économique menace tout le monde.

  c. Nous pouvons changer la société et faire disparaître l'exclusion.

  d. Si nous n'agissons pas, nous serons responsables de l'exclusion.

Écoutez une deuxième fois le document sonore et contrôlez vos réponses.

❷ En reprenant la structure du document sonore, rédigez un texte de quelques lignes pour :

1. une association de lutte contre l'analphabétisme ;

2. une association de défense de l'environnement.

  Aujourd'hui on n'a plus le droit…

DOCUMENTS SONORES 2 À 4

❸ Écoutez en entier, successivement, les documents sonores 2, 3 et 4. Prenez en note les informations concernant la personne qui parle, ses activités, ce que lui apporte son association, les difficultés évoquées.

Mettez-vous par groupes de deux et comparez vos réponses.

Écoutez à nouveau le document si vous avez besoin de compléter vos notes ou de vérifier une information.

❹ Sur le modèle des documents 1, rédigez un portrait des personnes entendues à l'aide des informations que vous avez recueillies.

❺ Travail individuel. Vous avez créé une association et vous voulez faire appel à des bénévoles. Rédigez un texte sur le modèle des exemples du document 2.

… agit dans le domaine de…
organise…
Les membres de… ont pour mission de…
L'association recherche…

❻ Discussion : les associations caritatives ou humanitaires sont-elles utiles ?

1. En deux groupes : A et B.
  Le groupe A fait la liste de toutes les critiques qu'on peut faire aux associations caritatives ou humanitaires.
  Le groupe B fait une liste de tous les arguments en faveur des associations caritatives ou humanitaires.

2. En grand groupe : vous simulez un débat télévisé. Une personne jouera le rôle du modérateur. Les participants exposeront leur point de vue en reprenant des arguments de la liste établie dans chaque groupe.

Participer à un débat	
• Pour marquer son désaccord :	**• Pour marquer son accord :**
Mais alors, là, je ne suis pas d'accord du tout !	Je suis entièrement de cet avis.
C'est absolument faux !	X a tout à fait raison.
Vous vous moquez du monde !	Je partage totalement votre point de vue, le point de vue de Y.
C'est de la provocation !	J'approuve ce qui vient d'être dit.
C'est le monde à l'envers !	Je vais dans le même sens que Y.
C'est du n'importe quoi !	

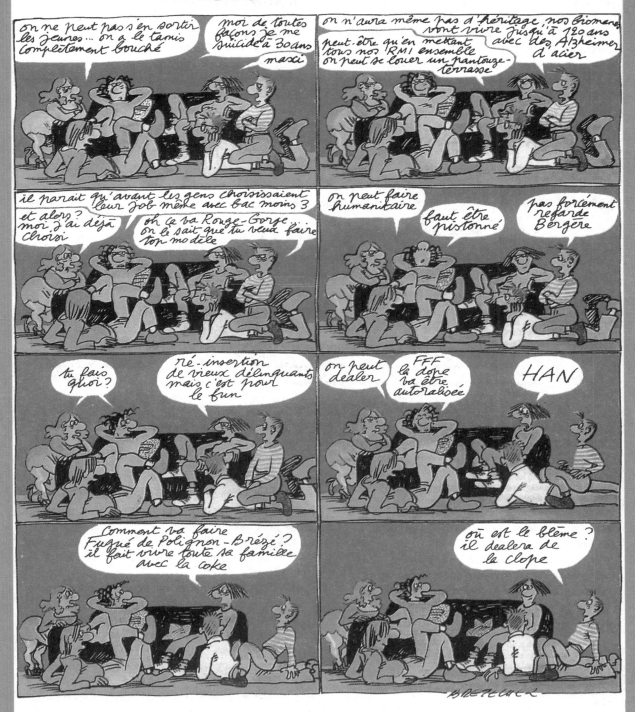

❶ Quel rapport établissez-vous entre la bande dessinée et les titres des articles (pp. 72-73) ?

❷ Donnez des équivalents en langue courante des expressions en « langue des jeunes » suivantes :

1. On peut faire humanitaire.   **2.** Faut être pistonné.   **3.** C'est pour le fun.

LE TEXTE INJONCTIF

- Il cherche à faire agir le lecteur :
- – soit dans des actions d'ordre moral, social, politique ;
- – soit pour transmettre des consignes.
- Caractéristiques :
- – utilisation du pronom **vous** qui s'adresse directement au lecteur et du pronom **nous** qui marque l'implication de l'auteur du message :

*L'UNICEF a encore besoin de **vous**. Aidez-**nous**, c'est extrêmement urgent. Sans **vous**, rien n'est possible.*

- – utilisation du possessif :

*Envoyez-nous **vos** dons.*

__Votre__ soutien est indispensable.

*D'avance, merci de **votre** générosité.*

– emploi de l'impératif, du futur, de l'infinitif :

__Aidez__ l'UNICEF à préserver des milliers d'enfants de la malnutrition.

__Répondez__ avant 15 jours.

Avec un don de 200 francs, ce sont 20 enfants qui __échapperont__ à la faim

Votre don, même modeste, __permettra__ de protéger ces enfants en danger.

Avec l'Armée du Salut, faites le premier pas : __prévenir__ la marginalisation, __agir__ sur le terrain de la première urgence, __soutenir__ les actions d'insertion.

__Vivre__ ensemble et __partager__.

---

❶ Dans la lettre suivante, rétablissez les pronoms qui manquent.

Madame, Monsieur,

L'Armée du Salut ne ... est certainement pas inconnue.

... ... avez rencontrés, au détour d'une rue, distribuant l'hiver la « soupe de nuit ».

... avez franchi le seuil de ... centres pour y apporter vêtements et nourriture, pour offrir ... aide et, plus précieux encore, ... appui moral.

... ... avez peut-être découverts à travers la presse, la radio, la télévision.

... avez pu mesurer l'ampleur et la diversité de ... actions. ... savez ainsi quel dur combat ... menons contre la misère.

---

❷ Rédigez une suite à cette lettre (cinq phrases) pour inciter le destinataire à envoyer des dons à l'Armée du Salut. Variez au maximum les formes linguistiques.

LE GÉRONDIF MARQUANT LA RELATION DE CAUSE À EFFET

*Des milliers d'enfants risquent la famine, aidez-les **en envoyant** votre don.*

*Vous faites partie de ceux qui, **en soutenant** l'association pour la recherche sur le cancer, ont fait avancer la lutte contre l'un des plus grands fléaux de notre siècle.*

❸ Transformez les phrases suivantes en marquant la relation de cause à effet par un gérondif.

1. Vous nous aiderez, envoyez une réponse rapide.
2. Vous ferez reculer la maladie, encouragez la recherche.
3. Apportez-nous votre soutien, vous nous aiderez à poursuivre notre combat.
4. Si vous rejoignez un mouvement associatif, vous n'agissez pas seulement pour les autres, vous agissez aussi pour vous.
5. Versez un don, vous nous aiderez à venir en aide aux victimes du cyclone Mitch.
6. Faites preuve de solidarité, consacrez un peu de votre temps aux plus démunis.

Et pour les banquiers en faillite, vous n'avez rien ?

VOCABULAIRE

Beaucoup d'expressions imagées associent sentiments et couleurs :
Les banques prêtent plus facilement aux associations qu'aux entreprises.
*De quoi **faire pâlir** d'envie les jeunes créateurs d'entreprise.*
*Elle était **rose** de confusion*
*Tu es optimiste, tu vois tout **en rose**.*

❶ 1. Indiquez le sentiment correspondant aux expressions suivantes.
a. Il a vu rouge.
b. Elle broie du noir.
2. Complétez les phrases suivantes à l'aide d'un adjectif de couleur : *blanc – bleu – jaune – noir – rouge – vert*. (Attention, la même couleur peut être attribuée à des sentiments différents.)
a. Elle était … de rage.
b. Il est entré dans une colère …
c. Il ne savait plus où se mettre : il était … de honte.
d. En entendant un coup de tonnerre, ils étaient … de peur.
e. J'ai une peur … des araignées.
f. Elle était très gênée, elle riait …
3. Et chez vous, y a-t-il des couleurs associées à des sentiments ?
4. À votre tour, écrivez des phrases où vous utiliserez des expressions associant couleurs et sentiments

---

DÉCRIRE L'ÉVOLUTION D'UN PHÉNOMÈNE : EXPRESSIONS IMAGÉES

• Langue familière
*Le phénomène **a décollé** dans les années 80, pour **atteindre sa vitesse de croisière** dans les années 90.*
• Langue courante
*Le phénomène **a pris de l'importance** dans les années 80, puis **s'est stabilisé** dans les années 90.*

❷ Proposez pour les expressions soulignées des équivalents en langue courante.
1. La citoyenneté <u>est une valeur qui monte.</u>
2. Les bénévoles sont de plus en plus nombreux. <u>C'est un raz de marée.</u>
3. Le mouvement associatif <u>explose.</u>
4. La création d'associations <u>a le vent en poupe.</u>
5. Dans les quartiers difficiles, les associations <u>poussent comme des champignons.</u>
6. La crise économique dure, la courbe du chômage <u>piétine.</u>

❸ Décrire les aspects économiques d'une activité.
Complétez les phrases suivantes en choisissant des expressions de la liste ci-dessous :
concurrent – concurrence – rentable – rentabilité – rentabiliser – profit – but lucratif – porter – porteur – poids – peser – bénéfices – chiffre d'affaires.
1. Certains secteurs sont plus … que d'autres.
2. Le secteur associatif … déjà lourd dans l'économie
3. Le secteur privé trouve certains marchés peu … .
4. Les entreprises accusent les associations de leur faire une … déloyale.
5. Pour les associations, il n'est pas nécessaire de faire des … .
6. Le … de cette association a atteint 1,5 millions de francs.

CENTRE DE RÉINSERTION

Ma chère petite Marie-Ange, nous avons tous besoin de vous…

… N'est-ce pas, les gars ?

Cause toujours, ma chatte, pourvu qu'on bouffe…

1 COMPRÉHENSION ÉCRITE

Lisez le texte et répondez aux questions.

Premier janvier 2002, le matin. Tout ému, vous vous précipitez vers le distributeur de billets pour retirer vos premiers euros. Puis vous vous décidez de les inaugurer chez votre marchand
5 de journaux habituel, qui fait la grimace : il en est à son vingtième billet tout craquant de 20 euros. La monnaie en euros, que la Banque de France lui a livrée quinze jours auparavant, est déjà épuisée : nombreux sont ceux qui, en ce
10 froid matin de janvier, se sont précipités vers les distributeurs automatiques pour voir enfin à quoi ressemblaient les billets de la monnaie unique. L'acheteur suivant vous pousse du coude : il brandit, lui, des pièces en euros, et fait
15 l'appoint au marchand ravi. Ce petit malin a pris soin d'acheter au guichet de sa banque, l'avant-veille, un porte-monnaie en plastique qui contient l'équivalent de 15 euros (près de 100 francs).
20 Car, s'il faudra attendre le jour « J » pour payer en espèces euros, celles-ci commenceront à être distribuées quelques semaines auparavant. […] C'est au cours de la première quinzaine de janvier 2002 que devrait se réaliser l'essentiel de
25 l'échange francs contre euros. On pourra continuer à payer avec des francs, mais les commerçants rendront la monnaie en euros. Six à huit semaines plus tard, le cours légal des billets et pièces en francs sera supprimé et même beau-
30 coup plus tôt si la grande distribution, partisan d'un « big bang » qui effacerait le franc en l'espace d'un jour ou deux, fait prévaloir sa cause ! Tous les distributeurs automatiques fonctionneront en euros. Les espèces en francs pourront
35 encore être changées aux guichets des banques. Après le 30 juin, les billets ne pourront plus être convertis qu'auprès de la Banque de France. Cette opération pourrait bien attirer les malfaiteurs de tout poil. Camions sillonnant les routes
40 pour drainer plusieurs milliers de tonnes d'espèces, guichets regorgeant d'encaisses, petites vieilles portant leur confortable bas de laine au guichet du coin : voilà pour eux des cibles de choix. Aussi la Banque de France s'efforce-t-elle
45 de mobiliser les pouvoirs publics pour déployer des forces de police et de gendarmerie afin de rendre plus difficiles les agressions.

© *7 Jours Europe.*

❶ Choisissez un titre pour cet article.

1. Le passage à l'euro : une bonne affaire pour les malfaiteurs.
2. Le passage à l'euro : banquiers et policiers se préparent.
3. Le passage à l'euro : un casse-tête pour les consommateurs.
4. Le passage à l'euro : les pièges à éviter.

❷ Indiquez l'information juste.

1. Les espèces euros seront disponibles trois jours avant le premier janvier 2002.
2. Les espèces euros seront disponibles quelques semaines avant le premier janvier 2002.
3. Les espèces euros seront disponibles au cours de la première quinzaine de janvier 2002.
4. Les francs disparaîtront la première semaine de janvier 2002.

❸ Indiquez l'information qui n'est pas mentionnée dans le texte.

1. Les distributeurs automatiques ne délivreront que des billets.
2. Les commerçants ne souhaitent pas un passage progressif à l'euro.
3. Après le premier janvier 2002, les commerçants rendront la monnaie en euros même si on les paie en francs.
4. Il sera difficile d'assurer la sécurité des transferts de fonds au moment du passage à l'euro.

❹ Indiquez ce que désigne l'expression soulignée.

1. Ce petit malin (ligne 15), désigne :
   a. le marchand ;
   b. le client.
2. La grande distribution (ligne 30) désigne :
   a. le commerce de gros ;
   b. la vente dans les hypermarchés et les supermarchés.

❺ Indiquez le sens des expressions soulignées suivantes.

1. Le marchand fait la grimace (ligne 5) :
   a. est menaçant ;
   b. est mécontent.
2. Le client fait l'appoint (ligne 15) :
   a. paie avec des pièces ;
   b. paie le prix exact.
3. La grande distribution fait prévaloir sa cause (ligne 32) :
   a. explique les raisons de son attitude ;
   b. arrive à convaincre.
4. Les petites vieilles portant leur confortable bas de laine (ligne 42) :
   a. l'argent caché au contrôleur des impôts ;
   b. l'argent de leurs économies.

2 PRATIQUE DE LA LANGUE

❶ Faites des phrases en assemblant les éléments suivants *(total sur 5 points).*

1. Notre association Les chiens guides a besoin
2. Les sommes que nous recueillons
3. Votre don, même modeste,
4. Répondez-nous
5. Merci

a. le plus rapidement possible.
b. nous est précieux.
c. auprès de vous, servent à élever et à entraîner des chiens qui seront les indispensables compagnons de ceux qui ont perdu la vue.
d. de votre aide.
e. de vos dons pour poursuivre son œuvre auprès des aveugles.

❷ Complétez les phrases suivantes en formulant une hypothèse portant sur le passé *(total sur 5 points).*

1. Si elle (se presser), elle (ne pas rater) le train.
2. (Trouver) un emploi s'il (avoir plus) d'expérience.
3. Si tu (venir) me voir, je (ne pas avoir) besoin de t'écrire !
4. Comme j' (être) heureuse si vous (pouvoir) vous joindre à nous !
5. Si j' (être) libre, j' (bien aimer) venir avec vous faire une balade à la campagne.

3 LEXIQUE

Indiquez le sens des expressions suivantes *(total sur 5 points).*

1. Pour trouver un emploi dans une association, il faut être pistonné :
   a. avoir beaucoup de diplômes ;
   b. avoir l'appui de personnes influentes.
2. Le mouvement associatif a le vent en poupe :
   a. fait face aux difficultés ;
   b. progresse.
3. Beaucoup d'artistes viennent à la rescousse des Restos du Cœur :
   a. apportent une aide ;
   b font de la publicité.
4. Il ne veut plus voir personne, il broie du noir :
   a. il est très en colère ;
   b. il est triste.

4 SAVOIR-FAIRE

❶ Indiquez la situation qui correspond aux phrases suivantes *(total sur 5 points).*

1. Je partage votre point de vue, c'est une excellente idée.
2. J'approuve ce qui vient d'être dit, mais j'émettrai quelques réserves en ce qui concerne la situation économique.
3. C'est inadmissible !
4. C'est complètement faux !

a. Discussion dans un cadre formel.
b. Discussion dans un cadre informel.

❷ Vous posez votre candidature à un poste dans une association *(total sur 5 points).* **Que dites-vous :**

1. Pour expliquer votre démarche ?
   J'ai des amis qui sont membres de votre association, ils m'ont (conseillé – donné la recommandation) de venir vous rencontrer.
2. Pour exprimer votre demande ?
   Je (désire – désirerais) travailler dans une association qui s'occupe d'enfants.
3. Pour exprimer vos motivations ?
   (J'aime – j'ai du goût pour) les enfants et j'ai (un bon contact – une bonne approche) avec eux.
4. Pour indiquer que vous êtes libre ?
   (Je n'ai rien à faire – je suis disponible) actuellement.

5 CONNAISSANCE DES RÉALITÉS FRANÇAISES *(total sur 5 points)*

1. Que veulent dire les sigles : le PIB, la TVA ?
2. La France est le pays le plus peuplé d'Europe : vrai ou faux ?
3. Les Français sont les Européens qui donnent le plus aux associations : vrai ou faux ?
4. Les associations sportives en France sont celles qui ont le plus de membres : vrai ou faux ?
5. Un quart des Français est opposé à la construction de l'Union européenne : vrai ou faux ?

LA VIE POLITIQUE

LE MONDE, 20 AOÛT 1998

Popularité : l'effet Mondial

● Jacques Chirac retrouve le niveau de confiance dont il bénéficiait au début de son septennat. Lionel Jospin atteint son meilleur score depuis sa nomination comme Premier ministre.

Les Français ne se reconnaissent plus dans les notions de droite et de gauche.

Les discours et les programmes de la droite et de la gauche modérées se sont considérablement rapprochés depuis une dizaine d'années. Le parti socialiste a intégré l'idée de l'économie de marché. La droite est de plus en plus présente sur le terrain social. L'écologie est une attitude générale plus qu'une opinion politique : elle n'apparaît pas aux Français comme une idéologie capable de constituer la base d'un parti de gouvernement. Quant au centre, il n'a pas d'existence réelle . La pertinence du clivage gauche-droite s'est donc beaucoup affaiblie : en février 1995, 57 % des Français considéraient que ces notions étaient dépassées et que ce n'était plus comme cela qu'on pouvait juger les prises de position des partis et des hommes politiques ; 34 % considéraient que ces notions étaient toujours valables pour comprendre ces prises de position (*Le Nouvel Observateur*/Sofres).

En janvier 1996, seuls 21 % des Français estimaient que le vrai clivage politique se situait entre ces notions (*Le Monde*Europe 1/BVA). On estime que 25 % des électeurs peuvent passer d'un candidat de gauche à un candidat de droite et réciproquement entre deux élections. Les partis extrêmes parviennent plus facilement à fidéliser leurs électeurs.

G. Mermet, *Francoscopie*, Éd. Larousse-Bordas, 1997.

Dans chaque village de France, dit encore Marat[1], les hommes se partagent en deux partis irréconciliables : les rouges et les blancs, la gauche et la droite. On retrouverait aisément cet antagonisme à travers toute l'histoire de l'homme. Il est plein de sens. [...]

L'antagonisme foncier, irréductible des deux attitudes se manifeste dans tous les domaines. L'homme de gauche croit au chemin de fer, à l'avion, à la TSF, au vaccin qui jugulera la maladie inguérissable, à la greffe qui rendra la jeunesse, à l'égalité de la femme et de l'homme, à l'entente internationale qui empêchera les guerres. L'homme de gauche croit à l'homme et ne conçoit pas de limites *a priori* au pouvoir de l'homme.

L'homme de droite croit à Dieu, à la fatalité des lois économiques, à l'enfer, à la syphilis inguérissable, à l'éternel féminin, à la malédiction qui pèse sur le peuple juif, à la guerre inévitable, qu'il y aura toujours « des riches et des pauvres » [...].

Roger Vailland, *Drôle de jeu*, Éd. Buchet Chastel, 1945.

1. Nom d'un des personnages principaux du roman *Drôle de jeu*.

❶ Par groupes de deux. Regardez le document 1 et répondez aux questions suivantes.

1. Qui sont les personnes représentées ?

2. Le dessin humoristique fait allusion à un événement sportif. De quel événement s'agit-il ?

3. Quelles conséquences cet événement a-t-il eu sur la vie politique française ?

4. Expliquez le jeu de mot *un seul but.*
Un but :
a. sens 1 correspondant à la situation décrite par l'image : ...
b. sens 2 : celui auquel pensent les deux hommes politiques représentés : ...

❷ À l'aide des documents 2 et 3, faites une description de l'évolution des Français en ce qui concerne la vie politique.

Autrefois...
Depuis quelques années, on constate...
Les facteurs principaux de cette évolution...

❸ Y a-t-il des informations sur les Français et la vie politique qui vous ont étonné(e)s ? Répondez en faisant des phrases complètes.

ÉDITORIAL

par JACQUES AMALRIC

Double tranchant

La sous-représentation des femmes dans la vie politique française, une constante dans un pays qui a été l'un des derniers en Europe à leur reconnaître le droit de vote, constitue incontestablement un échec de la démocratie française, qui garantit déjà « *l'égalité devant la loi de tous les citoyens* ». C'est aussi un formidable échec des appareils des partis, longtemps imprégnés de misogynie, sinon de machisme.

Fallait-il pour autant avoir recours à l'arme lourde de la révision constitutionnelle pour abattre des obstacles qui ont fini par céder dans d'autres domaines de la société française, à commencer par l'emploi dans nombre de professions réservées hier aux hommes ? Introduire, fût-ce pour de bonnes raisons, la différentiation par le sexe dans une Constitution qui ne connaît en principe que le peuple, n'est-ce pas entrebâiller la porte aux dérives communautaristes ou régionalistes, à des systèmes de quota et de discrimination positive, dont on commence à mesurer les inconvénients aux États-Unis, et qui, transposés en France, ne manqueraient pas de saper le consensus ?

Ces interrogations sont d'autant plus pertinentes qu'un parti politique majeur (les petites formations sont moins sexistes que les partis de gouvernement) a eu le courage d'entreprendre la réforme de ses mœurs en la matière sans attendre la modification de la Constitution. Non sans mal et sans grognements, il est vrai. Reste qu'il ne s'en est finalement pas mal trouvé, puisqu'il est au pouvoir… Électeurs aidant, n'était-on pas en droit de penser qu'un cycle vertueux avait été mis en marche et que l'intérêt politique allait contraindre les formations de droite à suivre l'exemple socialiste ? Nous ne le saurons jamais si la réforme constitutionnelle est bien suivie par l'adoption d'une loi contraignante. En attendant, nous devrons apprendre à vivre avec un texte qui va prétendre favoriser un « *égal accès des femmes et des hommes aux mandats et aux fonctions* ». Une arme à double tranchant qui pourrait bien demain réveiller la « guerre des sexes » sur des fronts imprévus.

Libération, 18 juin 1998

❶ Travail individuel. Répondez aux questions suivantes.

1. En vous aidant du titre de la une du journal *Libération*, indiquez le problème qui est l'objet de débat en France.
2. Quel sens donnez-vous à l'image qui illustre le titre ?
3. Faites une comparaison entre votre pays et la France en ce qui concerne le problème évoqué dans le titre.

Mettez-vous par groupes de deux et comparez vos réponses.

❷ Travail en trois groupes.

Groupe 1 : texte Élisabeth Badinter.
Groupe 2 : texte Roselyne Bachelot.
Groupe 3 : éditorial.

Tâches pour chaque groupe :

1. Relevez les arguments développés par la personne qui s'exprime pour expliquer sa position en ce qui concerne la parité.
2. Faites une synthèse de la position défendue par cette personne et présentez-la aux autres groupes.

❸ Débat : faut-il développer la participation des femmes dans la vie politique ? Qu'en pensez-vous ?

L'ÉVÉNEMENT

« Un mauvais coup porté à la République

Élisabeth Badinter dénonce « un faux progrès ».

Le projet de loi constitutionnelle sur la parité hommes-femmes est une mauvaise chose. Le combat pour l'égalité ne doit pas passer par la parité, même par le biais d'une formulation anodine (*« égal accès des femmes et des hommes aux mandats et fonctions »*) comme celle que propose le gouvernement. C'est un très mauvais coup porté à la République car c'est la porte ouverte au différencialisme comme n'auraient osé en rêver les plus véhémentes des féministes américaines. La grandeur de la République, c'est qu'un citoyen abstrait, n'importe quel être humain, peut représenter tous les autres. Or, aujourd'hui, on est en train d'introduire le biologique dans le politique. C'est la première fois qu'on inscrit une telle différence entre les sexes dans le texte de la Constitution et c'est très grave. Cela change radicalement l'esprit de la République. Cette décision devrait donc être soumise à référendum. Les Français doivent s'exprimer là-dessus.

Ce qui est affligeant, c'est que nous sommes en train de bouleverser les esprits parce que les partis politiques de droite n'ont pas été capables de faire le ménage chez eux. Il suffisait qu'ils fassent preuve de volontarisme comme les partis de gauche ont su le faire. Et le pire, c'est que cette

Élisabeth Badinter, écrivain auteur de *XY, de l'identité masculine*.

disposition ne concerne pas que le domaine de la vie politique, elle met fin aussi au principe de la citoyenneté abstraite dans la vie professionnelle. On s'en prend ainsi au principe de la compétence. On n'embauchera plus quelqu'un uniquement en fonction de sa compétence mais aussi en fonction de son sexe. C'est très grave. Un exemple : dans dix ans, 60 % des juges seront des femmes. Verra-t-on donc bientôt des hommes réclamer la parité dans la justice ? Est-ce qu'on va rendre la justice en tant que femme, en tant qu'homme ?

Cette réforme est un faux progrès qui aura des conséquences très négatives pour les deux sexes. En vingt ans d'*affirmative action* aux États-Unis, on s'est largement rendu compte des inconvénients : un Noir est toujours suspect de devoir son poste à sa couleur de peau. Cette scission de l'humanité en deux sexes se retournera contre les femmes. Mais il est très difficile de le faire comprendre à l'opinion aujourd'hui car les gens ont l'impression que cette réforme tend à instaurer un plus d'égalité. Au moins eût-on pu éviter de modifier la Constitution. [...] ●

Recueilli par JEAN-MICHEL THENARD

« Il faut sortir la France de la protohistoire »

Roselyne Bachelot (RPR) approuve les socialistes.

J'ai toujours milité pour une réforme constitutionnelle. Des mesures volontaristes sont absolument nécessaires pour sortir la France de la protohistoire dans laquelle elle subsiste pour la participation des femmes à la vie politique. Devant l'Assemblée nationale et lors de la journée de la femme, le 8 mars, le Premier ministre avait indiqué qu'il modifierait l'article 34 de la Constitution. Il envisageait un projet de loi fourre-tout ayant trait tout à la fois à la parité politique et professionnelle... J'avais alors expliqué que j'étais plutôt pour une modification de l'article 3 de la Constitution, relatif à la souveraineté nationale. Et qu'il ne fallait pas mélanger vie professionnelle et vie politique.

Pour ce qui touche à la vie professionnelle, toutes les mesures ont été prises et il

Roselyne Bachelot, députée RPR du Maine-et-Loire, rapporteur de l'Observatoire pour la parité.

suffit de les appliquer. En revanche, ce n'est pas le cas dans le domaine politique. Je note avec satisfaction que le Conseil d'État s'est rangé à mon avis et que le Premier ministre l'a suivi. Je tiens cependant à émettre un bémol. Le projet de loi parle de « favoriser » la parité. J'aurais préféré le verbe « établir » pour éviter une démarche progressive, c'est-à-dire des quotas. J'ai aussi une interrogation sur les modalités pour établir cette pratique de la parité politique. Sur ce point, le gouvernement est muet. Ce texte doit être suivi par des lois fixant clairement les modalités électorales à mettre en œuvre. Si ce n'est pas le cas, ce sera une belle déclaration de plus. [...] ●

Recueilli par GILLES BRESSON

ÉLECTIONS

Jugements sur les hommes politiques (en %)

Les hommes politiques	Ensemble
Se préoccupent de ce que pensent les gens comme vous	37
Ne se préoccupent pas de ce que pensent les gens comme vous	62

En 1996, 67 % des Français ont le sentiment de n'être pas « bien représentés par un parti politique » (ils étaient seulement 50 % en 1989) alors que 68 % – au lieu de 54 % en 1989 – assurent ne pas l'être non plus par « un leader politique » (SOFRES). Alors qu'en 1977, seulement 38 % des Français jugeaient que « les élus et les dirigeants politiques sont plutôt corrompus », ils sont 56 % à dire la même chose en 1995. (SOFRES).

Institutions et vie politique
(La Documentation française, 1997).

Le Père Peinard

Chanson du populo

I

J'ai soupé[1] d' la politique !
Les politiciens
Nous font une république
Bonne à foutre aux chiens !
Peuple, n'sois donc plus si flème[2].
Au lieu d'être votard[3]
Fais donc tes affair's toi-même,
Te dis l'Père Peinard ! (bis)

IV

Le député que tu nommes
Pour pondre des lois,
Suppose-le la crème des hommes[4]…
Au bout d'quelques mois,
À tes frais faisant ripaille[5],
Y d'viendra roublard[6]…
Envoie dinguer[7] c'te racaille[8] !
Te dis l'Père Peinard ! (bis)

Extrait de *L'Almanach du Père Peinard*, 1898.

1. J'en ai assez (familier).
2. Paresseux (familier).
3. Personne qui vote (péjoratif).
4. Le meilleur des hommes.
5. Mangeant des bons repas.
6. Rusé.
7. Renvoyer brutalement (familier).
8. Ensemble de personnes malhonnêtes.

N° 35   LE PÈRE PEINARD, paraît le Dimanche   20 Juin 1897

LES CHANSONS DU PÈRE PEINARD 2 RONDS CHEZ TOUS LES LIBRAIRES

Jugements sur la politique (en %)

La politique est une activité…	1979	1983	1989	1990	1991	1993	1994	1995
… très et assez honorable	64	53	61	50	49	62	53	61
… peu et pas du tout honorable	24	35	34	41	44	33	42	35

Les totaux ne sont pas égaux à 100 car manquent les sans-réponse.

Sources : Sondages SOFRES. *Institutions et vie politique* (La Documentation française, 1997).

❶ Écoutez en entier la séquence 1. Choisissez la réponse qui vous semble juste et notez les mots clés qui justifient votre réponse.

Le problème évoqué :
- **a.** le vote au suffrage universel ;
- **b.** l'abstention ;
- **c** les élections locales ;
- **d.** le trop grand nombre d'élections.

Mettez en commun vos réponses. Vérifiez-les en écoutant une deuxième fois la séquence.

❷ Écoutez en entier la séquence 2 et notez les informations que vous avez entendues :

1. âge de l'auditeur ;
2. raisons pour lesquelles il ne vote pas.

Écoutez à nouveau la séquence. Vérifiez vos réponses et notez dans la dernière réponse de Stéphane les connecteurs qui servent à structurer le message.

❸ Par groupe de deux.
Faites une liste des arguments qu'on pourrait donner à cet auditeur pour le convaincre d'aller voter. Variez le plus possible les formulations :
Si vous ne votez pas…
En ne votant pas…
Ne pas voter c'est…

❹ Écoutez en entier la séquence 3. Choisissez les réponses qui vous semblent justes.

1. Les électeurs ne votent pas :
- **a.** parce qu'ils ne s'intéressent pas aux problèmes politiques ;
- **b.** parce que les hommes politiques ne parlent pas des vrais problèmes ;
- **c.** parce que le discours politique n'a pas de sens.

2. Les solutions pour réduire l'abstention :
- **a.** il faudrait que les hommes politiques aient le sens des responsabilités.
- **b.** il faudrait que les hommes politiques aient un message plus clair.
- **c.** il faudrait que les hommes politiques changent leur message.

❺ Écrivez un texte de quelques lignes sur le thème : l'abstention, un phénomène inquiétant. Vous suivrez le schéma suivant :

Depuis quelques années… Le phénomène de l'abstention est principalement dû au fait que… Pour modifier le comportement des électeurs, il faudrait que…

❻ Lisez les extraits de la chanson du Père Peinard (document 3), écrite il y a cent ans. Recherchez dans les documents 1, 2 et 4 des éléments qui montrent une certaine constante dans l'attitude des Français vis-à-vis de la politique.

❼ Faites le portrait du nouveau citoyen en vous aidant des documents déjà étudiés dans cette unité.

1. Âge : …
2. Valeurs : …
3. Ce qu'il souhaite : …
4. Ce qu'il n'aime pas : …

GRAMMAIRE

ARGUMENTER EN UTILISANT DES CONNECTEURS LOGIQUES : L'EMPLOI DE OR

• **Or** coordonne deux éléments en opposition :

La grandeur de la République, c'est que n'importe quel citoyen peut représenter tous les autres.

***Or**, aujourd'hui, on est en train d'introduire le biologique dans le politique.*

Équivalents : **mais, cependant, pourtant**.

• **Or** peut également coordonner deux éléments qui vont dans le même sens :

*Les électeurs souhaitent une plus grande participation des femmes dans la vie politique. **Or** le gouvernement vient de déposer un projet de loi pour favoriser l'accès des femmes aux responsabilités politiques.*

Équivalents : **ainsi, justement**.

---

❶ Dans les phrases suivantes, donnez un équivalent de *or*.

1. Les femmes représentent la majorité de l'électorat. Or, elles sont sous-représentées.

2. L'abstention progresse. Or, aux dernières élections, elle a atteint un taux record.

3. Le gouvernement propose de modifier la constitution. Or, ce sont les mentalités qu'il faudrait changer.

4. La gauche et la droite s'affrontent. Or, ces distinctions ne sont plus pertinentes pour une partie des électeurs.

5. Aux dernières élections, les sondages avaient prédit une défaite de la droite. Or c'est ce qui s'est produit.

6. Les Français se désintéressent de la vie politique. Or, les hommes politiques tiennent toujours les mêmes discours.

À votre tour, faites des phrases où vous utiliserez *or* pour renforcer une opposition ou pour renforcer deux arguments qui vont dans le même sens.

SUBJONCTIF IMPARFAIT ET PLUS-QUE-PARFAIT

Pour marquer une éventualité :

• Dans les textes en langue soutenue écrite ou dans les textes littéraires, on peut trouver le subjonctif imparfait, souvent sous la forme figée **fût-ce, ne fût-ce que, dût-il, eût-il** :

*Introduire, **fût-ce** pour de bonnes raisons, la différenciation n'est-ce pas entrebâiller la porte aux dérives communautaristes ?*

Équivalents en langue courante :

*Introduire, **même** pour de bonnes raisons/**même si** les raisons sont bonnes, la différenciation n'est-ce pas entrebâiller la porte aux dérives communautaristes ?*

• En langue écrite soutenue, on peut également trouver le subjonctif plus-que-parfait :

*Au moins, **eût**-on pu éviter de modifier la constitution.*

Équivalent en langue courante, le conditionnel passé :

*Au moins, **aurait**-on pu éviter de modifier la constitution.*

---

❷ Donnez pour les phrases suivantes un équivalent en langue courante.

1. Accordez-moi un rendez-vous, ne fût-ce que pour une minute !

2. Ils étaient prêts à défendre la ville, dussent-ils périr.

3. C'eût été lui faire injure de ne pas répondre à son invitation.

4. Je terminerai ce travail, dussé-je y passer la nuit.

5. Au risque de choquer, j'en viens à souhaiter pour la France un roi, fût-il un despote.

6. N'eût été le bruit, on se serait cru au paradis !

LA MISE EN RELIEF

La voilà la…/le voilà le…/les voilà les…
La structure **article + *voilà* + groupe nominal** permet de mettre en relief une idée :
*Diversifier, rajeunir, féminiser, **la voilà la** priorité.*

❸ Entraînez-vous à mettre en relief…

Être à l'écoute des autres, c'est la solution pour regagner l'électorat. → *Être à l'écoute des autres, la voilà la solution pour regagner l'électorat.*

1. La musique, l'action, le voyage, ce qui fait du bruit, ce qui va vite, ce sont les valeurs des jeunes de moins de 30 ans.
2. Leur enfance, c'est le Nintendo, leur passé, la télévision, leur présent, Internet, c'est l'univers de la nouvelle génération.
3. Compter sur soi-même, c'est la nouvelle devise.
4. La mondialisation, c'est le danger.
5. Le chômage, l'insécurité, la peur de l'autre, ce sont les causes de l'extrémisme de droite.

VOCABULAIRE

❶ Entraînez-vous à donner plus de poids à vos arguments. Par groupe de deux. Choisissez un thème de discussion. A soutient une position, B soutient la position adverse. Vous utiliserez les expressions suivantes pour protester :

C'est un mauvais coup porté à…
On s'en prend au principe de…
Si… on va vers une dérive inquiétante…

❷ À partir de certains noms en *-té*, on peut former deux types d'adjectifs :
– à l'aide du suffixe *-aire* ;
– à l'aide du suffixe *-ariste*.

1. Complétez le tableau suivant.

Nom	Adjectif 1	Adjectif 2
a. communauté	communautaire	communautariste
b. égalité	……	égalitariste
c. volonté	volontaire	……

2. Précisez le sens de ces adjectifs à partir des exemples suivants.
a. Un engagement volontaire, une politique volontariste.
b. Une éducation égalitaire, une position égalitariste.
c. Le droit communautaire, un danger communautariste.

❸ Constituez une fiche sur le vocabulaire des élections. Complétez le schéma suivant en reprenant des expressions dans les phrases de l'article ci-dessous.

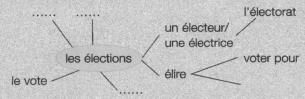

…… ……
l'électorat
un électeur/ une électrice
les élections
voter pour
le vote
élire
……

Qui vote dimanche, et comment ?

Tout le monde vote aux régionales.
Les cantonales ne concernent que la moitié des électeurs.

Ce dimanche, près de 39 millions d'électeurs sont appelés aux urnes pour l'unique tour des élections régionales. Mais la moitié d'entre eux ne s'en tiendront pas là : ils sont également appelés à voter pour le premier tour des élections cantonales, le second ayant lieu une semaine plus tard, le dimanche 22 mars.

39 millions d'électeurs sont appelés à se rendre aux urnes

LES RÉGIONALES

Les conseillers régionaux sont désignés au suffrage universel direct. Ils sont élus sur des listes départementales, selon le mode de scrutin proportionnel à la plus forte moyenne, pour un mandat de six ans. Seules les listes recueillant au moins 5 % des suffrages exprimés obtiennent des élus. 15 421 candidats répartis sur 797 listes sont en compétition pour décrocher les 1 722 sièges des 22 régions de métropole. Le panachage des listes est interdit.

LES CANTONALES

Certains électeurs devront passer deux fois dans l'isoloir pour choisir leurs conseillers généraux. Pas tous, car le renouvellement des assemblées départementales s'effectue par moitié tous les trois ans. Cette année, plus de 10 000 candidats sont en lice pour les 2 038 cantons (1 958 en métropole et 80 dans les DOM) mis en jeu, sur les 4 034 que compte la France. Les conseillers généraux sont élus pour six ans au scrutin uninominal majoritaire à deux tours. Un candidat est élu au premier tour s'il obtient la majorité absolue et au moins un quart des suffrages des électeurs inscrits. Les candidats ayant recueilli au moins 10 % des inscrits peuvent se maintenir au second tour. Au tour final, la majorité relative suffit pour l'emporter.

RENAUD DELY, *Libération*, 14-15 mars 1998.

roman

Cette scène est écrite pour l'enseignement des pays assez malheureux pour ne pas connaître les bienfaits d'une représentation nationale, et
5   qui, par conséquent, ignorent par quelles guerres intestines, aux prix de quels sacrifices à la Brutus[1], une petite ville enfante un député ! Spectacle majestueux et naturel auquel on ne peut comparer
10 que celui d'un accouchement : mêmes efforts, mêmes impuretés, mêmes déchirements, même triomphe ! […]

Simon Giguet[2], comme presque tous les hommes d'ailleurs, payait à la grande
15 puissance du ridicule une forte part de contributions. Il s'écoutait parler, il prenait la parole à tous propos, il dévidait solennellement des phrases filandreuses et sèches qui passaient pour de l'éloquence dans la haute bourgeoisie d'Arcis[3]. Ce pauvre garçon appartenait à ce genre d'ennuyeux qui prétendent tout expliquer, même les choses les plus simples. Il expliquait la pluie, il expliquait les causes de la révolution de Juillet[4]. Il expliquait les choses
20 impénétrables : il expliquait Louis-Philippe[5], […] il expliquait les affaires d'Orient[6]; il expliquait la Champagne, il expliquait 1789 ; il expliquait le tarif des douanes et les humanitaires, le magnétisme et l'économie de la liste civile[7].

Ce jeune homme maigre, au teint bilieux, d'une taille assez élevée pour justifier sa nullité sonore, car il est rare qu'un homme de grande taille ait de grandes capacités, outrait le puri-
25 tanisme des gens de l'extrême gauche, déjà tous si affectés à la manière des prudes qui ont des intrigues à cacher. Toujours vêtu de noir, il portait une cravate blanche qu'il laissait descendre au bas de son cou. Aussi sa figure semblait-elle être dans un cornet de papier blanc, car il conservait ce col de chemise haut et empesé que la mode a fort heureusement proscrit. Son pantalon, ses habits, paraissaient toujours être trop larges. Il avait ce qu'on nomme
30 en province de la dignité, c'est à dire qu'il se tenait roide[8] et qu'il était ennuyeux. […]

– Je tâcherai, répondit Simon Giguet, de dignement représenter…

– Les moutons de la Champagne, répartit vivement Achille Pigoult en interrompant son ami. Le candidat dévora l'épigramme[9] sans répondre, car il fut obligé d'aller au-devant de deux nouveaux électeurs.

Honoré de Balzac, *Le Député d'Arcis* (1847), cité dans *Littérature et Politique*, La Documentation française, 1996.

1. Brutus : fils adoptif de César, il organisa un complot contre lui et le tua.
2. Simon Giguet : personnage principal du roman, candidat à la députation.
3. Arcis : petite ville de la Champagne, région située au nord-est de la France.
4. La révolution de 1848, due à une crise économique, financière et politique,

entraîne la chute de Louis-Philippe.
5. Louis-Philippe : roi porté au pouvoir par la bourgeoisie d'affaires libérale après la révolution de 1830. Il est renversé à la suite de la révolution de 1848.
6. Les affaires d'Orient : conflit entre le sultan ottoman et le pacha d'Égypte, allié de la France.

7. Liste civile : somme allouée au chef de l'État pour subvenir aux dépenses et charges de sa fonction.
8. Roide : raide, droit.
9. Une épigramme : une plaisanterie, une moquerie méchante.

Il y a une dizaine d'années, au fil de je ne sais quelle campagne législative, dans cette troisième circonscription de la Nièvre dont chaque chef-
5   lieu mériterait une balade (et une ballade) – Brinon-sur-Beuvron, Châtillon-en-Bazois, Corbigny, Fours, Lormes, Luzy, Montsauche, Moulin-Engilbert, Tannay et Château-Chinon, et Clamecy, j'étais
10 allé accompagner Mitterrand dans sa tournée des popotes électorales. À la nuit tombée, il s'arrêtait dans une salle de mairie, ou parfois de bar-tabac, pour s'adresser à une poignée d'agriculteurs.
15 C'était probablement la fin de l'hiver, lorsque les travaux des champs laissent encore des loisirs. On s'attardait, autour d'un gros poêle à bois ou à charbon qui vous faisait pleurer. Mitterrand causait
20 de la vie trop vite consommée, des forêts menacées par les négociants ouest-allemands, de la santé, de l'enfance, de la mort. La veillée s'écoulait dans un

clapotis de mots que l'un articulait et que les autres recueillaient avec le même bonheur
25 partagé.

Il faut être ingrat, et par conséquent jeune, pour oublier ces soirées villageoises, celles où l'on moissonne les suffrages, et celles où on dresse les comptes. En France, grâce à Dieu, les itinéraires les plus tortueux, les plus glorieux, les plus exceptionnels empruntent ces chemins creux que surplombe la seule architecture des ronces, des mûriers et des pommiers nains.

Philippe Alexandre, *Paysages de campagne*, Éd. Bernard Grasset, 1988.

---

1 Lisez le texte de la p. 88 en entier et répondez aux questions suivantes.

1. Proposez un titre pour ce texte.

2. Le personnage de Simon Giguet est-il décrit de manière neutre ? Quelle impression l'auteur veut-il donner au lecteur ?
Relevez les indices dans le texte qui révèlent les sentiments de l'auteur vis-à-vis de son personnage.

2 Travail par groupe de deux.
Achille Pigoult donne des conseils à son ami Simon Giguet pour améliorer son image et réussir sa campagne électorale. Simon Giguet justifie son apparence et ses propos.

3 Comparez les deux textes.

1. Événement : …

2. Époque : …

3. Attitude de l'homme politique face aux électeurs : …

4 1. Expliquez la métaphore : la veillée s'écoulait dans un clapotis de mots (ligne 22 du texte 2)

a. Comparaison : …

b. Idée suggérée : …

2. Complétez les métaphores associées à la parole appartenant au même domaine.

a. quand quelqu'un parle beaucoup on dit qu'*on est noyé sous*…

b. quand un discours est très long on dit que c'est *un discours*…

c. quand quelqu'un parle avec aisance, on dit que *ses paroles sont*…

d. quand un argument est évident on dit *ce sont des paroles qui coulent de*…

e. Proposez d'autres exemples si vous en connaissez.

PARIS, RENCONTRE DES CULTURES

a

**Comment
faire
le tour
du monde
avec
un ticket
de métro...**

b

d

e

c

f

« *Je te donne toute la vie, la stabilité et l'autorité ; je te donne toute la santé* » : ces paroles d'Amon-Rê sont hiéroglyphées sur la face est de l'obélisque de la Concorde. Notre plus ancien monument urbain (1275 avant notre ère) est si bien intégré au cadre parisien qu'on oublie parfois qu'il a pu se dresser ailleurs. Le premier rôle des obélisques placés devant les temples antiques était d'assurer la liaison avec le dieu Soleil et de matérialiser ses rayons sur le sol. Le monolithe de Louxor, haut de 22,84 mètres, fut donc dédicacé à Amon-Rê par son constructeur Ramsès II. Offerte à la France, et à Charles X, par le pacha Méhémet-Ali en 1830, la grande aiguille de pierre devint vite un symbole populaire : au fil du temps et des régimes, pour fêter la République, l'empereur Napoléon III, le canal de Suez, l'appel du 18 juin ou une geste militaire, on la transforme en autel religieux, on l'entoure d'arbres, on l'habille d'un préservatif géant… En avril dernier, elle est escaladée par « l'homme-araignée », spécialiste des sommets interdits. Nul doute que le prochain millénaire réserve encore des surprises à ce bloc d'éternité.

② Le 13e est le seul arrondissement de Paris que les esprits associent immédiatement à une communauté. On ne compte plus les grandes surfaces, les restaurants, les traiteurs asiatiques dans le quartier délimité par les avenues d'Ivry et de Choisy, baptisé « Chinatown » ou le « Triangle jaune ».
Métro : Porte d'Ivry

④ Cette magnifique église de style russo-byzantin, bâtie en 1859, se lève comme par enchantement derrière une grille bordée de glycines, provoquant un émoi intense qui n'épargne personne, pas même les nihilistes ou les révolutionnaires russes qui y pénétrèrent jadis. Pour la petite histoire, c'est là qu'en 1918 Picasso épousa Olga Khoklova, une danseuse des Ballets russes de Diaghilev.

⑤ *La Liberté éclairant le monde*, plus communément appelée la « statue de la Liberté », a des dons d'ubiquité. On la sait à New York, balisant fièrement l'entrée du port de Manhattan ; la voilà à Paris, certes en taille réduite, mais pointant avec une semblable ardeur son flambeau au pied du pont de Grenelle.

③ Paris a ses Parthénons. La Madeleine, dont la première pierre a été posée en 1764, aurait dû être une église en croix latine. Mais la Révolution s'en est mêlée et a interrompu sa construction. Guillaume Couture, l'architecte qui reprend les travaux, modifie les plans en prenant pour fondation la croix grecque. On imagine alors pour l'édifice toutes sortes de fonctions : bourse, bibliothèque, salle des fêtes. Finalement, c'est Napoléon qui décide d'en faire un temple à la gloire des soldats de la Grande Armée. Le monument retrouve sa fonction première à la chute de l'Empereur. L'église est achevée en 1842. Mais la Madeleine ne possède pas le monopole du look « temple grec ». Le Panthéon et l'Assemblée nationale, bâtis à la même époque, ne sont pas en reste de colonnes corinthiennes.

 Située dans le 5e arrondissement, elle rassemble les fidèles le vendredi. Mais on peut aussi y aller boire un délicieux thé à la menthe.
M° Place Monge

Symbole des libertés (d'expression, d'entreprise) chères aux États de l'Union, la célèbre statue, tellement américaine, fut offerte par la France à la ville de New York et inaugurée en 1886. Elle est l'œuvre de Frédéric Auguste Bartholdi, sculpteur français dont le *Lion* de Belfort, une autre pièce illustre, est visible en réduction place Denfert-Rochereau. Gustave Eiffel, en fondant l'armature d'acier sur laquelle est montée la parure de lames de bronze, apportait sa contribution en même temps qu'était renforcé le label français. Mais la *Liberté* se plaît à brouiller les pistes. Déjà multiple, elle se double encore d'une voyageuse, ambassadrice du « pays des droits de l'homme » à l'étranger. Ainsi, celle que les Parisiens croisaient devant le pont de Grenelle séjourne en ce moment au Japon, dans la baie de Tokyo.
M° Bir Hakeim

Source : *Télérama*, hors série n° 2096,
« Un été cosmopolite à Paris ».

❶ En groupes.

1. Quels pays ou régions du monde évoquent chacune des images de la page ci-contre ? Pourquoi ?
2. Que savez-vous des monuments ou quartiers présentés (emplacement, histoire, anecdotes…) ? Mettez en commun vos connaissances.

❷ Cherchez à quels monuments ou quartiers présentés correspondent les notices ci-dessus.

❸ Discussion.

1. À votre avis, quels sont les principaux pays d'où viennent les étrangers qui résident en France ?
2. Que savez-vous des liens de ces divers pays avec la France au cours de l'histoire ?
3. Et votre propre pays, quelle place a-t-il dans la culture française ? Inversement, quelle place a chez vous la culture française ?

Aspects historiques : la France vieille terre d'accueil

Le territoire français n'a jamais constitué un monde clos. Des grandes invasions de la fin de l'Antiquité aux migrations pacifiques de l'époque contemporaine, des groupes humains plus ou moins importants passèrent ou s'établirent dans l'hexagone. Sous l'Ancien Régime, des étrangers de talent, artistes, techniciens, négociants, artisans qualifiés, soldats et même grands commis de l'État furent appelés en France. Du XVIe au XVIIIe siècle, quelques-uns des principaux entrepreneurs de l'industrie textile et les spécialistes de l'assèchement des marais venaient de Hollande, les fabricants du goudron indispensable à la construction navale étaient suédois, beaucoup de sidérurgistes avaient vu le jour en Angleterre, plusieurs grands banquiers étaient originaires de Genève.

À cette immigration dite de qualité et concernant des effectifs réduits, succéda, dans la deuxième moitié du XIXe siècle, une immigration de masse faisant appel à des hommes moins qualifiés. Certes, des artistes et des intellectuels vinrent encore chercher leur inspiration en France [...] mais ils furent très largement surclassés en nombre par des travailleurs généralement peu formés venant occuper des emplois dans les campagnes, les usines et certaines activités du secteur tertiaire. À ces immigrés économiques s'ajoutèrent des réfugiés victimes des persécutions politiques et raciales qui s'abattirent sur l'Europe dans la première moitié du XXe siècle.

Dès lors, la France devint le lieu d'arrivée de

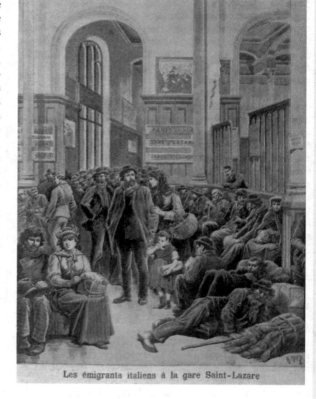

Les émigrants italiens à la gare Saint-Lazare

grandes vagues migratoires successives. Jusqu'au milieu du XXe siècle, les Européens, Italiens, Polonais, Belges, Espagnols occupèrent la première place. Puis, le Portugal mis à part, le recrutement dans les pays du Vieux Monde se tarit progressivement, tandis qu'augmentaient les effectifs de Maghrébins, suivis par les Turcs, les Africains, les Asiatiques. Ainsi se constitua une société bigarrée, diverse par les origines de ses membres, leurs pratiques sociales et culturelles, leurs projets professionnels, leurs aptitudes à l'insertion dans le pays d'accueil.

R. Schor, *Histoire de l'immigration en France*, Éd. Armand Colin, 1996..

1 **1.** Faites des hypothèses sur la nature des textes (article, roman, ouvrage scientifique, texte savant, humoristique, polémique) et sur son domaine de référence (politique, société ...)

2. Observez les illustrations, relevez et comparez les dates données dans les deux textes, relevez ensuite et classez les noms propres (personnages historiques, pays, etc.). Quelles conclusions tirez-vous de cette première approche ?

3. Première lecture. Quelles sont les époques étudiées dans chacun des deux textes ? Cherchez les passages qui correspondent aux illustrations.

4. Deuxième lecture. Quelles sont les différentes parties de chaque texte ? Donnez l'idée principale de chacune.

2 **Faites une synthèse des deux textes.**

1. Regroupez et classez les informations données sous forme de tableau.

Période	Nationalité	Caractéristiques	Secteur d'activité	Réactions de la société française
...	...	...	...	...

2. Pour chacune des périodes considérées, cherchez quelles sont les causes :
   a. de l'immigration ;
   b. des réactions des Français.

mais aussi de xénophobie…

L'expansion industrielle du second Empire entraîne en une dizaine d'années le doublement du nombre des étrangers en France, environ un million au début des années 1880. La majorité d'entre eux viennent des pays voisins, notamment de Belgique […] et d'Italie […]. La Grande Dépression, qui touche la France avec une force particulière, provoque une stabilisation de la population étrangère autour du million de personnes. La concurrence est particulièrement vive dans les mines et dans le bâtiment où les travailleurs immigrés ont été appelés en nombre sous le second Empire mais où les chômeurs français tentent de se placer pendant la crise. Pour la période 1867-1893, Michèle Perrot relève quatre-vingt-neuf incidents opposant ouvriers français et étrangers et souligne combien les arguments xénophobes sont efficaces pour mobiliser dans des grèves, des pétitions, des manifestations, les travailleurs français. Ce sont les Belges flamands qui sont les premières victimes de ces affrontements. À la fin du siècle, la xénophobie se tourne de plus en plus vers ceux qui sont alors les derniers venus, les Italiens. À Marseille, en 1881, de véritables scènes d'émeute se déroulent pendant plusieurs jours dans les rues de la ville. « Dès quatre heures du matin, note un journaliste du *Petit Marseillais*, des rixes commencent à se produire entre Français et Italiens sur différents points de la ville […]. »

Le formidable développement de l'industrie française dans les années 1920 lié à la reconstruction du pays,

l'ampleur de l'hécatombe provoquée par la Grande Guerre entraînent un afflux sans précédent de travailleurs immigrés ; à tel point qu'ils sont plus de trois millions en 1930, trois fois le chiffre de 1920. L'appel de main-d'œuvre se fait par un élargissement considérable des aires de recrutement. […] Si les Italiens sont les plus nombreux, ce sont d'autres nationalités, comme les Polonais, qui connaissent l'expansion la plus brutale de leurs effectifs. Une nouvelle fois, la crise économique qui touche la France au début des années trente provoque un arrêt du recrutement et un renouveau des actes et des discours xénophobes. Circonstance aggravante […], une partie des immigrés sont en fait des réfugiés : Arméniens, Russes ou juifs allemands. Beaucoup d'entre eux sont issus des professions libérales et cherchent à retrouver en France une position semblable à celle qu'ils […] occupaient avant l'exil. La concurrence étrangère sur le marché du travail ne se limite donc plus au monde ouvrier. C'est l'une des raisons qui explique l'intensité des campagnes nationalistes dans les années trente, soutenues par de larges fractions de l'opinion publique.

Le troisième grand moment dans l'histoire de la xénophobie française est contemporain de la troisième grande crise économique que le pays a connue depuis un siècle. Dans les années 1960, l'expansion industrielle se fait par un nouvel appel massif aux ouvriers étrangers et par un nouvel élargissement des zones de recrutement. Pour la première fois, la majorité des nouveaux immigrants ne sont plus des Européens, mais proviennent de l'ancien monde colonial français, avant tout des pays maghrébins. La crise mondiale qui se généralise au milieu des années 1970 provoque les mêmes effets que les précédentes : arrêt du recrutement, stabilisation des dernières vagues migratoires, hostilité d'une partie des travailleurs français qui demandent leur renvoi dans leur pays d'origine.

G. NOIRIEL, « Français et étrangers », dans P. Nora (dir. publ.), *Lieux de mémoire*, Éd. Gallimard, 1992.

3 **1.** Dans ces deux textes, relevez et classez les différentes façons de situer dans le temps : dates précises, périodes, connecteurs de temps.

2. Quel est le temps le plus employé dans chacun des deux textes ? Quelle est la valeur de ce temps ?

3. Cherchez les différentes manières d'exprimer les relations de cause à effet :
*L'expansion industrielle **entraîne** le doublement du nombre des étrangers..*
Exprimez la cause de façon différente :
*Le nombre des étrangers double **en raison de** l'expansion industrielle.*

Reconnaître les caractéristiques d'un texte historique

- le repérage chronologique ;
- le temps des verbes : temps du passé parfois remplacés par le présent dit *historique* ou *narratif* ;
- les relations de cause à effet ;
- un champ lexical spécifique au thème.

LES IMMIGRÉS, UN SUJET BRÛLANT

❶ S'entraîner à comprendre et noter des chiffres.

1. Première écoute.

Il y a deux parties dans ce document. En quoi sont-elles différentes ?

Quelles informations avez-vous retenues ?

2. Deuxième écoute.

Première partie. Complétez la grille, comparez vos résultats avec ceux de vos voisins.

Nombre de nouveaux émigrés : – en 1992 : … – en 1995 : …

Continent d'origine des immigrés : …

Pourcentage des immigrés

– dans la population totale : …

– dans celle des provinces de l'Ouest de la France : …

– dans celle de la région parisienne : …

Pourcentage des immigrés résidant à Paris : …

Taux de chômage des immigrés par rapport à celui des « Français de souche » : …

Deuxième partie.

Quels sont, selon la personne interviewée, les deux principaux avantages apportés
à la France par l'immigration ?

**❷ Expression orale : observer
et interpréter une photo.**
Où se passe la scène ?
Que font les personnes
photographiées ?
Que désignent les noms écrits
sur la pancarte ?
Que symbolisent-ils ?
Proposez une autre formulation
pour exprimer la même
revendication.
Comparez vos propositions
et choisissez la meilleure.

**❸ Définir une problématique
(en groupe).**
En utilisant l'ensemble
des documents étudiés,
faites oralement une synthèse
des éléments de ce débat
de société :
Sur quoi porte la polémique ?
Quelles sont les positions
en présence ?
Quels sont les arguments utilisés ?
Connaissez-vous les positions
des partis politiques
sur ce problème ?

Libération, 27/11/1997.

Les étrangers et la loi. Comment devient-on français ?

Depuis 1515, beaucoup de sol, un peu de sang
L'histoire du droit de la nationalité éclaire les débats d'aujourd'hui.

Le sol, le sang. Entre les deux, une tradition française, de grands revirements et quelques télescopages : les années 1980-1990 renvoient aux années 1804-1889. Quand le droit du sol, vieux de trois siècles, fut malmené pour la première fois. Jusque-là, les choses étaient claires, réglées. Le *jus soli*[1] dominait en France. Un droit fort, symbolique, intégral. On était automatiquement français parce que né en France. Monarchistes et révolutionnaires étaient même d'accord là-dessus. Depuis un arrêt du parlement de Paris en 1515, il en était ainsi. Était français celui qui était né dans le royaume, y demeurait et reconnaissait la souveraineté du roi. *Jus soli* pour tout le monde. […]

Premier virage malgré Bonaparte. Mais voilà, en 1801 comme aujourd'hui, Paris se mit à débattre. Du droit du sol la République voulait passer au droit du sang *(jus sanguinis)*. Entre autres, pour se démarquer de l'héritage monarchique. Bonaparte lui-même n'y put rien. Avec le Code civil de 1804, c'est désormais la filiation, et le droit du sang, qui domine : « *Est français l'enfant né d'un père français.* » […] Comme aujourd'hui.

L'égalitarisme de la IIIᵉ République. En 1889, c'est le grand retour du droit du sol, au nom de l'universalisme et de l'égalité devant la loi. […] Nés de parents français ou étrangers qu'importe : aux mêmes droits, les mêmes devoirs. […] La parenthèse du XIXᵉ siècle est définitivement fermée. Jusqu'en 1986, le droit du sol va en effet s'affirmer jusqu'à l'ultime volte-face.

Depuis 1986, le droit du sol encadré. Choc pétrolier, crise, chômage, Front national. L'idée de droit du sang resurgit, et celui du sol, s'il persiste, va connaître plusieurs restrictions. La France des années 80 renoue avec celle du siècle dernier. Mais le gouvernement de Jacques Chirac bute sur une forte résistance, quand il propose en 1986 une loi obligeant l'enfant, né en France de parents étrangers, de manifester sa volonté de devenir français. Tollé, scandale, le projet est retiré. Avant de reparaître, en 1993, sous les contours de la loi Méhaignerie. Dès lors, tout enfant né en France de parents étrangers n'est plus automatiquement déclaré français. Il ne peut l'être qu'à la condition expresse de « *manifester clairement sa volonté d'acquérir la nationalité française* » entre 16 et 21 ans. D'où le projet de loi Guigou. Contre cette rupture de l'esprit de 1889, et pour le rétablissement de l'automaticité du droit du sol, mais à 18 ans. Et non à la naissance.

David Dufresne

1. *Jus soli* : en latin, « droit du sol ».

---

4 Lisez cet article et faites un tableau chronologique des changements du Code de la nationalité en France.

Le style journalistique

Pour capter l'attention d'un lecteur pressé, les journalistes utilisent souvent un style rapide, elliptique (suppression de mots) et des constructions de phrases inhabituelles.
Le sol, le sang. Entre les deux, une tradition française... = Il existe deux formes de droit : le droit du sol et le droit du sang. La tradition française se situe entre les deux. (ellipses).
Le jus soli dominait en France. Un droit fort, symbolique, intégral. = Le *jus soli*, un droit fort, symbolique, intégral, dominait en France. (Rupture de la phrase en deux pour mettre en relief les adjectifs, ce qui crée une phrase sans verbe.)

5 Cherchez dans l'article de *Libération* différents exemples de ces procédés.

6 Sur le modèle du document ci-contre, faites un tableau des droits et des devoirs de l'étranger dans votre pays.

7 Jeux de rôles (par groupes de deux).
Un étranger francophone désire venir travailler dans votre pays. Il s'adresse à vous pour obtenir des renseignements sur ses droits, les formalités à remplir, etc. Jouez la scène plusieurs fois en changeant la personnalité de l'étranger (travailleur manuel, médecin, étudiante...).
Chacun des partenaires prendra soin d'adapter son mode d'expression à la personnalité de l'étranger.

Droits et devoirs des étrangers en France

LES DEVOIRS	LES DROITS
Avoir un titre de séjour en règle	Être protégé par les lois françaises
Respecter l'ordre public	Exercer un emploi
Obéir aux lois	Militer dans syndicats et associations
Payer impôts et cotisations	Élire les prud'hommes
Ne pas prétendre à un emploi public	Recevoir les prestations sociales

Égalité dans la vie quotidienne
(droit au savoir, au logement, protection sociale, etc.)

GRAMMAIRE

SITUATION DANS LE TEMPS

Les indicateurs temporels varient suivant plusieurs paramètres :

1. La date et la durée :

La situation sur l'axe du temps peut être représentée soit par un point soit par une ligne continue.

1995	1996	1997	1998
arrivée	embauche	licenciement	moment présent
recherche de travail		travail	chômage

• Le point (●) peut indiquer :

– une date : *Il est arrivé en France **en** 1990* ;

– le point de départ d'une action ou d'un état :

***Dès** 1995 il a commencé à chercher du travail. Il est en France **depuis** 1995* ;

– la limite finale d'une action ou d'un état : *Il est resté sans travail **jusqu'en** 1996* ;

– les limites entre lesquelles se situent une action ou un état : *Il a travaillé **de** 1996 **à** 1997.*

• La ligne pointillée représente une durée. Cette durée permet de mesurer :

– la quantité de temps passée depuis l'origine de l'action ou de l'état exprimé par le verbe :

*Il est arrivé **il y a** trois ans. Il vit en France **depuis** trois ans. **Il y a** trois ans **qu'**il vit en France* ;

– la quantité de temps qu'a duré une action ou un état : *Il a cherché du travail **pendant** un an* ;

– la quantité de temps entre deux événements : *Il a été embauché en 1996 et licencié un an **plus tard/au bout d'un an/un an après*** ;

– la quantité de temps nécessaire pour effectuer une action : *Il a trouvé du travail **en** un an.*

 La date et la durée ne sont pas toujours exprimées par des chiffres. On utilise souvent des noms exprimant une époque ou un événement :

Dès son arrivée, il a cherché du travail… Depuis son mariage elle est française.

• **En** s'utilise devant les années, le nom des mois et trois saisons : ***en** hiver, **en** été, **en** automne* mais ***au** printemps.*

• **À (à la, au)** s'utilise sans article devant l'heure *(à 6 heures)*, devant certaines fêtes *(à Noël)*, avec un article devant les noms exprimant une période *(**au** début du siècle, **à** la mort de l'empereur…).*

Devant le jour du mois, on utilise **le** : *Il est arrivé en 1995, **le** 3 janvier.*

Divers moyens permettent de situer d'une façon approximative : *Vers 1850, dans les années trente.*

2. L'achèvement de l'action ou de l'état :

• Premier cas : l'action a eu lieu dans le passé et est terminée :

Il a été licencié il y a un an.

• Deuxième cas : l'action a eu lieu dans le passé et son résultat dure encore :

Il est au chômage depuis un an. Il y a/ça fait (fam.) un an qu'il est au chômage.

 Ne confondez pas **il y a** et **il y a… que**. Notez que **depuis, il y a… que, ça fait… que** sont synonymes, mais seul **depuis** peut s'utiliser devant une date : *Il est arrivé **depuis** trois ans, **depuis** 1995.*

Il y a/ça fait se construisent avec une durée chiffrée ou un adverbe de temps : *Il y a **longtemps** qu'il cherche du travail.*

 Suivant **le sens des verbes,** ces constructions sont possibles ou non.

Vous pouvez dire : *Il est arrivé depuis trois ans.*

En effet, l'action d'arriver est terminée mais l'état qui en résulte (le fait d'être là) dure encore.

Vous ne pouvez pas dire : **je l'ai rencontré depuis un mois.* La rencontre est un événement ponctuel sans prolongement dans le présent.

Mais vous pouvez dire : *Je ne l'ai pas rencontré depuis un mois* car la « non-rencontre » est un état qui dure jusqu'au moment présent.

Certains verbes ont une forme différente selon qu'ils marquent un événement ou un état (se marier/être marié, mourir/être mort, s'endormir/dormir…) :

Elle s'est mariée il y a trois mois. Il y a trois mois qu'elle est mariée.

Le verbe exprimant l'événement est au passé composé, le verbe exprimant l'état est au présent.

❶ Relisez les textes des p. 92 et 93.
Pour chacun d'eux, tracez un axe chronologique.
Indiquez les événements cités par un point
(date), les périodes par une ligne continue
(durée). Observez comment fonctionnent
les indicateurs de chronologie dans ces textes.

❷ Mettez des indicateurs de temps
convenables dans ce texte.

Badaoui est né (1966). (61-68), les Algériens ont afflué en France. (années 60), leurs enfants ont représenté 37 % des enfants d'immigrés. Badaoui était l'un d'eux. Il n'a eu personne pour l'épauler à l'école. Il s'est accroché et a fait un beau parcours : (1985), il a passé son bac. Il a terminé ses études (cinq ans, et (huit ans) il est entré chez IBM où, (six ans), il est cadre supérieur. Ses débuts dans l'entreprise ont été difficiles. Le petit personnel le regardait comme un membre d'une espèce inconnue. En effet, (son arrivée), on n'avait connu de Maghrébins que laveurs de carreaux ou balayeurs. Cependant, (quelques mois), ses capacités étant prouvées, l'hostilité est tombée.

D'après Christian Jelen : *Ils feront de bons Français*,
Éd. Robert Laffont.

❸ Autobiographie : oralement ou par écrit,
racontez votre vie, en utilisant des indicateurs
de temps variés.

VOCABULAIRE

POUR BINE UTILISER UN DICTIONNAIRE FRANÇAIS

Définitions dans un dictionnaire

IMMIGRANT, ANTE [imigrɑ̃, ɑ̃t] adj. et n. — 1787 ; de *immigrer* **1.** RARE Qui immigre. **2.** N. COUR. Personne qui immigre dans un pays ou qui y a immigré récemment. *L'assimilation des immigrants.* ⇒ **immigré.** ◊ CONTR. Autochtone.

IMMIGRATION [imigʀasjɔ̃] n. f. — 1768 ; de *immigrer*
♦ Entrée dans un pays de personnes non autochtones qui viennent s'y établir, généralement pour y trouver un emploi. *Immigration permanente et immigration temporaire. Courant, mouvement d'immigration. Lois sur l'immigration, restreignant et contrôlant l'immigration. L'immigration clandestine. Office national d'immigration.*

IMMIGRÉ, ÉE [imigʀe] adj. et n. — 1769 ; de *immigrer* ♦ Qui est venu de l'étranger, par rapport au pays qui l'accueille. SPÉCIALT Qui est venu d'un pays peu développé pour travailler dans un pays industrialisé. *Travailleurs immigrés. Quartier à forte population immigrée.* — N. (1769) ⇒ **immigrant.** *Les immigrés portugais, africains en France. Les immigrés maghrébins et leurs enfants* (cf. La deuxième génération*). ⇒ FAM. **beur.** *Immigré politique.* ⇒ **réfugié.** *Racisme à l'égard des immigrés. Intégration des immigrés. Foyer pour immigrés. Immigrés clandestins.* « *Le premier immigré demeure, sa vie durant, un homme de son pays d'origine* » (Siegfried).

Dictionnaire Le Robert : Petit Robert 1998.

Définitions dans un article de journal

Qui est quoi ?

Un étranger est une personne qui n'a pas la nationalité française.

Un immigré est une personne née dans un pays étranger de parents étrangers mais qui vit en France. Dans cette catégorie entrent désormais les étrangers devenus français par acquisition ou naturalisation.

Un réfugié est une personne qui a fui son pays pour des raisons politiques ou de guerre et à qui a été accordé le droit d'asile politique en France.

Le Nouvel Observateur, 06/03/1997.

Un dictionnaire vous donne de multiples informations, mais il faut savoir les trouver !

1. Cherchez dans les exemples ci-dessus les informations données sur :
   a. la catégorie grammaticale du mot ;
   b. les mots de sens opposés ;
   c. la fréquence d'utilisation du mot ;
   d. l'étymologie ;
   e. des exemples d'utilisation ;
   f. la prononciation ;
   g. les synonymes ;
   h. la date d'apparition dans la langue ;
   i. le registre de langue (familier, argotique…).

2. Cherchez dans un dictionnaire français le sens des mots : *xénophobie, racisme, intégration, naturalisation* et donnez-en la définition sous forme de phrase comme dans l'article de journal.

Évaluation

1 COMPRÉHENSION ÉCRITE

Zidane, l'homme de l'année

De deux coups de tête rageurs, en finale de la Coupe du Monde de football, il a rendu fou de bonheur un pays qu'on disait dépressif. Et pour la terre entière, la France a désormais le visage
5 *de cet Algérien d'origine 100 % français.*

« La France ? Ah, oui Zinedine Zidane !... » Voilà comment on accueille désormais le touriste ou l'homme d'affaires aux quatre coins de la terre. Balayés, la « Déclaration des droits de l'hom-
10 me », les 365 fromages, le général de Gaulle, le Concorde, les petites femmes de Paris... Qu'on s'en réjouisse ou qu'on s'en inquiète, aujourd'hui la France c'est Zizou. Un fils d'Algérien qui a grandi dans une cité. Un homme qui ne veut
15 délivrer aucun message et à qui il faut arracher les mots. Un homme qui parle avec ses pieds.
« Zidane a fait plus par ses déhanchements que dix ou quinze ans de politique d'intégration », s'enthousiasmait un conseiller du ministre de
20 l'Intérieur. Zidane porte-drapeau de la France black-blanc-beur ? Évidemment il l'est. Mais avec quelle discrétion ! Jamais vous ne l'enten-drez prononcer le mot « beur ». À peine évoque-t-il, dans une émission « des origines ». Non qu'il
25 les renie. Au contraire. Il parle plus volontiers de sa famille que de lui-même. C'est un chapitre essentiel dans le récit de sa vie. Mais qu'il racon-te avec une pudeur constante. Son père Smaïl a quitté à l'âge de quinze ans à peine les mon-
30 tagnes de Kabylie. À Marseille, il a épousé Malika, lui a fait cinq enfants, et a travaillé comme manutentionnaire dans une grande sur-face. Voilà.
Zidane n'en dit jamais plus. Jamais il ne fait allu-
35 sion aux souffrances ou aux humiliations de ses parents immigrés. Jamais il ne donne à sa vic-toire un air de revanche. Cette tranquille attitu-de a peut-être autant de force qu'un poing levé. Une manière pour Zidane de signifier qu'il n'a
40 pas à répondre à ceux qui, à droite ou à gauche, font de l'immigration un « problème ». Zidane n'entre pas dans leur jeu. Zidane ne se justifie pas. Il est né à Marseille de parents algériens et il est français. Cela ne se discute pas. Ne mérite
45 même pas d'être dit.

D'après *Le Nouvel Observateur*, 24/12/1998.

Répondez aux questions *(1 point par réponse, total sur 10 points).*

1. Quel était l'état d'esprit des Français avant juillet 1998 ? et après juillet 1998 ? Pourquoi a-t-il changé ?
2. Pourquoi Zidane est-il le plus célèbre des footballeurs français ?
3. Pourquoi sa réussite sportive a-t-elle une importance politique ?
4. Quels étaient – selon le journaliste – les symboles traditionnels de la France pour les étrangers jusqu'en 1998 ? Et en 1998 ?
5. Que signifie l'expression *un homme qui parle avec ses pieds* (ligne 16) ?
6. Comment expliquez-vous que Zidane soit français alors que ses parents sont algériens ? Quel mot familier est utilisé dans le texte pour indiquer ses origines ?
7. Quelle est l'attitude du gouvernement à l'égard de la popularité de Zidane ? Pourquoi ?
8. Que signifie l'expression *porte-drapeau de la France black-blanc-beur* (lignes 20-21) ?
9. Que symbolise le poing levé ? Ce geste correspond-il à l'attitude de Zidane ?
10. La presse a parlé de *l'effet Mondial*. Quels aspects de cet *effet* l'article met-il en relief ?

2 PRATIQUE DE LA LANGUE

❶ **Placez des connecteurs logiques convenables dans ces raisonnements** *(total sur 4 points) : donc – c'est pourquoi – or.*

1. L'intégration des étrangers est toujours plus facile en temps de prospérité économique.
   Nous sommes en période de crise.
   Il est malheureusement logique qu'il y ait une recrudescence de la xénophobie.
2. Les activités politiques prennent beaucoup de temps.
   Moi, j'ai déjà un double métier : chef de service au bureau, bonne à tout faire à la maison.
   Je ne peux vraiment pas en assumer un troisième !

❷ **Donnez un équivalent de l'expression soulignée en langue courante** *(1 point).*

Donner le droit de vote aux étrangers fût-ce aux élections municipales, voilà une proposition qui provoque des réactions violentes.

3 **Placez des indicateurs de temps convenables dans le texte suivant** *(total sur 5 points)* : *depuis – au début de – en – avant de – pendant.*

Pour sa première campagne électorale, Adeline Hasan, qui défendait les couleurs du parti socialiste dans la Marne, n'était pas en terrain inconnu. … sa carrière de magistrate, elle y était restée … trois ans comme juge. … se lancer en politique, Adeline Hasan était l'une des figures de proue du syndicat de la magistrature. … 1986, elle avait accédé à la présidence de ce syndicat qui incarne … 1968 la gauche judiciaire.

D'après *Le Monde* 03/06/1997.

3 LEXIQUE

Donnez les mots qui correspondent aux définitions suivantes *(total sur 5 points)*.

1. n. f. Désignation d'une ou plusieurs personnes par un vote.
2. n. m. Vote au moyen de bulletins déposés dans un récipient fermé d'où on les tire ensuite pour les compter.
3. n. m. Cabine où l'électeur s'isole pour préparer son bulletin de vote.
4. n. m. Acte par lequel on déclare sa volonté dans un choix, notamment politique.
5. n. f. Absence de vote d'un électeur.

4 SAVOIR-FAIRE

1 **Rétablissez une ponctuation normale dans ces phrases écrites en style journalistique** *(total sur 5 points)*.

1 La France s'est emparée de Zizou. Sans retenue. Avec passion. Elle s'est beaucoup menti évidemment en voulant croire que tous les Français pouvaient s'aimer.
2. Quelle déferlante d'hommages au lendemain de la Coupe. Du plus petit village à l'Élysée. Zidane adulé. Zidane mythifié.
3. Zidane a cristallisé tous les rêves. Mais à son corps défendant. On lui a demandé de ramener la paix dans les cités, de regonfler le moral des Français, de réconcilier Chirac et Jospin.
4. On dit qu'il va faire de la publicité pour une marque de yaourts. Mais, pour le moment, il a seulement fait la promotion d'un magasin de climatisation. En échange d'une installation gratuite dans la maison de ses parents.
5. Il nous parle de bonheurs simples. De parties de ballon interminables. Mis a part un lustre cassé en voulant imiter Pelé, il n'a jamais fait de bêtises. Jamais manqué de rien.

2 **Construisez des phrases à l'aide des éléments donnés en exprimant les relations de cause à effet** *(total sur 5 points)*.

1. Au cours du xixᵉ siècle, développement du mouvement féministe → début de la promotion politique des femmes.
2. Alors qu'elles n'avaient encore aucun droit, les femmes ont parfois exercé une forte influence sur leurs maris ou leurs enfants → influence politique indirecte.
3. Immigration depuis la Deuxième Guerre mondiale → 40 % de l'accroissement démographique de la France.
4. 1974 : fermeture des frontières → diminution des flux d'immigrés.
5. Au cours des siècles, beaucoup d'enfants d'étrangers ont choisi la nationalité française → un Français sur quatre est d'origine étrangère.

5 CONNAISSANCE DES RÉALITÉS FRANÇAISES *(total sur 5 points)*

1. L'antagonisme gauche-droite est-il un phénomène récent en France ? Justifiez votre réponse.
2. Quelle est la place des femmes dans la vie politique française ?
3. Quand l'immigration de masse a-t-elle commencé en France ?
4. Quel est la signification des termes juridiques : *droit du sol*, *droit du sang* ?
5. Quel célèbre monument de Paris évoque le souvenir de l'Égypte antique ?

LA RÉGION
Languedoc-Roussillon

8ᵉ RÉGION FRANÇAISE PAR SA SUPERFICIE
Superficie : 27 376 km^2
11ᵉ RÉGION FRANÇAISE PAR SA POPULATION
Population : 2 222 000 habitants
3,8 % DE LA POPULATION NATIONALE
Densité : 81,2 hab/km^2
Population active : 897 000 habitants
PREMIÈRE AGGLOMÉRATION POUR LE TAUX
D'ACCROISSEMENT DE LA POPULATION

Départements : 11 Aude ; 30 Gard ; 34 Hérault ;
48 Lozère ; 66 Pyrénées orientales
Capitale régionale : Montpellier, 248 400 habitants
Activités (en pourcentage de la population ayant
un emploi) : agriculture : 7,3 ; industrie :
11,9 ; BTP* : 7,7 ; commerce et services : 73,1
Appareil productif : 135 000 entreprises
dont 43 000 dans l'artisanat
Près de 17 000 créations d'entreprise en 1996

*Bâtiments et travaux publiques

1. Sète.
2. Montpellier.
3. Vignobles dans
les Corbières.
4.Saint-Guilhem-le-Désert.
5.Nîmes, la Maison carrée
et le Carré d'Art.

Les atouts de la région

– Vins : un des plus grands vignobles du monde
– Productions régionales : le verger de la Méditerranée
  (tomates, salades, asperges, melons, olives, fraises…) ;
– Poissons de mer ou d'eau douce ;
– Huîtres et coquillages ;
– Situation : voie de passage européenne
  à la porte de l'Espagne. ;
– Climat : ensoleillé et doux ;
– Paysages diversifiés : montagnes, collines, garrigues*,
  coteaux, une grande plaine littorale, côte sableuse.
– Tourisme : grande variété d'activités : plages,
  voile, planche à voile, spéléologie, escalade, festivals
* La garrigue : terrain aride couvert d'une végétation broussailleuse.

❶ **Regardez ces photos. Donnez tous les mots qui vous viennent à l'esprit à propos de la région Languedoc-Roussillon.**
Que savez-vous de cette région ?
Mettez en commun vos connaissances.

❷ **En groupes, vous présentez la région Languedoc-Roussillon à la classe. Utilisez toutes les informations données dans les documents. Choisissez deux ou trois rubriques par groupe : géographie, démographie, économie, ressources agricoles, végétation, climat, spécialités, activités…**

Pour présenter des données chiffrées et pour faire une description

La superficie est de…
Avec… habitants, elle est à la…^{e} place/au…^{e} rang…
Il y a actuellement…
Elle compte/comprend…
Sa particularité/singularité apparaît dans/elle se singularise par…

• **Pour introduire une description :**
Nous observons/constatons que…
Nous pouvons dégager/présenter/relever/décrire/examiner/exposer les points suivants…

• **Pour exprimer un constat :**
D'après notre étude/observation…
Après analyse/examen de, nous constatons que…
Notre première/dernière constatation porte sur…, s'intéresse à…, traite de…
Nous arrivons au constat que/à l'idée que/à la conclusion que…

• **Pour énumérer :**
D'une part/d'autre part, d'un côté/de l'autre, en premier/dernier lieu/point, puis, aussi, également, en outre/de surcroît/de plus…

• **Pour donner un exemple :**
Par exemple, tel que, comme, pour donner un exemple, pour illustrer…
Après examen de la carte, nous constatons que la région Languedoc-Roussillon est située au cœur de l'Europe d'une part parce que…, d'autre part parce que…

Nîmes
Duel au soleil
Montpellier

Vieille querelle en Languedoc : Nîmes, cité romaine, contre Montpellier, technopole universitaire. À 50 km de distance, elles partagent, pourtant, la même passion pour la culture. Fin communicateur, chaque maire mise sur les grands projets. Tauromachie, art moderne et Starck à Nîmes ; musique, danse et Bofill à Montpellier. Crise oblige, finies les grosses dépenses. L'heure est au social, et l'art est dans la rue.

C'est juste un petit fleuve qui se perd mollement dans la Méditerranée vers le Grau-du-Roi. Il s'appelle le Vidourle. L'autoroute l'enjambe, à mi-chemin entre Nîmes et Montpellier. Le Vidourle marque la limite administrative entre deux départements : le Gard et l'Hérault. Dans les têtes, dans les caractères, il représente bien davantage. Pour les Nîmois, « outre-Vidourle » signifie, en plaisanterie, quasiment « à l'étranger » ; là-bas, à cinquante kilomètres, règnent la prétention et le culte de l'apparence, il n'y a ni les taureaux, ni la brandade, ni les deux mille ans d'histoire qui donnent à leur ville la légitimité naturelle de l'authentique. Pour les Montpelliérains est Nîmois tout plouc[1] de base. […]
Un match Montpellier-Nîmes ? Autant envoyer sur le même ring un boxeur mi-lourd et un champion poids plume ! Comparer une capitale régionale de 250 000 habitants avec une ville moyenne de 140 000 âmes conduit inévitablement à la lapalissade[2] : le plus gros l'emporte sur le plus petit, pour la raison que celui-ci est moins gros. Et Nîmes doit se battre pour la réputation de sa faculté de médecine, pour créer son université (qui ne soit pas une antenne de celles de Montpellier), pour obtenir sa gare TGV, pour conserver son aéroport.
« Il serait aussi idiot qu'inutile de vouloir contester à Montpellier le leadership de la région, diagnostique pourtant l'écrivain nîmois Jacques-Olivier Durand. *Il n'y a pas qu'en football que Montpellier joue en première division et Nîmes en seconde.* […]
Le jeu en effet est historique, comme l'est le contentieux. On se plaît à le dater des guerres de Religion, de Richelieu, de la création de l'université de Montpellier, des Goths et des Francs au Vᵉ siècle… Contentons-nous de l'histoire récente : avant la guerre 1939-1945, Nîmes et Béziers la viticole se partageaient la suprématie régionale. La ville active, c'était elle ; l'industrie textile, le nœud ferroviaire du […] Paris-Lyon-Marseille, le commerce la nourrissaient. Montpellier n'était alors qu'une cité bourgeoise endormie autour de son université papale (créée par Nicolas IV au XIIIᵉ siècle). Elle ne comptait alors pas plus d'habitants que son industrieuse et huguenote[3] rivale. […]
Dans les années 60, l'aménagement du littoral (La Grande-Motte) profite à la Méditerranéenne, l'immigration massive des pieds-noirs (près de 30 000), et, enfin, l'installation d'IBM, en 1963, lui procurent une nouvelle vigueur. Lors de la première décentralisation (1964), elle est choisie comme capitale régionale, au grand dam de Nîmes, qui voit s'installer le siège convoité de la SNCF chez sa voisine. En vingt ans, la population de Montpellier double.
Depuis, Montpellier-l'ambitieuse ne cesse de choquer Nîmes-l'orgueilleuse. Ces deux là s'ingénient à prendre des chemins contraires, à refuser de se mettre en phase. L'une est languedocienne ; l'autre se sent provençale, camarguaise[4], cévenole[5] surtout. Jusqu'en politique : elles n'ont pratiquement jamais été du même bord en même temps. […]

Télérama n° 2358, 22 mars 1995.

1. Paysan (Familier).
2. Évidence.
3. De religion protestante.
4. De Camargue.
5. Des Cévennes.

---

❶ Lisez le titre et le chapeau de cet article. Notez tous les mots du chapeau qui se rapportent au mot *duel*. D'après vous, pourquoi y a-t-il un duel entre Nîmes et Montpellier ? Échangez vos points de vue.

❷ Lisez l'article.
1. Relevez toutes les informations sur ces deux villes sous forme de mots-clés.

Montpellier : *Hérault…*
Nîmes : *Gard…*
2. Pourquoi y a-t-il un conflit entre ces deux villes ? Comparez avec les hypothèses que vous avez formulées.
3. Quels sont les événements qui ont aidé la ville de Montpellier à se développer ?
4. Aimeriez-vous habiter dans une de ces deux villes ? Laquelle ? Pourquoi ?

Rues de Nîmes en fanfare

Depuis 1985, pendant la feria de Pentecôte, Nîmes s'organise sa Fête de la musique à elle : cinq nuits de concerts afro-latino-hispano-américano-arabo-nîmois, dans les rues et jardins. Point culminant de la manifestation : la pégoulade (le défilé d'ouverture de la feria). Depuis deux ans, Bernard Souroque, responsable de la musique à la DMT (Danse, musique, théâtre : une association municipale), a convié dans le défilé les jeunes des ZUP. Pas n'importe comment. Pendant deux mois, les jeunes des quartiers Pissevin et Valdegour ont imaginé leur char carnavalesque, musical et plastique, avec le concours de vrais professionnels. Résultat : un train « *multi-ethnique, rap et tags* », qui n'est pas passé inaperçu auprès des bons Nîmois traditionnels ! L'expérience sera donc renouvelée pour la Pentecôte. Comme l'année dernière, elle sera prolongée, amplifiée et diversifiée deux mois plus tard (en juin) par l'opération *Quartiers en fête*, qui se déroule de la même façon dans les interstices de la ville.

Montpellier, la néo-rock

« *Mets de l'huile* » : en trois mots, deux notes de reggae, rap, jazzy, le groupe Regl'yss, 100 % montpelliérain, a conquis le Top 50 il y a deux ans. Tout le rock montpelliérain s'en est trouvé ragaillardi. Au point que la mairie elle-même aide désormais à la création, en éditant chaque année une compilation des quatre meilleurs groupes. Les lieux rock de la ville se multiplient : on y danse, on y boit tranquillement. [...] Montpellier, ville rock, électrique et cool. Martine Viceriat impulse le mouvement. Depuis 1987, elle anime la salle Victoire, à Saint-Jean-de-Védas (sur le district de Montpellier) : un outil formidable pour les amateurs. Pour 30 francs l'heure, ils disposent d'un studio de répétition équipé. Jusqu'à soixante groupes tournent à Victoire. Pas une dégradation, pas un vol en huit ans ! Dans la salle de spectacle de Victoire, Martine Viceriat a programmé les meilleurs d'ici et d'ailleurs : MC Solaar et Tonton David s'en souviennent encore ! À quoi ressemble le rock montpelliérain ? Au mélange, à la mer, au Sud. [...]

Télérama n° 2358, 22 mars 1995.

Pour mettre en valeur

Les lieux... se multiplient/s'agrandissent/ se transforment en véritables...
Pas un... pas une... en dix ans.
Une fête formidable/exceptionnelle/de qualité inoubliable pour.../qui n'est pas passée inaperçue.
Jusqu'à soixante groupes/personnalités...
Les habitants de... s'en souviennent encore/s'en souviendront longtemps au point que...
Elle sera prolongée/diversifiée/amplifiée...

❶ Lisez ces deux textes.

1. Faites une fiche sur chacune de ces manifestations pour préparer un article de présentation.
2. Dans chaque texte, cherchez les termes qui indiquent :
   a. le succès de la manifestation : *a conquis...*
   b. les actions du responsable : *impulse le mouvement...*

❷ Sur le modèle de ces articles, rédigez un texte sur une ou deux initiatives originales et récentes de votre ville, pour le journal de votre région.

1. Listez les activités particulières de votre ville : arts – sports – vie estudiantine – musique – histoire – architecture – cinéma/théâtre – curiosités – spécialités...
2. Choisissez la ou les deux plus originales. Adoptez le style journalistique. Soyez concis et rapide. Faites des phrases courtes avec une seule information par phrase et pas plus de deux propositions.
3. Cherchez un titre et un chapeau synthétisant ce que vous voulez que les lecteurs retiennent des initiatives de votre ville.

QU'EST-CE QU'UNE RÉGION ?

❶ 1. Le mot *région* s'écrit soit avec un *R* majuscule, soit avec un *r* minuscule.
Pourquoi à votre avis ?
Écoutez la séquence et vérifiez votre réponse.

2. Notez les questions qui ont été posées.
Classez-les en trois groupes :
a. questions pour obtenir un fait précis ;
b. questions pour obtenir un commentaire, une explication ;
c. questions pour obtenir un jugement.
Mettez en commun.
Deuxième écoute pour vérifier vos réponses.

3. Troisième écoute.
En groupes, retrouvez les réponses aux questions.
Mettez en commun.

❷ Jeux de rôles.

1. Un ami juriste étranger vous demande des informations sur le fonctionnement d'une région en France. Pour obtenir les informations, il vous pose des questions. Jouez la scène.

2. Un ami vous pose des questions sur votre région : son fonctionnement, ses curiosités, ses activités… Vous lui répondez.

Promenade du Peyrou. ▼

▲ *Place de la Comédie.* *Place de la Camargue, fontaine des Licornes.* ▲

Hôtel de Mirmon. ▶

Les questions pour obtenir ...

• **des informations sur un événement, un fait précis :**
Depuis quand habitez-vous dans cette région ? Quel est le meilleur moment pour… ?
Quels sont les endroits les plus intéressants à… Combien de temps faut-il pour… ? Où doit-on s'adresser pour… ? Combien coûtent les… ?

• **une explication, un commentaire :**
Comment cette région fonctionne-t-elle ? En quoi est-elle différente des autres ? En quel sens ? Que voulez-vous dire/ Qu'entendez-vous par là ? Pouvez-vous me donner quelques précisions sur…

• **un jugement, une opinion :**
Que pensez-vous de… Pourquoi dites-vous que… On dit que… qu'en pensez-vous ?/quel est votre avis sur la question ?
Ne pensez-vous pas qu'en créant…, la ville se développerait plus rapidement ?

Anatomie d'une surdouée

Montpellier, l'Europe en tête

Entrepreneurs, bâtissez votre réussite à Montpellier. Faites confiance à une ville reconnue comme une des Eurocités qui donnent du souffle à l'Europe.

Montpellier, quelle vitalité culturelle

Équilibrée, Montpellier donne le même élan à son environnement culturel [3] et à son développement économique.

Montpellier, 5 pôles de développement [1]

Montpellier fait partie du club très fermé des Technopoles. Bénéficiez de la vitalité de la ville la plus entreprenante de France ! [2]

RSCG MONTPELLIER

(1) *Euromédecine, Communicatique, Agropolis, Antenna, Héliopolis.*
(2) *Magazine Tertiel* (3) *Magazine Murs-Murs : Montpellier, 1ère ville culturelle de France*

MONTPELLIER
L.R. TECHNOPOLE

"Montpellier au cœur, l'Europe en tête"

Georges FRECHE
Député-Maire de Montpellier

Contactez : Association Montpellier L.R. Technopole - District de Montpellier - 14, rue Marcel de Serres - 34000 Montpellier
Tél. : 67.52.18.19 - Télex : DUAMF 490531 F - Fax : 67.41.02.20

---

❸ Faites connaissance avec la capitale du Languedoc-Roussillon.

1. Que voyez-vous en premier sur cette publicité ?

2. Décrivez la photo et dites tous les mots qu'elle évoque pour vous.

Quelle image vous donne-t-elle de la ville de Montpellier ?

C'est une ville jeune..., c'est une ville qui..., c'est une ville où...

3. Le slogan exprime un message. Lequel ?

GRAMMAIRE

LA PLACE DE L'ADJECTIF

• Adjectif + nom

Quelques adjectifs très courants dits « courts » se placent avant le nom :

beau (belle, bel), grand/petit/gros, joli, jeune/vieux (vieille, vieil), bon/mauvais, nouveau (nouvelle, nouvel), vilain.

*C'est un **veil** homme.*

• Adjectif + adverbe + nom

*C'est une **belle** ville. C'est une très **belle** ville.*

Quand il est complété par un autre adverbe que **très**, il se place après le nom.

*C'est une ville **vraiment/incroyablement** belle.*

• Nom + adjectif

Les adjectifs qui attribuent une caractéristique objective au nom qu'ils qualifient se placent toujours après le nom.

Nationalité : *une chanteuse **britannique**.*

Couleur : *des cheveux **bruns**.*

Forme : *un visage **ovale**.*

Système politique ou religieux : *un pays **musulman**, un ministre **socialiste**.*

• Adjectif + nom ou nom + adjectif sans changement de sens

Les adjectifs qualificatifs non qualifiants se placent avant ou après le nom sans changement de sens.

*Un outil **formidable**, un **formidable** outil.*

• Adjectif + nom ou nom + adjectif avec changement de sens

De nombreux adjectifs changent de sens selon leur place (avant ou après l'adjectif) :

ancien, brave, certain, cher, pauvre, propre, pauvre, prochain/dernier, seul.

*C'est un appartement **ancien** (il n'est pas récent).*

*C'est mon **ancien** appartement (celui que j'occupais avant).*

• Plusieurs adjectifs pour un seul nom

– Si le nom est spécifié par plusieurs adjectifs qualifiants, c'est le plus important qui vient en premier après le nom ; les autres suivent par ordre d'importance :

*Une mesure **économique régionale**.*

– Si le nom est à la fois spécifié et qualifié, il y a deux possibilités sans changement de sens ;

soit l'adjectif qualificatif suit l'adjectif spécifique : *les origines romaines **lointaines** ;*

soit l'adjectif qualificatif est placé avant le nom : *les lointaines origines **romaines**.*

L'adjectif spécifique garde toujours sa place immédiatement après le nom.

Les adjectifs coordonnés par *et*

Seuls les adjectifs de même espèce peuvent être coordonnés.

*Une mesure économique **et** sociale.*

*Un discours solennel **et** émouvant, un solennel **et** émouvant discours.*

On ne peut pas dire : *un lapin agile **et** délicieux.*

Les participes passés employés comme adjectifs

Ils se placent après la série d'adjectifs classifiants ou qualifiants.

*Une image extérieure **redorée**.*

Il est rare de qualifier un nom avec plus de quatre adjectifs.

Alors là, mon cher, je vous arrête tout de suite : je suis agile, certes, mais pas du tout comestible, et par conséquent absolument pas délicieux.

❶ Dans le chapeau de l'article *Duel au soleil* p. 102 et les articles *Montpellier, la néo-rock* et *Rues de Nîmes en fanfare* p. 103, relevez les adjectifs servant à caractériser un mot ou groupe de mots. Puis, observez la place des adjectifs. Classez-les.

❷ **Lisez cette liste d'adjectifs pouvant servir à la description d'une région.
Classez-les dans la bonne colonne.**

Adjectifs	Toujours avant le nom	Avant ou après le nom	Toujours après le nom
...	...	...	...

– méditerranéen
– artistique
– fameux
– économique
– superbe
– bourgeois
– viticole
– délicieux
– régional
– nombreux
– culturel
– vaste
– métallurgique
– monumental
– intellectuel
– politique
– grandissant
– balnéaire
– contemporain
– riche

❸ **À partir des éléments suivants qui décrivent différents emplacements de la ville de Montpellier, construisez des phrases.**
Réalisations architectural/seul – quartier nouveau – bâtiments commercial/administratif.
➜ *Les seules réalisations architecturales du nouveau quartier sont des bâtiments commerciaux et administratifs.*

1. L'aqueduc grandiose/imposant – ingénieur grand/hydraulicien – longueur de 17,5 km total.
2. Vestige dernier – enceinte ancien/médiéval – tour modifié/équipé – observatoire astronomique/immense.
3. Ville vieux/piéton – hôtels nombreux/particulier – places petit/dallé – marbre brillant/rouge.
4. Le Jardin des Plantes magnifique – médecin célèbre/montpelliérain – espèces rare/nombreux – plantes méditerranéen/exotique.

V O C A B U L A I R E

❶ **Enrichissez votre expression.**
Développez les phrases suivantes en rajoutant des caractérisants : adjectifs, groupes prépositionnels, relatives, adverbes ou groupes adverbiaux…
Une association programme des spectacles.
➜ *Une association dynamique, créée par la ville, programme régulièrement des spectacles vivants et originaux qui remportent un immense succès.*

1. Des spectateurs regardent une corrida.
2. Le maire donne une image de la ville.
3. Des étrangers s'installent dans une région.
4. La ville développe le commerce.
5. Un groupe organise une fête.

❷ **Associez les mots et leurs définitions.**

1. Cité.
2. Métropole.
3. Capitale.
4. Mégapole.

a. Ville principale d'une région.
b. Ville considérée sous son aspect de personne morale (se dit parfois de la partie la plus ancienne d'une ville).
c. Ville principale (ou État considéré par rapport à ses territoires extérieurs).
d. Ensemble constitué par une ville et ses faubourgs ou sa banlieue.

ÉPREUVE A5 **Domaine de référence : les pratiques culturelles.**
Polémique à propos de la construction de deux cinémas géants
à la périphérie d'une grande ville.

Durée de l'épreuve : une heure.
Objectif : rendre compte du contenu d'un document écrit comportant des références précises à la réalité socioculturelle française ou francophone, en synthétisant et reformulant les informations qu'il contient.
Savoir-faire requis :
– saisir la nature et la spécificité socioculturelle du document ;
– dégager le thème principal et l'organisation d'ensemble ;
– extraire les informations essentielles ;
– synthétiser et reformuler ces contenus dans une langue claire et précise.

Consigne : lisez soigneusement le texte suivant. Vous répondrez ensuite aux questions posées. Attention : vous ne devez pas introduire d'autres idées ou informations que celles qui figurent dans le document ni faire de commentaires personnels. Vous pouvez réutiliser les « mots clés » du document mais non des phrases ou des passages entiers. Vous devez formuler vos réponses sous forme de phrases complètes, constituant des paragraphes cohérents.

Conseils

Prenez le temps d'observer globalement le texte.
Notez l'origine, la date, les caractéristiques extérieures les plus apparentes (chiffres, sigles, passages en italique…)
Réfléchissez au sens du titre. Permet-il de faire des hypothèses sur le contenu de l'article ?
Faites une première lecture rapide pour comprendre le sens général.
Relisez pour comprendre le sens général et l'organisation d'ensemble.
Relisez ensuite attentivement pour repérer les informations ou idées principales et les distinguer des informations secondaires et des exemples qui les illustrent.
Répondez aux questions posées.
Résumez chaque information ou synthétisez les idées importantes dans des phrases courtes. Marquez les relations logiques entre ces phrases pour constituer un texte cohérent. Donnez votre opinion en quelques phrases.

LES HYPERMARCHÉS DU 7ᵉ ART

À Montpellier, tout le monde ne se dit pas *I love you*. Depuis un an, l'atmosphère est empoisonnée : pétitions, recours juridiques, articles de presse, petites phrases assassines… L'objet de la polémique ? Deux projets de cinémas géants qui doivent être érigés à la périphérie. Les avis sont tranchés. Les partisans s'enthousiasment sur ce « cinéma de l'avenir » :
5 son numérique, écrans géants, salles panoramiques, fauteuils spacieux et gigantesques parkings rendant accessibles les salles obscures à tous ceux qui fuient le cœur embouteillé de Montpellier. Les opposants – plus de vingt mille personnes ont signé une pétition ! – s'offusquent de ces « hypermarchés du 7ᵉ art » à la solde de grosses productions américaines, qui, en mammouths de l'ultralibéralisme, écraseront les prix, le cinéma d'art et d'essai et
10 transformeront le centre de ce « grand village » en grand désert.

Ici, le sujet est brûlant. Montpellier aime le cinéma. Métropole parmi les plus cinéphiles de France, elle fut un fief des ciné-clubs dans les années 60. Son festival annuel du film méditerranéen a attiré en novembre au Corum, le palais des Congrès, l'équivalent du quart des habitants de l'agglomération. Regroupées au centre, ces 23 salles de cinéma animent, avant et après les projections, cafés et restaurants en terrasses. Avec 1,6 million de spectateurs l'an passé pour les films grand public, le cinéma constitue la première sortie culturelle de cette cité étudiante. Encore quelques chiffres ? Avec ses 11,2 salles pour 100 000 habitants, Montpellier fait exploser la moyenne nationale de 7,7 !

Eh bien, justement ! l'agglomération manque encore d'écrans. Le maire a signé il y a un an le permis de construire du multiplexe Gaumont. Dès la première année, l'exploitant espère attirer 800 000 spectateurs, en bonne partie grâce à l'écran Imax qui équipera l'une de ses 17 salles…

D'un seul coup, l'ouverture de ces deux mastodontes ferait plus que doubler (en passant de 23 à 52) le nombre d'écrans de l'agglomération ! Cette perspective a paniqué les exploitants locaux. Le cinéma d'art et d'essai Diagonal a pris la tête de la mobilisation en créant l'association des Amis du cinéma indépendant (ACI).

Au comptoir de ses trois établissements, le spectateur est engagé à signer la pétition contre l'implantation des multiplexes, déjà paraphée[1] par une pléthore[2] d'acteurs et de metteurs en scène dont Michel Piccoli et Arnaud Desplechin.

Forte de 800 adhérents, l'ACI a réussi à geler un an durant le démarrage des travaux, en engageant une action procédurière devant les tribunaux sur la validité des permis de construire. Fin décembre, certains recours juridiques ont été rejetés et, en dépit de l'appel déposé par l'association, le multiplexe Gaumont devrait ouvrir ses portes dès la fin 1998.

« *C'est une catastrophe,* tempête le fondateur de Diagonal, qui réclame en vain un grand débat public au maire. *Tenons compte de l'expérience des autres villes avant de commettre l'irréparable. Partout où les multiplexes se sont implantés, la fréquentation des cinémas en centre-ville a chuté de 40 à 60 %. Certains d'entre eux, comme à Angoulême, ont dû fermer leurs portes… »*

Agacé, le jeune directeur de Gaumont à Montpellier, juge « inéluctable » l'implantation des multiplexes. En France 15 sont construits, et plusieurs dizaines d'autres sont prévus. « *Le public, dont la moitié a moins de 25 ans, est enthousiaste. Tous ces gens n'allaient pas au cinéma, grâce aux multiplexes, ils le découvrent.* » La concurrence, admet-il, va se durcir. Certaines salles risquent de disparaître, et pas seulement à Montpellier. Dans toute la région. « *Mais si on n'avait jamais évolué, on regarderait encore des films en noir et blanc, sur des sièges en bois ! »*

© *Télérama*, n° 2463, 26/03/1997.

1. Paraphée : signée.   2. Une pléthore : de nombreux.

QUESTIONS

1. Quel est l'objet de la polémique divisant les habitants de Montpellier ?
Qui sont les partisans ? Qui sont les opposants ?

2. Quels sont les arguments pour et les arguments contre ?

3. Donnez un titre au deuxième paragraphe du texte.

4. Expliquez pourquoi les travaux n'ont pas commencé tout de suite. Qui a gagné finalement ?

5. Écrivez en quelques phrases votre point de vue.

Durée : 1 heure

Objectif : faire un compte rendu guidé d'un document écrit comportant des références précises à la réalité socioculturelle française ou francophone et effectuer une comparaison avec les réalités de sa culture d'origine.

Consigne : lisez attentivement le texte ci-dessous et répondez aux questions.

« Le cinéma doit élever »

Ancien professeur de cinéma à l'université de Montpellier, Henri Agel a publié une trentaine de livres sur le 7ᵉ art. Aujourd'hui à la retraite, cet érudit de 85 ans, qui fut critique dans de nombreuses revues, se dit opposé à l'implantation des multiplexes qui risquent de renforcer « une tendance qu'il observe depuis cinquante ans : le cinéma de pure distraction ». « Je ne suis pas contre
5 lorsqu'il s'agit de *Nos funérailles*, un film policier au deuxième degré comme les faisait Hitchcock. Mais je crains la prolifération de films faciles. Contrairement aux œuvres de Renoir, De Sica, ou Rosselini, ils ne font pas réfléchir. On les aime, ou pas, cela ne va pas plus loin. Une bonne image, c'est comme un iceberg : elle recèle une partie cachée, ésotérique, un côté spirituel sur le mal, l'amour, la mort. Comme Nietzsche, je pense que la nature humaine doit être surpassée. Le bon
10 cinéma lui permet de s'élever, le mauvais le tire vers le trivial[1]. Si les multiplexes écrasent le cinéma d'art et d'essai comme je le crains, on n'aura plus le choix : les gens seront poussés vers la facilité. En nous, existe un germe pour s'élever. Je trouve répréhensible de l'étouffer. Je parle en chrétien, en défenseur de la spiritualité. Un bon film, c'est une parabole[2] sur les rapports humains qui suscite la réflexion, l'échange. Si le Christ revenait, il ferait du cinéma. Il trouverait dans l'image
15 un mode d'expression plus fort que la parole. Il filmerait des paraboles. »

© Télérama n° 2463.

1. Le trivial : le commun, l'ordinaire.
2. Une parabole : récit sous lequel se cache un enseignement.

QUESTIONS

1. Quelle est l'opinion d'Henri Agel sur l'implantation des salles multiplexes ? Que craint-il ?

2. Êtes-vous d'accord avec cette phrase : *le bon cinéma permet à l'homme de s'élever, le mauvais le tire vers le trivial* (lignes 9-10) ?

3. Êtes-vous amateur de cinéma ? Quel genre de films aimez-vous ? Qu'est-ce que le cinéma vous apporte ?

Conseils pour les deux épreuves

Prenez le temps d'observer globalement le texte.

Notez l'origine, la date, les caractéristiques extérieures les plus apparentes (chiffres, sigles, passages en italique…)

Réfléchissez au sens du titre. Permet-il de faire des hypothèses sur le contenu de l'article ?

Faites une première lecture rapide pour comprendre le sens général.

Relisez ensuite attentivement pour repérer les informations ou idées principales et répondez aux questions posées.

Synthétisez les idées importantes dans des phrases courtes et précises.

Donnez votre opinion en quelques phrases.

Marquez les relations logiques entre ces phrases pour constituer un ensemble cohérent.

Partie 3
LE TEMPS LIBRE

PANORAMA DES LOISIRS

COMMENT LES FRANÇAIS VIVENT-ILS LEURS LOISIRS ?

 LOISIR est la substantivisation de l'infinitif de l'ancien verbe impersonnel *loisir*, « être permis », du latin *licere* (licence). […]
Originellement, *loisir* exprime la possibilité de faire quelque chose. Froissart (vers 1360) emploie le mot dans l'acception indéterminée de temps libre permettant de faire ce que l'on veut.
Le sens moderne, temps dont on peut librement disposer en dehors du travail, émerge vers 1530 mais le concept moderne de *loisir* s'est fait jour après la révolution industrielle, à partir du moment où les activités de la société n'ont plus été réglées par des obligations rituelles et où le travail a été détaché des autres activités.

Extrait de dictionnaire.

Vous sortez un peu quand même
sont allés au moins une fois dans l'année...

au théâtre	12%
à une exposition	23%
à un concert	27%
dans un musée	28%
au cinéma	49%

À fond, la musique

- 32% des français de plus de 15 ans pratiquent ou ont pratiqué la musique
- 23% pratiquent le dessin ou la peinture en amateur
- Millions de disques vendus

98
(dont CD : 1)
1985

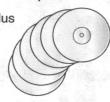

370
(CD seulement)
1994

Plus de 3 heure de télé par jour

Temps moyen consacré par chaque français

Télé	3h20
Radio	2h
Presse	37 min

Le cinéma triomphe... à domicile
Fréquentation des salles (en millions d'entrées)

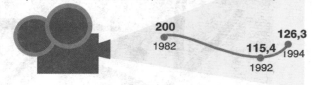

200
1982

115,4
1992

126,3
1994

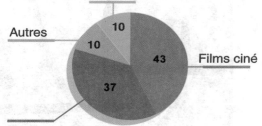

Emissions de divertissement 10

Autres 10

Films ciné 43

37

Téléfilms, séries

En panne, l'écriture
Milliards de lettres expédiées

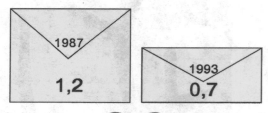

1987
1,2

1993
0,7

Vous lisez encore

- 90% des ménages possèdent des livres (75% en 1973)
- 91% des ménages lisent au moins un livre dans l'année (70% en 1973)

Quels romans ?
contemporains	53%
sentimentaux	16%
policiers	14%
classiques	13%
science-fiction	4%

Ils se mettent au vert

81% des vacanciers français sont partis en France au cours de l'été 1994. Ou sont-ils allés ?

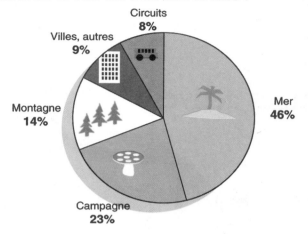

Circuits **8%**
Villes, autres **9%**
Montagne **14%**
Mer **46%**
Campagne **23%**

Des vacances plus souvent...

Taux de départ en %
| 56,2 | 59,1 | 62 |
| 1980 | 1990 | 1994 |

... mais moins longtemps

Congé d'été par personne (en jours)
| 24,8 | 23,3 | 22 |
| 1980 | 1990 | 1994 |

En hausse
Hôtels sans étoiles, locations de tourisme, randonnée, escalade, surf des neiges, VTT, films en vidéo, appareils photo jetables, expositions de peinture, livres à 10 F, CD-ROM

En baisse
Caravaning, résidence secondaire, thermalisme, chasse, tennis, planche à voile, Caméscope, bande dessinée, cassettes audio

L'ÉVOLUTION DES PRATIQUES ARTISTIQUES AMATEUR

Au cours des 12 derniers mois...	1989	1997
Ont joué d'un instrument de musique (1) :	18	13
Ont fait du chant ou de la musique avec une organisation ou des amis	8	10
Ont pratiqué une activité amateur autre que musicale	27	32
Dont : Tenir un journal intime, noter des réflexions	7	9
Écrire poèmes, nouvelles ou romans	6	6
Faire de la peinture, sculpture ou gravure	6	10
Faire de l'artisanat d'art	3	4
Faire du théâtre	2	2
Faire du dessin	14	16
Faire de la danse	6	7
Ont utilisé... Un appareil photo	66	66
Une caméra ou un caméscope	5	14

(1) Les modifications apportées au questionnaire interdisent toute comparaison sur cette question.
Source : département des études et de la prospective, ministère de la Culture et de la Communication.
Article *problèmes économiques* 14 octobre 1998 n° 2586.

---

❶ **Terminez individuellement ces deux phrases. Soyez le plus précis possible.**

1. Pour moi, les loisirs, c'est…
2. Pour moi, les loisirs, ce n'est pas…
Échangez vos points de vue.

❷ **Complétez vos informations sur l'origine du mot *loisir* en lisant la définition (document 1). Le sens moderne du mot *loisir* est-il récent ? À quel mot est-il lié maintenant ?**

❸ **En groupe.**
Quels loisirs évoquent les documents ci-dessus ? Choisissez un document par groupe

et présentez le contenu à la classe.
Dites ce qui vous surprend et ce qui ne vous surprend pas. Justifiez votre point de vue.

❹ **À votre tour faites une enquête sur vos pratiques artistiques amateur (document 3). Mettez les résultats en commun au tableau. Comparez avec celles des Français.**

❺ **Dans votre pays, a-t-on plus de pratiques artistiques maintenant qu'à l'époque de vos parents ? Pourquoi ? Qu'est-ce qui peut expliquer ce phénomène ? Les loisirs de l'homme et de la femme sont-ils différents ?**

Le progrès des activités créatrices

Le point de croix ne rebute plus les femmes actives

Depuis quelques années, la broderie revient à la mode et séduit une clientèle jeune. Conséquence de cet engouement, des magasins spécialisés dans l'artisanat de loisirs s'implantent dans l'Hexagone.

QUELLE FEMME ACTIVE aurait, il y a dix ans, osé l'avouer à ses collègues ? L'on brodait alors en catimini, consciente d'infliger un camouflet aux féministes, redoutant d'être cataloguée « vieille fille qui n'a rien trouvé d'autre pour tuer le temps ». Désormais, des brodeuses décomplexées profitent d'un trajet en RER pour poursuivre leur ouvrage, qu'elles font ensuite admirer au bureau. Ces temps-ci, l'abécédaire au prénom de l'enfant figure parmi les cadeaux de naissance les plus « branchés ».

La broderie a pris un coup de jeune depuis le début des années 90. Elle suscite même, sous son mode le plus accessible – le point de croix – un engouement devenu spectaculaire ces deux dernières années, dont témoigne la floraison, à Paris comme en province, de boutiques spécialisées, de concours, d'expositions et de clubs. Chez DMC (Dollfus Mieg & Cie), spécialiste français des « arts du fil », les ventes du secteur broderie ont gagné 10 % en volume en 1994. Au Bon Marché, dont les rayons broderie ont été rénovés *« parce qu'ils ont le vent en poupe »*, la croissance des ventes a atteint 20 % l'an passé.

« S'il était nécessaire, dans les années 60, de casser l'image que la broderie donnait de la femme, pourquoi serait-il honteux aujourd'hui de reconnaître que l'on préfère broder plutôt que faire de l'escalade ? », note Isabelle Flady, mercière à Montmorillon (Vienne), qui accueille chaque année un festival de broderie.

LOISIRS CRÉATIFS

Art d'agrément, dont l'enseignement fut supprimé à l'école après 1968, la broderie revient de loin. Succédant aux anciennes merceries poussiéreuses, une nouvelle génération de boutiques spécialisées est apparue. Ces paradis du point de croix sont *« très fréquentés par des femmes actives, qui viennent entre midi et 2 heures »*, remarque Lisa Aboucrat, patronne de l'Entrée des fournisseurs, à Paris. *« Ce ne sont plus uniquement des dames de soixante ans accompagnées de leur mère »*, résume une vendeuse de la boutique Modes & travaux.

[…] *« Le point de croix compté est une technique très simple d'approche,* explique Xavier Barret, directeur marketing de DMC, *mais qui laisse ensuite la possibilité d'évoluer de façon extraordinaire. »*

« Se concentrer sur le diagramme permet de se vider la tête. Et puis, on part d'un dessin en noir et blanc et l'on voit le motif apparaître en couleurs. C'est une joie créative », raconte Florent Messus, qui tient une boutique rue Chabanais à Paris. *« C'est ludique, valorisant et rassurant*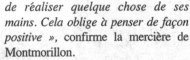*de réaliser quelque chose de ses mains. Cela oblige à penser de façon positive »*, confirme la mercière de Montmorillon.

Plus fondamentalement, la renaissance de la broderie sonnerait le glas, selon le directeur marketing de DMC, *« du temps du prêt-à-consommer, des années fric et frime. On retrouve le goût de l'effort consenti pour réaliser quelque chose par soi-même »*. À cela s'ajoute la volonté de personnaliser un intérieur dans lequel, crise et réduction des sorties obligent, l'on passe plus de temps. Enfin, *« les broderies sont confectionnées pour être offertes,* remarque Monique Lyonnet, du Comptoir des ouvrages. *Or, broder, c'est donner du temps aux gens, notre bien le plus précieux. »*

Pour autant, la vogue du point de croix n'est que la manifestation la plus patente d'un nouvel engouement, commun aux pays occidentaux, pour l'artisanat domestique en vogue depuis une dizaine d'années aux États-Unis et qui n'a cessé depuis lors de prendre de l'ampleur. *« 85 % des* femmes américaines pratiquent des loisirs créatifs et 25 % brodent contre seulement 12 % en France. Les hypermarchés traditionnels se sont dotés d'un rayon craft[1] », souligne Michel Gordin, directeur général de DMC.

En avril, cette société, sentant l'air du temps, ouvrait une immense boutique Loisirs et Création à Lille. Sur 550 mètres carrés se trouve rassemblé un choix de matériels permettant de réaliser bijoux, broderies, tapisseries, bouquets de fleurs séchées, peintures décoratives sur textile ou sur céramique. Pas besoin d'avoir fréquenté les Beaux-Arts pour se lancer : les activités proposées sont simples et d'exécution rapide. Pour les plus gauches, livres et cours-démonstrations sont proposés. « La fréquenta-

tion est au-delà de nos prévisions », assure Michel Gordin, qui compte ouvrir en France une trentaine de ces moyennes surfaces dans les cinq ans à venir.

« Les hypermarchés songent à des rayons de loisirs créatifs. Les magazines de décoration ont désormais une page idées », note le directeur marketing de DMC. Marie-Claire Idées, qui surfe sur cette vague, se vend à 200 000 exemplaires et augmente sa diffusion depuis sa naissance en 1991. Rougier et Plé, spécialiste de « l'artisanat de loisir », ouvre un magasin par an depuis six ans.

Ses cours gratuits permettant d'apprendre à retapisser un siège ou à fabriquer des abat-jour font florès[2]. On y note que « les deux engoue-

ments actuels sont les pochoirs, ces motifs prédécoupés en plastique dur qui permettent de faire des frises, et la restauration des vieux meubles, fauteuils, tableaux : on est passé d'une décoration dépouillée à l'envie d'un intérieur chaleureux, personnel ».

D'autres se convertissent au patchwork. Un nouveau passe-temps révélateur de ce « désir d'améliorer à moindre coût son quotidien », qui expliquerait le succès actuel des loisirs créatifs, selon Caroline Lancrenon, de Marie-Claire Idées. Le loisir de temps de crise se pare d'un alibi utilitaire.

PASCALE KRÉMER
Le Monde,
5 décembre 1995.

---

1. Craft : artisanat domestique.

2. Faire florès : obtenir des succès, de la réputation.

❶ **Regardez le dessin.**
Qu'est-ce que le point de croix ?

❷ **Lisez le titre et le chapeau et relevez les informations sous forme de mots-clés.**

❸ **Recherchez dans les paragraphes 1, 2 et 3 les passages qui correspondent aux mots-clés.**

❹ **Quelles sont les causes de l'engouement récent pour les loisirs créatifs ?**

❺ **Relevez les termes employés pour montrer le succès actuel de la broderie :**

La broderie revient à la mode...

❻ **En groupes, cherchez une activité de loisirs traditionnelle revenue à la mode dans votre pays. Rédigez un article de 200 mots environ pour montrer le renouveau de cette activité, les conséquences et les causes de son succès. Suivez le même plan que le texte.**
Répondez de façon détaillée :

1. Cette activité a été rejetée. Pourquoi ? Cherchez les raisons économiques, sociales, politiques, culturelles...

2. Elle se pratique de nouveau. Pourquoi ? Cherchez les raisons.

3. Quelles sont les conséquences ? Donnez des exemples précis.

4. Rédigez le chapeau. Il doit annoncer fidèlement le contenu de l'article.

5. Écrivez le titre.

LES CATÉGORIES DE LOISIRS

Les règles du jeu

DOCUMENT 1

❶ Première écoute.

Comment s'appelle ce jeu ?
Est-ce un jeu de hasard, de logique, de course,
d'adresse, ou de simulation ?

❷ Deuxième écoute.

Quelle est l'origine de son nom ?
Relevez les questions posées pour comprendre
les règles du jeu. Mettez-en commun.

❸ Troisième écoute.

En vous aidant de la transcription p. 167, notez
les termes spécifiques à ce jeu.

**❹ Jeu de rôles : un ami vous demande de lui
expliquer les règles de ce jeu.
Jouez le dialogue à deux.**

DOCUMENT 2

❺ 1. Première écoute.

- **a.** Qui diffuse ce jeu ?
- **b.** Dans quelle ville et dans quelle région a-t-il
  lieu ? Avec combien de joueurs ?
- **c.** En quoi consiste le jeu ?
  Donnez les principales étapes.

2. Deuxième écoute.

Séquence 1

- **a.** Quelle est la particularité de Digne ?
- **b.** D'où viennent les joueurs et que font-ils
  dans la vie ?

Séquence 2

- **c.** Combien est-ce que l'animateur pose
  de questions ?
- **d.** Pourquoi l'animateur pose-t-il deux fois
  la même question ?
- **e.** Pourquoi est-ce que le public crie *banco* ?

Séquence 3

- **f.** Qu'est-ce qu'il faut faire pour gagner
  2 000 francs ?
- **g.** Pourquoi Mme Choquet a-t-elle gagné
  300 francs ?
- **h.** Finalement, qu'est-ce que les joueurs ont
  gagné ?

3. Troisième écoute.

En vous aidant de la transcription p. 167, notez
les expressions utilisées par l'animateur pour
encourager et aider les joueurs.

**❻ Jeu de rôles : organisez un jeu des
1 000 francs dans votre classe. Faites quatre
groupes : un pour fabriquer les questions
bleues, un pour les questions blanches,
un pour la question banco, pour répondre
aux questions. Prévoyez des récompenses.**

Lisez la règle de ces deux jeux.

JEU DE LETTRES

Le jeu consiste à deviner un mot.
Un joueur pense à un mot dont il écrit la dernière lettre et remplace les lettres manquantes par des tirets. Ses adversaires proposent des lettres. Si elles sont justes, le joueur les inscrit ; sinon il perd un point. Le mot doit être trouvé avant qu'il ait perdu huit points. Le joueur qui a trouvé le mot le premier a gagné.
S'il donne une mauvaise réponse, il est éliminé.

JEU D'ESPRIT

Ce jeu consiste à rédiger une définition.
Le jeu du dictionnaire se joue à un nombre quelconque de participants. Un joueur choisit un mot assez rare dans le dictionnaire.
Il le donne à l'assemblée.
Chacun invente alors une définition qui lui semble correspondre à ce mot et l'écrit sur un papier de façon anonyme. L'amusement consiste à lire ensuite à haute voix toutes les définitions et à reconnaître leurs auteurs. Celui qui se rapproche le plus de la bonne définition marque un point.

7 **Choisissez l'un de ces deux jeux et organisez une partie.**

8 **Rédigez en groupes la règle d'un jeu simple que vous connaissez. Utilisez le schéma suivant.**

1. Objet principal du jeu.
2. Déroulement du jeu.
3. Qui est le gagnant ?

9 **Voici quatre catégories de loisirs. Complétez la liste des loisirs que vous connaissez, les verbes et les noms qui y sont liés dans chaque catégorie.**

	Loisirs	Verbes	Noms
Loisirs-spectacles	le cinéma le théâtre …	regarder rire …	l'écran la scène …
Loisirs créatifs et récréatifs	la peinture le tricot …	peindre dessiner …	à l'huile, à l'aquarelle un tableau …
Loisirs sportifs	les sports les courses …	jouer tricher …	un pari un enjeu …
Loisirs sociaux et ludiques	le bridge les clubs …	s'entraider se rassembler …	un pion des cartes …

10 **Discussion.**

Quand vous pratiquez votre activité de loisirs préférée, quelle phrase pourriez-vous prononcer ?
Expliquez pourquoi.

1. J'aime me dépasser !
2. J'adore retrouver mes amis.
3. Je m'évade et j'oublie tous mes soucis.
4. Je me détends, ça me calme les nerfs.
5. Ça m'enrichit.
6. C'est dur mais c'est bon pour ma forme.
7. Ça me fait peur mais j'adore ça !
8. J'aime gagner.

11 **Cherchez, dans chaque catégorie de loisirs, l'activité qui domine dans votre pays. Sélectionnez la plus originale et faites une présentation de cette activité à la classe.**

Pour vous aider, remplissez cette grille.

Qui (combien de personnes ?)	Où ?	Quoi ?	Quand ?	Pourquoi ?
…	…	…	…	…

UTILISER L'INFINITIF

• L'infinitif peut avoir toutes les fonctions du nom :

– sujet : ***broder*** *est redevenu à la mode* (= la broderie est redevenue à la mode).

– attribut : *broder, (c')est **donner** du temps aux autres.*

– sujet « réel » après un verbe impersonnel :

*Il était nécessaire de **casser** l'image* (= casser l'image était nécessaire).

– complément d'objet direct **(verbes vouloir, pouvoir, savoir, devoir…)** ou indirect (avec **à** ou **de**) :

*Elles savent **broder**.*

*Des cours gratuits permettent d'**apprendre** à **retapisser** un siège.*

– complément circonstanciel exprimant le but, la cause, la manière :

*Pas besoin d'avoir fréquenté les Beaux-Arts pour **se lancer**.*

– complément de nom ou d'adjectif :

*Un nouveau passe-temps révélateur de ce désir d'**améliorer** son quotidien.*

*Cela n'a pas cessé de **prendre** de l'ampleur.*

On ne met pas l'article devant le verbe employé comme nom, sauf dans quelques cas fixés par l'usage : *le boire et le manger, le devenir…*

C'est pour belle-maman. Je l'ai fait toute seule, Tu crois qu'elle aimera ?

B'heu... heu...

L'INFINITIF PASSÉ : AVOIR OU ÊTRE + PARTICIPE PASSÉ

• L'infinitif peut-être utilisé au passé.

Il exprime l'antériorité d'une action et peut suivre :

– des verbes exprimant un sentiment ou une certitude sur un fait passé :

*Je regrette d'**être venu**.*

Les négations **ne pas** se placent devant l'auxiliaire **être** ou **avoir** :

*Je suis triste de **ne pas avoir vu** mon ami hier.*

*Je suis sûr de **ne pas** m'**être trompé** d'adresse.*

– la préposition **après** :

Je passerai mon permis de conduire et j'achèterai une voiture.

*J'achèterai une voiture **après avoir passé** mon permis.*

Après les verbes **espérer, croire, s'imaginer, penser, estimer**, on peut trouver l'infinitif à condition d'avoir le même sujet dans les deux propositions :

J'espère que je remporterai la compétition.

*J'espère **remporter** la compétition.*

❶ Complétez les phrases avec un infinitif présent ou passé.

1. Les publicitaires pensent … leurs projets avant la fin du mois.

2. Après … la broderie que ma mère avait faite, j'ai eu envie … .

3. J'ai perdu mon parapluie. Je crains de … chez mon ami.

4. Elles ont choisi le même menu sans … .

5. Ils ont quitté leur pays sans … .

6. Il a été condamné pour … une banque.

7. Mes amis ne me téléphonent plus. J'ai peur de … .

❷ Reformulez ces phrases en substituant un infinitif à la forme verbale.

Il croit qu'il a déjà vu cette personne quelque part.

➜ *Il croit avoir déjà vu cette personne quelque part.*

1. Elle espère qu'elle aura reçu la réponse demain.

2. J'ai estimé que je ne pouvais pas réaliser ce projet dans un délai aussi court.

3. Ils supposent qu'ils auront reçu les informations nécessaires avant leur départ.

4. Elle s'est imaginé qu'elle avait tort.

5. Vous croyez vraiment que vous avez pris toutes les précautions nécessaires ?

VOCABULAIRE

❶ **Certains verbes ont deux constructions différentes et changent de sens selon qu'ils sont ou non à la forme pronominale. Complétez les phrases.**

Elle attend de…

➔ *Elle attend d'avoir son visa pour prendre son billet.*

Elle s'attend à (prévoit d')…

➔ *Elle s'attend à (prévoit d') avoir des difficultés.*

1. Elle refuse de…
 Elle se refuse à (elle ne s'engage pas à)…
2. Elle essaye de…
 Elle s'essaye à (elle se risque à)…
3. Elle décide de…
 Elle se décide à (elle se résout à)…
4. Elle risque de…
 Elle se risque à (elle se hasarde à)…

❷ **Trouvez la préposition qui convient au verbe et terminez la phrase.**

1. Il n'aime pas du tout l'eau. Ne risque-t-il pas…
2. Elle est assez timide. Elle ne s'est pas encore essayée…
3. Tu as entendu ce bruit chez les Martin ? Quand est-ce que tu vas te décider…
4. Il n'a jamais écrit ni donné signe de vie, nous désespérons…
5. J'ai lu la fin de ce roman, je ne m'attendais pas…
6. Je ne suis pas d'accord avec les dernières mesures prises, je me refuse…

❸ **En vous aidant du dictionnaire, choisissez le mot qui convient dans cette liste pour compléter les phrases :**
combinaisons – énigme – piocher – tirer au sort – miser – remporter la partie – fixer les enjeux – couper – quitte ou double.

1. Les joueurs … : ils sont matériels (argent, animaux) ou sociaux (acquisition du prestige).
2. Quand les joueurs n'ont plus de carte, ils … quatre nouvelles cartes dans le talon (cartes restantes).
3. Le jeu de pistes consiste à progresser d'un lieu à un autre en découvrant à chaque fois la solution d'une … .
4. Pour gagner au loto, il faut choisir les bonnes … de chiffres.
5. Si un joueur … la somme entière qu'il vient de gagner sur un seul coup, il fait … .
6. Le donneur mélange les cartes qu'il fait … à son voisin de droite ou de gauche selon que la distribution s'effectue dans le sens des aiguilles du monde ou le contraire.
7. Pour déterminer celui qui commence, on … .
8. Dans de nombreux jeux, celui qui … laisse son adversaire commencer la partie suivante.

Voyons, mon cher Rodolphe ! Il faut d'abord que j'en parle à Papa !

LE TEXTE THÉÂTRAL : LA COMÉDIE

• **Fonctions :** divertir.
Rôle critique, pédagogique et moral.
Selon la doctrine classique, le dénouement doit être heureux.

• **Caractéristiques**
La tonalité comique.
Le comique est ce qui provoque le rire.

• **Les différents comiques :**
– **la satire** : critique moqueuse de la société ;
– **la parodie** : imite, en les exagérant, les caractéristiques d'un style ;
– **le burlesque** : pousse une situation jusqu'à l'extravagance ;
– **l'ironie** : consiste à se moquer en laissant entendre le contraire de ce que l'on dit ;
– **l'humour** : révèle les aspects risibles de situations ou de personnages.

• **Les procédés :**
– **l'exagération** : traits de caractère ou traits physiques grossis ;
– **la répétition** : elle arrive toujours de manière imprévue ;
– **les sous-entendus, les allusions et les mélanges de niveaux de langue.**

théâtre

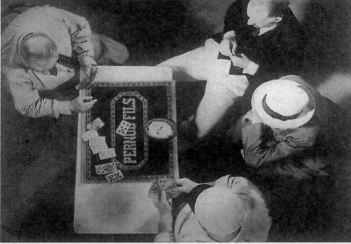

Il est neuf heures du soir. Dans le petit café, Escartefigue, Panisse, César et Monsieur Brun sont assis autour d'une table. Ils jouent à la manille. Autour d'eux, sur le parquet, deux rangs de bouteilles vides. Au comptoir, le chauffeur du ferry-boat, déguisé en garçon de café, mais aussi sale que jamais.

Scène 1
PANISSE, ESCARTEFIGUE, CÉSAR,
LE CHAUFFEUR, M. BRUN

(Quand le rideau se lève, Escartefigue regarde son jeu intensément, et, perplexe, se gratte la tête. Tous attendent sa décision.)

PANISSE (impatient)

Eh bien quoi ? C'est à toi !

ESCARTEFIGUE

Je le sais bien. Mais j'hésite…

(Il se gratte la tête. Un client de la terrasse frappe sur une table de marbre.)

CÉSAR (au chauffeur)

Hé, l'extra ! On frappe !

(Le chauffeur tressaille et crie.)

LE CHAUFFEUR

Voilà ! Voilà !

(Il saisit un plateau vide, jette une serviette sur son épaule et s'élance vers la terrasse.)

CÉSAR (à Escartefigue)

Tu ne vas pas hésiter jusqu'à demain !

M. BRUN

Allons, capitaine, nous vous attendons !

(Escartefigue se décide soudain. Il prend une carte, lève le bras pour la jeter sur le tapis, puis, brusquement, il la remet dans son jeu.)

ESCARTEFIGUE

C'est que la chose est importante ! (À César). Ils ont trente-deux et nous, combien nous avons ?

(César jette un coup d'œil rapide sur les jetons en os qui sont près de lui sur le tapis.)

CÉSAR

Trente.

M. BRUN (sarcastique)

Nous allons en trente-quatre.

PANISSE

C'est ce coup-ci que la partie se gagne ou se perd.

ESCARTEFIGUE

C'est pour ça que je me demande si Panisse coupe à cœur.

CÉSAR

Si tu avais surveillé le jeu, tu le saurais.

PANISSE (outré)

Eh bien, dis donc, ne vous gênez plus ! Montre-lui ton jeu puisque tu y es !

CÉSAR

Je ne lui montre pas mon jeu. Je ne lui ai donné aucun renseignement.

M. BRUN

En tout cas, nous jouons à la muette, il est défendu de parler.

PANISSE (à César)

Et si c'était une partie de championnat, tu serais déjà disqualifié.

CÉSAR (froid)

J'en ai vu souvent des championnats. J'en ai vu plus de dix. Je n'y ai jamais vu une figure comme la tienne.

PANISSE

Toi, tu es perdu. Les injures de ton agonie ne peuvent pas toucher ton vainqueur.

CÉSAR

Tu es beau, tu ressembles à la statue de Victor Gélu[1].

ESCARTEFIGUE *(pensif)*
Oui, et je me demande toujours s'il coupe à cœur.
(À la dérobée, César fait un signe qu'Escartefigue ne voit pas, mais Panisse l'a surpris.)

PANISSE *(furieux)*
Et je te prie de ne pas lui faire de signes.

CÉSAR
Moi je lui fais des signes ? Je bats la mesure.

PANISSE
Tu ne dois regarder qu'une seule chose : ton jeu.
(À Escartefigue). Et toi aussi !

CÉSAR
Bon !
(Il baisse les yeux vers ses cartes.)

PANISSE *(à Escartefigue)*
Si tu continues à faire des grimaces, je fous les cartes en l'air et je rentre chez moi.

M. BRUN
Ne vous fâchez pas, Panisse. Ils sont cuits.

ESCARTEFIGUE
Moi, je connais très bien le jeu de la manille, et je n'hésiterais pas une seconde si j'avais la certitude que Panisse coupe à cœur.

PANISSE
Je t'ai déjà dit qu'on ne doit pas parler, même pour dire bonjour à un ami.

ESCARTEFIGUE
Je ne dis bonjour à personne. Je réfléchis à haute voix.

PANISSE
Eh bien ! réfléchis en silence… *(César continue ses signaux.)* Et ils se font encore des signes ! Monsieur Brun, surveillez Escartefigue, moi, je surveille César.
(Un silence. Puis, César parle sur un ton mélancolique.)

CÉSAR *(à Panisse)*
Tu te rends compte comme c'est humiliant ce que tu fais là ? Tu me surveilles comme un tricheur. Réellement, ce n'est pas bien de ta part.

Non, ce n'est pas bien.

PANISSE *(presque ému)*
Allons, César, je t'ai fait de la peine ?

CÉSAR *(très ému)*
Quand tu me parles sur ce ton, quand tu m'espinches[2] comme si j'étais un scélérat… Je ne dis pas que je vais pleurer, non, mais moralement, tu me fends le cœur.

PANISSE
Allons, César, ne prends pas ça au tragique !

CÉSAR *(mélancolique)*
C'est peut-être que sans en avoir l'air, je suis trop sentimental. *(À Escartefigue).* À moi, il me fend le cœur. Et à toi, il ne te fait rien ?

ESCARTEFIGUE *(ahuri)*
Moi, il ne m'a rien dit.

CÉSAR *(il lève les yeux au ciel)*
O Bonne Mère ! Vous entendez ça !
(Escartefigue pousse un cri de triomphe. Il vient enfin de comprendre, et il jette une carte sur le tapis. Panisse la regarde, regarde César, puis se lève brusquement, plein de fureur.)

PANISSE
Est-ce que tu me prends pour un imbécile ? Tu as dit : « Il nous fend le cœur » pour lui faire comprendre que je coupe à cœur. Et alors, il joue cœur, parbleu !
(César prend un air innocent et surpris.)

PANISSE *(il lui jette les cartes au visage)*
Tiens, les voilà tes cartes, tricheur, hypocrite ! Je ne joue pas avec un Grec[3] ; siou pas plu fada qué tu, sas ! Foou pas mi prendré per un aoutré !
(Il se frappe la poitrine.) Siou mestré Panisse, et siès pas pron fin per m'aganta[4] !
(Il sort violemment en criant : « Tu me fends le cœur. » En coulisse, une femme crie : « Le Soleil ! Le Radical[5] ! »)

Marcel Pagnol, *Marius*, acte III, scène 1, Éd. de Fallois, coll. Fortunio, 1998.

1. Victor Gélu : poète provençal né et mort à Marseille (1806-1885).
2. Espincher : espionner.
3. Un Grec : en langage familier, désignait un homme très rusé qui trichait au jeu.

4. « Je ne suis pas plus fou que toi, tu le sais. Faut pas me prendre pour un autre. Je suis Maître Panisse. Tu n'es pas assez fin pour me tromper » (en provençal).
5. Noms de journaux.

1 Repérez :
1. l'œuvre :
   a. le titre de l'œuvre ;
   b. le genre ;
   c. où se passe la scène.
2. les personnages :
   a. qui sont-ils ?
   b. que font-ils ?
3. le comique :
   a. le comique de mots (jurons, injures, interjections, jeux de mots) ;
   b. le comique de gestes (jeux de scène).

2 Jouez la scène. Respectez tous les jeux de scène. Adaptez le ton des répliques selon les sentiments indiqués.

3 Écrit.
Imaginez la scène suivante en une quinzaine de répliques : Panisse a quitté le café. M. Brun, César, Escartefigue recommencent une partie à trois. Ils ont peur que Panisse soit fâché. Quelques minutes après, Panisse revient…

LES FRANÇAIS ET LA FORME

FOREST HILL : 45 Activités, 14 Clubs... la Grande Forme à volonté !

Les Français ont la forme !

À l'aube du troisième millénaire, un sondage réalisé par Ipsos pour Saint-Yorre révèle que 70 % des Français se disent plutôt en forme ! Rassurant, mais qu'évoque donc pour vous la notion de forme ?

Elle traduit avant tout une aspiration profonde de l'individu à plus de santé et de bien-être. Viennent s'y greffer des notions plus collectives : la capacité de résister aux pressions, le désir d'être plus performant, la volonté de retarder les effets du vieillissement et, parallèlement, de plaire aux autres. Les Français affirment entretenir leur forme en faisant du sport (60 % d'entre eux), en adoptant une hygiène de vie équilibrée (49 %), en limitant les excès (27 %) et en se réservant du temps pour soi (20 %).

Au concept de la forme d'apparence, entretenue dans les années quatre-vingt par l'image du jeune cadre dynamique, modèle de la

réussite sociale, se superposent donc aujourd'hui des valeurs plus intimes, basées sur la recherche d'un certain équilibre. Les Français considèrent ainsi que le principal facteur intervenant sur leur forme est l'ambiance à la maison (62 %), tout en restant conditionnés par le climat profes-

sionnel (39 %), où se concrétisent les problèmes économiques et sociaux de notre société. Dans cette logique, 46 % des Français pensent que nous serons moins en forme en l'an 2000 parce qu'ils redoutent une augmentation du chômage et de la pollution. Les plus optimistes (32 %) parient, eux, sur l'amélioration générale du mode de vie et de l'environnement, les progrès de la médecine, ou encore la fin de la crise économique...

La forme devient ainsi en quelque sorte le baromètre du moral de notre société : un besoin individuel qui croît au rythme des soucis et des craintes inspirés par notre monde ! D'où l'émergence de nouveaux modes de consommation, plus axés sur la nature, l'équilibre alimentaire et le sport. Voilà en tout cas une bien heureuse conséquence de la crise !

Le Figaro Magazine, 20/09/1997.

❶ **Identifiez le document 1.**

1. Quel est le produit ?
2. Qui est l'annonceur ?
3. À qui s'adresse le document ?
4. Pour quoi faire ?

❷ **Lisez les bulles et trouvez les jeux de mots.**

❸ **Avant de lire le texte 2, répondez aux questions suivantes, par groupes de deux.**

1. Qu'évoque pour vous la notion de forme ?
2. Selon vous, que faut-il faire pour être en forme ? Quel est le principal facteur intervenant sur votre forme ?
3. Qu'est-ce qui nuit à la santé ?

Comparez vos réponses avec celles des autres groupes et faites une synthèse ensemble.

❹ **Lisez le texte. Comparez vos réponses avec celles du texte.**

❺ **Relevez dans le texte :**

1. les termes qui servent à développer une notion : *elle traduit avant tout...*
2. les termes qui indiquent une opinion : *se disent, affirment...*
3. le terme qui introduit la conséquence.

❻ **En groupes, faites une présentation sur le thème : Les... (habitants de votre pays) ont la forme ! Aidez-vous des réponses du groupe et de la structure du texte Les Français ont la forme. Utilisez les expressions suivantes :**

À l'aube du troisième millénaire...
Qu'évoque donc pour nous la notion de forme ?
Elle traduit avant tout...
Viennent s'y greffer...
Nous considérons que le principal facteur intervenant sur notre forme est...
La forme devient...
D'où...

Santé, crise, minceur
Pourquoi les Français deviennent végétariens

Quelque chose s'est cassé dans nos habitudes alimentaires : en France comme dans beaucoup de pays développés, la désaffection croissante pour le bifteck ou le jarret de veau remonte au moins à une quinzaine d'années. Bien avant l'ESB*, donc. Moins grand besoin de calories, désir de revenir au naturel, engouement pour le biologique, refus de la souffrance des animaux : Fabien Gruhier explique en quoi cette tendance est bien plus qu'une mode. Et le sociologue Claude Fischler dit pourquoi la viande adorée est de plus en plus abhorrée.

La psychose de la vache folle serait-elle le simple révélateur d'un phénomène beaucoup plus ancien, profond, tenace – que par ailleurs elle contribue à accélérer ? Toutes les études le montrent : dans beaucoup de pays développés, dont la France, la désaffection pour les viandes de bœuf et de veau remonte à une bonne quinzaine d'années. Et ne parlons pas de la viande de cheval, qui avait déjà presque complètement disparu des étals en 1990. Le mouton, lui, avait semblé résister, bénéficiant même d'un certain report de consommation. Mais c'est fini : le voici traîné à son tour dans la Berezina de la viande rouge. Aux dernières nouvelles, et puisqu'il faut bien proposer des alternatives à son appétit, le cochon et les volailles sont à la hausse, ainsi que le poisson. Mais pour combien de temps ?

Car quelque chose s'est cassé dans nos habitudes alimentaires. Les 10 et 11 octobre, les Xe Entretiens de Belley, dont le thème était cette année « Les interdits alimentaires », consacraient une table ronde à cette question : « Devenons-nous végétariens ? » Ce fut pour constater d'abord que « le capital sympathie du végétal progresse autour du consommateur ». Et que l'incontestable réduction de la consommation des aliments carnés est très inégalement répartie dans la population : « Elle est plus marquée dans les classes supérieures et moyennes, parmi les plus diplômés, ainsi que dans les jeunes générations. »

Il s'agit en tout cas d'une tendance lourde, comme on dit, ancrée pour longtemps dans l'évolution des mœurs, non pas d'une mode passagère. Et ce refus de la viande accompagne souvent, chez les mêmes, la montée d'autres interdits, comme ceux de l'alcool, du tabac, des conserves, du sucre raffiné, des poulets de batterie, et même des produits surgelés. Autrement dit, ce qui semble rejeté en bloc, c'est un mode de consommation basé sur une production industrielle jugée de plus en plus suspecte. Qu'on se le dise : nous voulons du na-tu-rel !

Les chercheurs réunis à Belley ont tenté d'élucider les causes de cette évolution, en analysant une série d'études de l'Insee et divers panels de consommateurs. Une constatation saute aux yeux, qui n'étonnera personne : cette désaffection pour la viande correspond d'abord à un souci de santé. En effet, 66 % des échantillons interrogés citent en premier une préoccupation sanitaire. Car la viande, pense-t-on, c'est la graisse, c'est le cholestérol, c'est le risque d'absorber les vilaines hormones clandestines incorporées au veau. Alors, forcément, en ajoutant une bonne dose de vache folle dans ce tableau, on frise la catastrophe – pour la filière viande bovine s'entend. Et on ne peut pas éviter de rappeler ce qui est arrivé à la viande de cheval, dont la consommation déclinait certes, mais qui fut « achevée » brutalement par une série d'épidémies de trichinose à la fin des années 70.

Certains spécialistes s'en réjouissent ouvertement. Pierre Combris, par exemple, directeur de recherche au laboratoire de la consommation de l'Inra à Ivry, parle d'un « mur de l'estomac » : on mangeait tellement de viande que notre estomac n'en pouvait plus – d'autant que « le travail étant de plus en plus sédentaire, notre besoin calorique diminue. Il était donc prévisible que notre consommation de viande diminuerait aussi ». Au point de dire un grand merci à la vache folle ? […]

Pour tout le monde, le déclin de la viande a d'ailleurs d'autres raisons que des craintes pour la santé, même s'il s'agit sans doute de la motivation numéro un. Mais il y a aussi des motifs religieux, culturels ou sentimentaux. Jamais un Hindou ne touchera à une vache sacrée. Et nous mangeons beaucoup moins de lapin depuis que cette charmante bestiole est devenue un animal de compagnie. De même, la désaffectation pour la viande de cheval (maigre et pleine de vertus diététiques) avait accompagné le changement de statut de cet animal, passé du rang de grossier outil de travail à celui de dieu du stade.

Et puis, même si la bête n'évoque rien du tout dans son inconscient religieux, culturel ou poétique, le mangeur supporte de moins en moins l'idée qu'elle ait pu souffrir. Non seulement au moment de son abattage, mais aussi au cours de son transport, et durant sa triste existence, immobilisée dans des batteries d'élevage « inhumaines ». D'où l'exigence de poulets à label, censés avoir joyeusement gambadé dans l'herbe. De veaux élevés sous la mère. De vaches qui ont brouté, dans les prés, autre chose que de la farine de carcasse de mouton avarié.

* Encéphalopathie spongiforme bovine.

Avec les légumes, et leur petit côté « la terre, elle, ne ment pas », on n'est pas tenu d'éprouver pareils scrupules : autant qu'on puisse le savoir, la carotte ne souffre pas lorsqu'on la coupe en rondelles, ni la patate lorsqu'on l'ébouillante toute vivante avant de l'écraser sauvagement pour en faire de la purée. C'est pourquoi le végétal est furieusement tendance. Les grands chefs s'en mêlent, et tandis que Bernard Loiseau se lance avec un enthousiasme récent dans les repas sans viande, des pot-au-feu de petits légumes, truffes du Périgord à la graine de blé et autres raviolis de tomates à l'effilochée d'endives fleurissent sur les tables étoilées. […]

Alors, allons-nous tous devenir végétariens – voire végétaliens, ceux qui ne s'autorisent pas même le lait, les œufs ou le beurre ? Pour Jean-Michel Lecerf, nutritionniste à l'Institut Pasteur de Lille, cette éventualité est exclue. Il ne s'agit sans doute que d'une mode passagère. « Certes, lorsqu'il est conçu et appliqué correctement, le régime végétarien est équilibré et présente un intérêt sur le plan nutritionnel. Il corrige certaines carences et excès du mode alimentaire occidental à prédominance carnée. Mais aucun argument sérieux ne peut contester que l'homme est omnivore. »

Pourtant, à en juger par ce qui se passe dans divers pays anglo-saxons, et tout spécialement en Grande-Bretagne – où déjà 20 % de la population se déclare *vegetarian*, ou *veggy*, et où les nouveaux adeptes se recrutent au rythme de deux milliers par semaine – il n'est pas sûr que nous échappions éternellement à cette « mode ». À elle seule, la très vénérable Vegetarian Society, fondée en 1847, revendique 4 millions de membres. Son objectif proclamé : « Accroître le nombre des végétariens, afin de sauver des animaux, d'améliorer la santé humaine, de protéger l'environnement, de sauvegarder les ressources alimentaires. » […]

Fabien Gruhier
Le Nouvel Observateur, n° 1671, 14/11/1996.

1 **Avant de lire le texte.**
Répondez à la question posée dans le titre :
***Pourquoi les Français deviennent-ils végétariens ?* Formulez au moins trois raisons pouvant, selon vous, expliquer cette tendance. Comparez vos réponses avec celles des autres membres du groupe et faites une synthèse des réponses.**

2 **Cherchez l'origine du document. De quel magazine et de quelle rubrique est-il extrait ?**

3 **Lisez le chapeau. Quelles hypothèses vous permet-il de faire sur le contenu de l'article ? Quelles sont les quatre raisons évoquées ?**

4 **Lisez le texte. Retrouvez les paragraphes correspondant aux parties annoncées dans le chapeau et notez les idées sous forme de phrases courtes ou de mots clés.**

Paragraphe 1 : la désaffectation pour la viande rouge remonte à une quinzaine d'années : cochon, volailles, poisson en hausse…

5 **Retrouvez l'organisation textuelle. Par quels connecteurs commencent les paragraphes 2, 3, 7, 9 et 10 ? Justifiez leur emploi. Trouvez d'autre connecteurs logiques dans le texte.**

6 **1.** Quelle expression utilise-t-on dans le chapeau et le paragraphe 1 pour évoquer la date d'origine de la désaffectation pour les viandes ?
2. Relevez plusieurs expressions évoquant la désaffectation pour la viande et la nouvelle passion pour les légumes.
La Berezina de la viande rouge…
3. Trouvez plusieurs termes équivalents du mot *causes*.

7 **Relevez toutes les façons d'introduire une relation de cause ou de conséquence et classez-les.**
Cause : *et puisque* (paragraphe 1)…
Conséquence : *alors* (paragraphe 4)…
Mettez-vous par groupes et comparez vos réponses.

8 **Organisez une table ronde sur le thème :**
Devenons-nous végétariens ?

9 **Rédigez un texte sur les habitudes alimentaires de vos concitoyens. Sont-elles aussi en train de se modifier ? Quelles sont les raisons ? Quelles sont les conséquences ? Construisez vos phrases en réemployant les connecteurs logiques relevés dans le texte.**

Chez Auchan, vendre du pain bio, ce n'est pas une mode c'est un savoir-faire. Pavés, miches ou baguettes, autant de variétés de pain bio élaborées à partir de blés issus de l'agriculture biologique que nous sélectionnons avec le plus grand soin. Parce qu'il ne suffit pas de vouloir vendre du pain bio, encore faut-il en connaître tous les secrets.

**LA VIE AUCHAN.
ELLE A QUELQUE CHOSE DE PLUS.**

*Pour faire sa "Boule bio",
Carrefour utilise des outils très perfectionnés.*

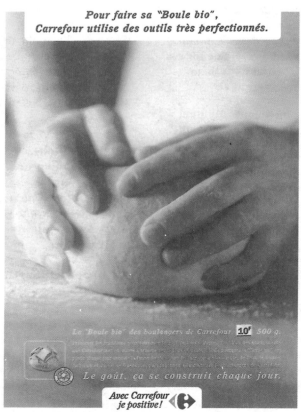

Le "Boule bio" des boulangers de Carrefour **10ᶠ** 500 g.

Le goût, ça se construit chaque jour.

*Avec Carrefour
je positive!*

❶ Identifiez rapidement les deux documents.

1. Quel est leur point commun ?
Quelles sont les différences ?

2. Ont-elles le même annonceur ? Qu'est-ce que
vous pouvez en déduire ?

3. Quels sont leurs slogans ? Expliquez-les.

Lisez les textes des documents 1 et 2.

❷ 1. Relevez tous les termes pouvant être reliés
à la fabrication du pain bio.
Texte 1 : *boule bio, pétrie…*
Texte 2 : *savoir-faire…*

2. *a.* Comment chaque texte est-il construit ?
Quels sont les connecteurs clés ?
b. Observez les mots, les phrases et
l'articulation. Quelle intention domine ?

c. Quel est le type de texte : narratif, injonctif,
argumentatif, informatif ? Pourquoi ?

**❸ Sur le modèle syntaxique de l'une ou de
l'autre publicité, écrivez un texte publicitaire
pour l'un des produits traditionnels
de votre région.**

INTERVIEW

**❹ Après une première écoute, dites quel est
le thème de l'interview, quelles sont les idées
que vous avez retenues.**

❺ Écoutez la première séquence.

Notez :
1. les éléments favorables à la forme ;
2. les éléments défavorables.

**Mettez en commun par groupes et résumez
l'opinion de la personne qui s'exprime en
quelques phrases.**

❻ Écoutez la deuxième séquence.

Prenez des notes sur :
1. les réactions face à l'agressivité ;
2. les recettes pour aller mieux.

Mettez en commun par groupes.

**❼ Réécoutez la première réponse en vous
aidant de la transcription si besoin.**

1. Notez les marques de l'oral : *Bah…*
2. Récrivez la réponse pour qu'elle puisse être
publiée dans un magazine sous forme d'interview.
*La première chose qui me mette en forme, c'est
me réveiller en musique. Ça me donne de l'énergie
et me permet de me réveiller doucement.*
Me réveiller brutalement ne me met pas en forme…

Pour organiser sa pensée à l'oral

À l'oral, la syntaxe suit le cheminement de la pensée qui se construit au fur et à mesure.

• Le locuteur utilise :
– des mots d'appui : *bah, ben, bon, euh* ;
– des répétitions : *si on, si on…, ça, ça…, les, les* ;
– des redondances : *des bons moments, des mauvais moments, des succès, des défaites, je me remémore,
je revis en moi* ;
– des connecteurs
Déjà (en début de phrase) = *premièrement/d'abord… ensuite… et puis* marquent la succession
C'est-à-dire/on peut dire que (en début de phrase), *en fait/effectivement* (en début ou en fin
de phrase) apportent une précision. On peut en employer deux dans une même phrase :
c'est-à-dire qu'en fait…

• Quelques caractéristiques de l'oral.
Le locuteur fait disparaître les négations et fait des contractions : *y a, ce qui m' met pas en forme.*
Il commence des phrases sans les terminer : *il suffit qu'il y ait effectivement… alors.*
Il met en relief : *ce que j'aime, c'est/ça, c'est ce qui me met en forme.*
Il accumule les exemples : *par exemple si…*
Il utilise beaucoup le **on** ou le **ça** pour généraliser : *on s'aperçoit que, quoi qu'on fasse,
ça n'arrangera rien.*

PRINCIPAUX CONNECTEURS DE LA CAUSE

Ils sont suivis de l'indicatif quand ils expriment une cause réelle.

• **Parce que** (le plus souvent au milieu d'une phrase) donne l'explication d'un fait.
*On consomme moins de viande **parce qu'**on est plus soucieux de sa santé.*

• **Puisque** (le plus souvent en début de phrase) présente une cause comme connue de l'interlocuteur.
***Puisqu'**il faut bien proposer des alternatives à son appétit (tout le monde le sait), le cochon et les volailles sont en hausse.*

• **Car** (le plus souvent au milieu d'une phrase) est utilisé dans une démonstration.
*Mais pour combien de temps ? **Car** quelque chose s'est cassé dans nos habitudes alimentaires.*

• **En effet** renforce une affirmation.
*Cette désaffectation de la viande correspond d'abord à un souci de santé. **En effet**, 66 % des échantillons interrogés citent en premier une préoccupation sanitaire.*

• **À cause de** + nom donne un sens général ou défavorable.

• **Grâce à** + nom considère la cause comme positive.
***Grâce à** un régime végétarien, on peut corriger certaine carences alimentaires.*

• **En raison de** + nom propose une cause technique ou scientifique.
*On mange moins de viande **à cause de/en raison de** la maladie de la vache folle.*

• **D'autant plus que** est une forme d'intensité.
*Il y a **d'autant plus** de désaffectation pour la viande **qu'**on pense qu'elle n'est pas très bonne pour la santé.*

• **Si..., c'est que** met en relief la cause. Utilisé dans la langue orale.
***Si** on mange moins de viande**, c'est qu'**on se préoccupe davantage de sa santé.*

❶ Complétez le dialogue suivant avec un connecteur. Justifiez vos choix.

1. Je ne peux pas partir avec toi à cette date. … je travaille.
2. … c'est comme ça, je partirai seul.
3. C'est dommage, … je voulais aller en vacances avec toi cette année ! Si je ne viens pas c'est vraiment …
4. Je vais essayer de changer la date … tu as envie de venir !
5. Je serai libre la semaine d'après. C'est sûr … l'entreprise ferme toujours cette semaine-là.

❷ Reliez les phrases avec un connecteur de cause.

1. Tu veux garder la forme – mange moins de viande !
2. On mange plus de légumes – on éprouve moins de scrupules à les découper (cause mise en relief).
3. Les nappes d'eau sont polluées – les pesticides chimiques.
4. Le produit bio sera cher – il n'est pas de saison (cause insistant sur l'intensité).
5. Les Français ont amélioré leur alimentation – la vente de produits bio sur les marchés.

PRINCIPAUX CONNECTEURS DE LA CONSÉQUENCE

Ils sont suivis de l'indicatif quand ils expriment une conséquence réelle.

• **Alors** est souvent utilisé dans la langue orale conjointement avec le mot **forcément** pour insister sur l'évidence de la conséquence.
***Alors**, forcément, en ajoutant une bonne dose de vache folle dans ce tableau, on frise la catastrophe.*

• **Aussi** remplace **alors** dans un langage plus soutenu. L'inversion est obligatoire.
***Aussi** frise-t-on la catastrophe.*

• **C'est pourquoi** exprime un résultat logique dans une démonstration.
*Avec les légumes, on n'est pas tenu d'éprouver pareils scrupules. **C'est pourquoi** le végétal est furieusement tendance.*

• **Si bien que/par conséquent** propose une conséquence simple.
*Le lapin est devenu un animal de compagnie, **par conséquent/si bien qu'**on en mange beaucoup moins.*

• **D'où** + nom exprime une conséquence connue.
*Les poulets étaient immobilisés dans des batteries d'élevage « inhumaines ». **D'où l'exigence** de poulets à label.*

• **Tellement/tant de** + nom + **que...** insiste sur la quantité.
Si/tellement + adjectif + **que...** insiste sur l'intensité.
*On mangeait **tellement/tant** de viande **que** notre estomac n'en pouvait plus.*
*Le vendeur était **si/tellement** aimable que tout le monde se laissait convaincre.*

③ À partir des éléments suivants, construisez des phrases en utilisant des connecteurs de conséquence.

1. Vous manquez de vitamine B9 – vous risquez un accident cardiaque.
2. Les progrès sont spectaculaires – on sait désormais comment établir un régime alimentaire optimal (insister sur l'intensité).
3. On a peur de la maladie de la vache folle – baisse de la consommation de la viande rouge.
4. On vend beaucoup de produits biologiques sur le marché – on ne sait plus lesquels choisir (insister sur la quantité).
5. Ils sont végétariens – ils ne consomment pas de protéines animales.

④ Transformez les phrases selon l'exemple.

Ils vont à la montagne chaque année parce qu'ils apprécient le ski.
→ *Ils apprécient tellement/tant le ski qu'ils vont à la montagne chaque année.*

1. Il joue régulièrement au loto parce qu'il a de la chance.
2. Je suis décidé à faire quelques économies parce que j'ai très envie de partir en voyage.
3. Nous nous sommes assoupis pendant le spectacle parce que nous avions sommeil.
4. Elle était sur les nerfs parce qu'elle avait beaucoup attendu.
5. Il n'y avait plus personne parce que je suis arrivé trop tard.

VOCABULAIRE

LA CAUSE ET LA CONSÉQUENCE PEUVENT ÊTRE AUSSI EXPRIMÉES :

• par un verbe : causer, entraîner, provoquer, occasionner, produire, susciter, créer, soulever, déclencher, être à l'origine de…
*Un tremblement **a provoqué/causé/entraîné/est à l'origine de** nombreux dégâts.*

• par un nom :
– la cause : le motif, le mobile, l'origine, le prétexte, la source, la raison ;
– la conséquence : le contrecoup, l'effet, l'incidence, l'aboutissement, le résultat, le retentissement.
Le discours du Premier ministre a eu des répercussions sur le mouvement des agriculteurs.

❶ Choisissez dans la liste de verbes celui ou ceux qui conviennent le mieux :
causer – entraîner – provoquer – occasionner – produire – susciter – créer – soulever – déclencher – être à l'origine de.

1. La peinture qu'il a exposée … l'admiration de tous.
2. Son talent … la jalousie de certains artistes.
3. Le verglas … de nombreux carambolages sur l'autoroute
4. La disparition d'un tableau … des interrogations chez le conservateur du musée.
5. Un réchauffement brutal … plusieurs avalanches.

❷ Choisissez dans la liste des synonymes du mot *cause* celui qui convient le mieux dans ces phrases : *la raison – le mobile – la source – le motif – l'origine – le prétexte.*
(Attention aux articles.)

1. On ne connaît pas encore … du meurtre.
2. Il s'est absenté sans … valable.

3. Je ne comprends pas qu'il ne soit pas là. Il n'y a pas de … .
4. On ne connaît pas bien … de ce nouveau conflit.
5. Ce brillant résultat a été … de joie.
6. Vous ne devez dévoiler ce secret sous aucun … .

❸ Choisissez dans la liste des synonymes du mot *conséquence* celui ou ceux qui convient/conviennent le mieux dans ces phrases : *contrecoup – effet – retombée – répercussion – incidence – aboutissement – résultat – retentissement.*

1. La montée brutale du dollar n'a pas eu trop de … sur la bourse.
2. Le lancement de ce nouveau produit n'a pas eu les … financières qu'on attendait.
3. La découverte de ce nouveau vaccin est le … de plusieurs années de recherches.
4. L'adoption de cette nouvelle loi a provoqué un … inattendu : l'augmentation du chômage.
5. Il est très fatigué, ça doit être le … de la période difficile qu'il vient de traverser.

❹ Complétez les phrases suivantes en rajoutant des éléments qui figurent dans cette unité.

1. Les boulangers préservent les traditions pour retrouver le … .
2. Chaque jour, la boule bio est … avec de la farine issue de l'agriculture …, de l'eau de … et du … .
3. Les différentes variétés de pains : …
4. Aliment à base de viande : …
5. Les mots pour exprimer la baisse de la consommation de viande rouge : …
6. Les mots de la même famille que *végétal* : …
7. Les opérations culinaires concernant les légumes : …
8. Les noms de plats sans viande : …

Évaluation

1 COMPRÉHENSION ÉCRITE

Ce soir-là, certains sont parfois venus de loin : d'Avignon, de Marseille, de Perpignan. Ils sont près de cinq cents à vouloir entrer dans cette salle de la périphérie de Montpellier, pas évi-
5 dente à dénicher dans un labyrinthe d'im-meubles résidentiels. Certains sont invités, d'autres ont appris l'événement par le bouche-à-oreille. La grogne gagne tous ceux – près de la moitié – qui sont refoulés à l'entrée, faute de
10 places. L'objet de cette *petite émeute* selon un témoin ? L'annonce d'une conférence-débat au titre légèrement hermétique* : *La viande, le feu, le blé, la femme : Prométhée* animée par un pro-fesseur du Collège de France, à l'invitation du
15 Bistrot des ethnologues.
En fait, ici rien de très étonnant. Depuis sa créa-tion, il y a trois ans, ce bistrot ne désemplit pas. Il fut le précurseur de la vague des cafés à thème, qui prend l'allure depuis quelques mois
20 d'un petit raz de marée. Contrairement à ce qui se passe dans les autres villes de France, ce ne sont pas les philosophes qui investissent les débits de boisson, mais l'ensemble des acteurs de la société : religieux, partis politiques, cercles
25 littéraires, associations ou particuliers au gré de leurs humeurs.
Même la Maison des vins du Languedoc s'y est mise. L'un de ses responsables explique qu'au-jourd'hui un bon cru a besoin pour se vendre
30 d'une valeur ajoutée : la parole. « La demande est folle », assure-t-il.
Ne plus regarder la télé. S'interroger sur les grandes questions philosophiques de la vie. Apprendre, se parler, écouter ou sortir tout sim-
35 plement. Pour se distraire ou rencontrer l'âme sœur. En un an, par exemple, le Philocafé de Montpellier a vu passer près de quatre mille personnes de 16 à 80 ans et de toutes condi-tions : de l'avocat au sans-domicile-fixe. La
40 majorité des personnes n'ouvre pas la bouche, c'est un public qui vient au spectacle de ce théâtre d'un soir.

D'après *Télérama* du 5 avril 1997.

* Hermétique : difficile à comprendre.

Lisez le texte et répondez aux questions suivantes *(total sur 10 points)*.

1. Parmi les titres suivants, choisissez celui qui convient le mieux.
 a. Bagarres dans les bistrots de Montpellier.
 b. Montpellier : une nouvelle convivialité.
 c. Ouverture d'un nouveau bistrot à Montpellier.
 d. La philosophie à la portée de tous.

2. Il y a eu une *petite émeute* parce que :
 a. le conférencier attendu n'est pas venu ;
 b. le sujet de la conférence était hermétique ;
 c. les invitations n'ont pas été envoyées à temps ;
 d. tout le monde n'a pas pu entrer.

3. Après la lecture du deuxième paragraphe, seriez-vous d'accord pour dire que :
 a. seuls, les cafés de philosophie ont beaucoup de succès en France ;
 b. la ville de Montpellier possède de nombreux cafés de style nouveau ;
 c. les cafés à thème se développent partout en France ;
 d. n'importe quel acteur de la société peut ouvrir un débit de boisson en France.

4. Les cafés à thème peuvent avoir des objectifs commerciaux.
 a. Vrai.
 b. Faux.
 c Le texte ne le dit pas

5. Parmi ces affirmations, laquelle reformule le mieux la fin du texte ?
 a. Dans les cafés à thème, tout le monde a le droit de parler.
 b. Il y a autant d'avocats que de sans-domicile-fixe.
 c. Les cafés à thème sont ouverts à toutes les catégories sociales.
 d. Le spectacle attire moins les gens que le thème présenté.

2 PRATIQUE DE LA LANGUE

❶ **Causes/conséquences *(total sur 5 points)*. Associez les causes et les conséquences en utilisant un ou plusieurs connecteurs de cause ou de conséquence différents dans chaque phrase.**

Causes

1. Les chasseurs continuent leur bras de fer avec les écologistes.
2. Terrible tempête sur la course Sydney-Hobart.
3. Le nombre des victimes de la route est à nouveau en augmentation.
4. Bicentenaire de la naissance de l'écrivain Balzac.
5. Importante fuite de gaz à Tours.

Conséquences

a. Instauration du délit de grande vitesse.
b. Organisation de manifestations culturelles et touristiques en Touraine.
c. Deux ouvriers ont été blessés.
d. Six marins ont été tués.
e. Un conflit pourrait éclater dès janvier avec les écologistes.

❷ **Complétez les phrases avec un infinitif (présent ou passé) à l'aide des informations entre parenthèses. Faites les changements nécessaires** *(total sur 5 points)*.

1. Il a décidé… (il ne viendra pas).

2. Elle ne pense pas… (elle lui enverra une réponse avant mardi).

3. Désirez-vous… (vous serez conduit à l'aéroport) ?

4. Je le trouve gentil… (il t'a invité au théâtre).

5. Il regrette… (il s'est mis en colère).

3 LEXIQUE

Choisissez le mot qui convient *(total sur 5 points)*.

1. Je n'ai pas envie d'assister à cette conférence. Quel (mobile – sujet – motif – pourquoi) pourrions-nous trouver pour nous excuser ?

2. Cette mesure préventive n'a eu aucune (résultante – répercussion – issue – conclusion) sur l'attitude des conducteurs.

3. Le médecin m'a mis en garde contre les (portées – séquelles – conséquences – effets) secondaires de ce médicament.

4. Il étudie la philosophie avec intérêt mais j'ignore sa (source – motivation – raison – origine) profonde.

5. Il est temps de tirer les (déductions – aboutissements – conclusions – retentissements) de cette enquête.

4 SAVOIR-FAIRE

❶ **Utilisez les cinq données sur la région Île-de-France pour présenter la région en 120 mots environ** *(5 points)*.

1. Situation : bassin parisien.

2. Superficie : 12 000 m^2.

3. Population : près de 11 millions d'habitants.

4. Paris : capitale, premier port fluvial de France.

5. Paysages : plateaux, plaines, buttes et vallées.

❷ **Posez des questions** *(5 points)*.
Voici cinq extraits d'une interview d'un cinéaste. Trouvez les questions que le journaliste a pu poser.

1. – …
– Aujourd'hui, les festivals de cinéma sont comme les congrès de dentistes : discours, cocktails, banquets… C'est déprimant.

2. – …
– La littérature a approfondi ma vision du monde. Les livres m'ont dit des choses que ne me disaient pas les vivants.

3. – …
– En littérature, il y a beaucoup de passé et un peu de futur, mais il n'y a pas de présent. Au cinéma, il n'y a que du présent qui ne fait que passer.

4. – …
Je viens de publier deux petits livres qui ne sont ni de la littérature ni du cinéma. Ce sont plutôt des souvenirs de films.

5. – …
Pas pour l'instant. J'ai quelques vagues idées de moments de scène seulement.

5 CONNAISSANCES DES RÉALITÉS FRANÇAISES

Vrai ou faux *(total sur 5 points)* ?

1. Le Languedoc-Roussillon est la région de France où le nombre d'habitants augmente le plus vite.

2. La ville de Nîmes est devenue une capitale régionale.

3. Aucune région n'a été créée dans les territoires d'outre-mer.

4. Les conseillers régionaux sont élus au suffrage universel.

5. La majorité des Français affirme que le climat professionnel est le principal facteur intervenant sur leur forme.

CULTURE EN FÊTE

① FRÉQUENTATION DES LIEUX CULTURELS

Sont allés au moins une fois...	Au cours de leur vie		Au cours des douze derniers mois...	
	1989	1997	1989	1997
Cinéma	88	95	49	49
Bibliothèque-médiatèque .	(1)	(1)	23	31
Théâtre	45	57	14	16
Spectacle de danse	24	32	6	8
Concert de musique classi-que (2)	29	28	9	9
Concert de rock (2)	25	26	10	9
Concert de jazz (2)	18	19	6	7
Musée	74	77	30	33
Monument historique	72	71	28	30

② Toiles sous les étoiles à la Villette

Cinéma en plein air tous les soirs, cirques et jardins à thèmes, concert gratuit tous les dimanches : l'été est superbe dans le parc du XIXe arrondissement.

Au cinéma en plein air, [...] grande attraction gratuite de l'été à la Villette, le public vient aussi pour l'atmosphère, avant tout l'atmosphère. Yolande Bacot qui assure la programmation depuis neuf ans : « Les gens veulent autant partager un plaisir que voir un film, et parfois, ils se fichent du film programmé du moment qu'il fait beau. » [...] Autorisés à boire et à fumer pendant les projections, les spectateurs en profitent souvent pour pique-niquer entre amis.

Ainsi avec ses bals-concerts et son cinéma en plein air, ses cirques et ses dix jardins à thèmes, le plus grand parc de Paris *intra-muros* (55 hectares dont 20 couverts) fait chaque été plus d'émules.

Journal du Dimanche, 02/08/1998.

Luc Bondy chez Jean Racine
Sous le soleil de « Phèdre »
L'interprétation superbe de Valérie Dréville est à inscrire dans la légende d'un rôle réputé redoutable

C'est la première fois que Luc Bondy met en scène Jean Racine. Pour Phèdre, il a choisi Valérie Dréville, sa longue chevelure d'un blond vénitien, son visage d'ange de cathédrale. Il l'a vêtue d'une robe aux anneaux d'or qui enserre un corps longiligne [...]. Quand elle tournoie lentement sur elle-même, bras déployés, avouant ainsi à Oenone « j'aime », toute la pudeur des femmes et la fureur des dieux sont avec elle en scène. Quand elle s'avance vers Hippolyte, la douleur d'aimer tressaille dans nos veines. Elle n'est « *ni tout à fait coupable, ni tout à fait innocente* », comme la voulait déjà Jean Racine. [...] Valérie Dréville jouant Phèdre c'est, toute comparaison gardée, la Callas chantant Norma [...]. Miracle supplémentaire, elle ne chante pas l'alexandrin, elle est la langue racinienne même, son souffle profond, secret. Valérie Dréville est une immense comédienne.

ODILE QUIROT

Festival d'automne à Paris, *Le Nouvel Observateur*, 17/09/1998.

❶ **1.** Choisissez la photo que vous préférez.
2. Les personnes qui ont choisi la même photo que vous forment un groupe.
3. En groupe : notez tous les mots que vous associez à la photo ; laissez les mots venir, sans restriction et sans temps de réflexion. Trouvez environ quarante mots.
4. Parmi ces mots, vous vous mettez d'accord sur les deux mots que vous aimez le plus, les deux mots que vous estimez les plus proches de ce que représente la photo et les deux mots les plus éloignés.
5. Vous présentez votre photo aux autres en quelques phrases contenant ces six mots.

❷ **Avant de lire les documents, répondez individuellement aux deux questions suivantes.**

1. Dans quel lieu culturel aimeriez-vous être en ce moment ?
  a. Cinéma.
  b. Bibliothèque-médiathèque.
  c. Théâtre.
  d. Spectacle de danse.
  e. Concert de jazz.
  f. Concert de musique classique.
  g. Concert de rock.
  h. Musée.
  i. Monument historique.
2. Parmi ces citations sur la culture, laquelle préférez-vous ?
  a. Toute vraie culture n'est qu'intérieure. (J. Guéhenno, *Ce que je crois*.)
  b. La culture, c'est ce qui demeure dans l'homme, lorsqu'il a tout oublié. (E. Herriot, *Notes et maximes*.)
  c. La culture ne s'hérite pas ; elle se conquiert. (A. Malraux, A. Gide, *Journal 1947*.)
  d. La culture engendre la monstruosité. (G. Braque, *Le Jour et la Nuit*.)
  e. L'instruction consiste à découvrir le pluriel ; la culture, à rencontrer le singulier. (E. Herriot, *Notes et maximes*.)
  f. La culture, c'est ce qui reste quand on ne sait rien faire. (Françoise Sagan.)

❸ **Comparez vos réponses. Faites une synthèse au tableau.**

❹ **Analysez les réponses des Français présentées dans le document 1.**

1. Points communs.
2. Différences.

❺ **Lisez les documents 2 et 3 et répondez aux questions.**

1. De quels spectacles s'agit-il ?
2. Où ont-ils lieu ?
3. Quel genre ont les deux textes ? Comment peut-on les caractériser ?
4. Relevez les termes qui incitent le lecteur à assister au spectacle :
Document 2 : *cinéma en plein air, concert gratuit, l'été est superbe…*
Document 3 : *longue chevelure, visage d'ange, corps longiligne…*

LA FRANCE S'ÉCLATE

*Raves, fest-noz[1], ferias[2], Halloween[3]
ou Saint-Patrick[4] : tout est bon, cet été,
pour célébrer à nouveau le bonheur
d'être ensemble. Et c'est en chantant
que les Français s'apprêtent à enterrer
le millénaire. Refuge contre les misères
du monde ? Manière de conjurer
la peur du futur ? Ou tout simplement
expression d'une vitalité retrouvée ?*

C'était un certain 12 juillet, peu après 23 heures. Le Président de la République, le visage extatique et les bras en croix, se déchaînait dans le stade comme un petit supporter de banlieue : « Ohé ! Ohé ! Ohé ! » Le Brésil venait de perdre la Coupe du Monde, et Paris se prenait pour Rio. L'esprit du carnaval gagnait l'Hexagone. [...] La France éberluée se découvrait soudain un don nouveau et total pour l'ivresse fusionnelle. Et si, comme la victoire, la fête était en nous depuis longtemps déjà ?

Nos nuits de fin de millénaire risquent d'être plus belles que nos jours. Dieu des délires et des délices, Dionysos[5] est paraît-il de retour, et nous intime de jouir du moment présent. On se bouscule comme jamais dans les fest-noz. On transpire dans les raves. On festoie dans les repas de quartier. On guinche[6] dans les ferias. On défile sous des dragons de papier au nouvel an chinois. On se noie dans la bière à la Saint-Patrick. On se grime pour Halloween. Peu importe le flacon – drapeau tricolore, rayons laser ou citrouille – pourvu qu'on ait l'ivresse. Il y a dans l'air comme une irrésistible pulsation jubilatoire [...] mondialisant la réjouissance.

« *Une époque s'achève*, constate le sociologue Michel Maffesoli. *Dominée par l'idée de progrès, tendue vers l'avenir, l'ère moderne, aujourd'hui caduque, pouvait être symbolisée par Prométhée, celui qui vole le feu aux dieux pour le donner aux hommes. Désormais on vit dans la rage dionysiaque du temps présent. Comme au Moyen Âge, on s'éclate sans se projeter dans le futur. Une formidable vitalité s'exprime dans ce besoin d'être ensemble, de se*

❶ **Que signifie le titre *La France s'éclate* ?**
1. La France se déchire.
2. La France a de l'éclat et brille.
3. La France manifeste bruyamment.
4. La France s'exprime sans contrainte dans le plaisir.

❷ **Lisez le chapeau.**
D'après vous, pourquoi la France s'éclate-t-elle et comment ? Faites des hypothèses.

❸ **Lisez le texte.**
1. Relevez les termes relatifs à la fête :
   a. les différentes fêtes évoquées : *la coupe du Monde...*
   b. les verbes : *on se bouscule...*
   c. les objets : *dragons de papier...*
   d. les métiers de la fête : *promoteur...*
2. Que représente la fête :
   a. pour le sociologue Michel Maffesoli ?
   b. pour Sonia ?
   c. pour Patricia Philippe ?

rassembler dans quelque chose qui s'épuise dans l'acte même. *Une sorte d'effervescence lucide. L'époque n'est plus à la dialectique, au drame bourgeois qui comporte toujours une solution. Mais à la tragédie : on fait avec ce qu'on a, parce qu'il n'y a pas d'issue. Jusqu'à la musique qui en rend compte : contrairement au classique ou au jazz, qui ont marqué l'ère moderne, la techno est profondément tragique. C'est une musique sans progression, la répétition d'un même thème en spirale. »*

Signe de décadence ? Allégresse morbide ? Peut-être. Mais dans cette frénésie se cachent aussi les prémices d'une idée. Les politiques et intellectuels glosent[7] sur la « misère du monde ». Quand un seul mot d'ordre semble agiter les jeunes générations : *Carpe diem*[8]. La fête est devenue une revendication politique. L'année dernière, après la fermeture de cinq boîtes de nuit, des milliers de personnes sont descendues dans la rue aux cris de « *la fête n'est pas un délit* ». « *Danser, c'est avancer* », hurleront-ils bientôt, encore plus nombreux, lors de la première Love Parade parisienne, le 19 septembre…

[…] Après la bof génération, la teuf génération[9] ? La semaine, elle affronte sans renâcler un monde dur, compétitif. Le week-end, elle fait exploser frustrations et interdits du quotidien. « *[…] Contrairement aux utopiques de Woodstock*[10] *les ravers ne rêvent pas de refaire le monde, mais plutôt d'y échapper.* » Sonia, 22 ans, fan de techno, n'est pas dupe de ses besoins festifs : « *La fête, c'est un produit de substitution à la réalité. On a besoin beaucoup*

moins d'illusions que nos parents sur nos possibilités de transformer la société. On parie sur le plaisir, la tolérance et l'esprit d'entreprise, pour faire quelque chose malgré tout. » Danser pour avancer. De grandes soirées, à défaut du grand soir…

[…] Pour attirer les foules, il faut désormais trouver le « concept », le « thème », « créer l'événement » qui rendra la soirée extraordinaire, au sens littéral du terme. Acte éphémère par définition, la fête requiert cependant autant de maîtrise et de matériel qu'une activité pérenne. C'est un métier, et il est en plein boom[11]. On ne compte plus les organisateurs de soirées, les promoteurs ou les metteurs en fête. […] Fêtes futiles contre fêtes utiles. Car à l'inverse la fête est aussi devenue aujourd'hui une manière d'œuvrer pour la collectivité. Une forme d'action sociale. « *À notre manière, nous participons au développement d'une nouvelle culture urbaine*, explique Patricia Philippe, une des fondatrices de SOS-Racisme […]. *Dans les grandes agglomérations, il faut créer du lien, casser les ghettos, redonner une identité commune aux habitants. La fête fabrique du consensus. Elle ne fait pas débat. Les élus l'ont compris. Ils nous sollicitent de plus en plus.* » […]

Finalement, la fête est parée de toutes les vertus. C'est la nouvelle panacée. La potion magique pour faciliter la coexistence entre les communautés, lutter contre la violence dans les banlieues ou briser la solitude des citadins. […]

Le Nouvel Observateur, 23-29 juillet 1998.

---

❹ Si on vous proposait d'organiser une fête pour vous, quel type de fête de cette liste choisiriez-vous ? Pourquoi ?

1. Un bal très élégant accompagné de musiciens.
2. Un voyage en montgolfière avec vos amis.
3. Une fête foraine dans votre jardin.
4. Un banquet avec toutes les cuisines du monde.
5. Un rallye à cheval en costume d'époque.

6. Une rave party[12].
7. Un repas dans la rue.
8. Une fête dans un club à la mode.

Aimez-vous faire la fête ? Que représente la fête pour vous ? Quel rôle a-t-elle ? Par groupes de deux ou trois, comparez vos réponses et justifiez vos points de vue.

---

1. Fest-noz : « fête de la nuit », en breton. Désigne une fête folklorique celtique.
2. Ferias : fêtes d'origine espagnole.
3. Halloween : fête américaine des morts.
4. Saint-Patrick : fête nationale de l'Irlande.
5. Dionysos : Dieu grec de la vigne et de l'ivresse.
6. Guincher : danser.
7. Gloser : discuter.

8. *Carpe Diem* : en latin, « cueille le jour », ce qui signifie profite de la vie.
9. La teuf génération : la génération de la fête.
10. Woodstock : localité des États-Unis où se tint le premier grand rassemblement de pop music en 1968.
11. Être en plein boom : être en pleine prospérité.
12. Rave party : fête géante accompagnée de musique électronique.

MUSIQUE
Je zappe et je mate

Cablé sur télé[1], l'image, le son sont mes spectres[2],
les programmes, je becte[3] et les directs je m'injecte.
Je suis un *enfant de la télé, fonc-dé*[4] aux rediffusés,
Flash-back dans le passé, conditionné, barbé[5]
aux *sagas des séries*, et aux BANG à l'américaine,
*Starsky***, *Star Trek*** et tout ce qui engrène[6].
Pose une *Question pour un champion**,
parle-moi d'émissions,
Argot Margot, je connais les ragots[7],
je suis barjot[8] comme *Columbo***.
Comme un Lundi, un Samedi mat' ou *Le Jour
    du Seigneur**,
je suis un téléphile *Au-delà du réel**,
Télé-commandant chez les zappeurs.
À cause de leurs bêtises, mon crâne
est un *Bouillon de Culture Pub**.
Dans les films je veux du feu, de l'amour et
    de l'aventure.

Refrain
La Une, la Deux m'ont pris dans leur jeu,
La Trois, la Quatre je zappe et je mate[9],
La cinq, la Six en sont les complices.
Beaucoup d'argent, de guerre et de sexe à la télé.
La Une, la Deux m'ont pris dans leur jeu,
La Trois, la Quatre je zappe et je mate,
La cinq, la Six en sont les complices.
Cablé, survolté, j'ai le syndrome du canapé.

*Stade 2**, télé allumée, même sous la *couette*, elle
    m'*appelle*.
*19/20**, je suis avec elle, comme à minuit ou 14 heures.
Quand je me lève en jogging, je veux des *Matins
    bonheur**,
marié, deux enfants, faire du téléshopping*.
Moi, *Chapeau melon***, des pompes en cuir,
un papa connu comme COUSTEAU,
je veux des jumeaux *Heckel Jeckel*, un *Cosby Show***
Mon chien sera *Scoubidou* et se tapera *Lassie*,
des *Histoires Naturelles* dans ma *maison dans la prairie*.
Placer ma *Famille en or*** haut dans la *Pyramide*,
sortir de la *Zone interdite** et des histoires stupides,
un beau cabriolet d'*Amour, Gloire et Beauté***.
Oui, je suis matérialiste,
je veux ce que je vois dans le poste,
Les Couleurs de mon pays,
*Saga Cité**, m'ont trop trainé au poste.
Je lance *la Roue de la fortune**, j'ai ma *Chance* dans
    la *Chanson**,
mes *lettres* valent du *chiffre*, je hais les artistes à deux
    francs,

*Fa Si La Chanter**, tocard,
je mets ton *clip* sur le *Boulevard*.

Refrain
Troisième mi-temps, *Tout le sport**, je suis fou de
    Téléfoot,
je suis la *Télé le Dimanche*,
L'équipe du Dimanche me branche*.
J'erre dans la *Marche du siècle**, parle-moi de *Capital**.
Y'a trop de bluff[10] dans nos pages,
les magazines, les reportages,
tout est possible, manipulé sous projecteurs,
contrôlé à la télé et *Nulle part ailleurs**.
*T'y crois, t'y crois pas**, *Sans aucun doute ça se
    discute**.
*Taratata**, *j'abats les masques**, butte l'image qui
percute.
Oui, l'audimat n'est qu'une histoire de *gent-ar*.
Gag vidéo, moi je suis pas un *Guignol** du *Flash info*,
sors ton *Œil du cyclone*, t'a perdu de vue le *Vrai* du
    faux,
quand tous les médias bosseront bien, je serai
    *Témoin n° 1**.

Paroles : Passi Balende.
Musique : Guy Biack Ndedi/Nasser Touati.

* Noms d'émissions de télévision.
** Noms de feuilletons télévisés.

1. Cablé : branché.
2. Spectre : fantôme.
3. Becqueter : manger (familier).
4. Foncedé : défoncé (en verlan), intoxiqué.
5. Barbé : saturé par quelque chose.
6. Tout ce qui engrène : tout ce qui va avec.
7. Ragot : médisance.
8. Barjot : fou.
9. Mater : regarder.
10. Bluff : épate.

ENREGISTREMENT SONORE 1

❶ Première écoute.
Cette chanson fait-elle partie du mouvement rock, rap ou techno ? Pourquoi ? Quel est le thème de la chanson ? Quels mots avez-vous retenus ?

❷ Deuxième écoute.
Réécoutez la chanson en lisant le texte.

À deux.

1. Cherchez les mots se rapportant au thème.
2. Quelles critiques sont faites par le chanteur ? Partagez-vous son opinion ?
3. Caractérisez le genre musical de la chanson. Aidez-vous des phrases 2, 5 et 6 de la strophe 1 et des phrases 3 et 7 de la strophe 3.
4. Des chanteurs de votre pays ont-ils adopté aussi ce genre musical ? Est-ce apprécié ?

PASSI Auteur, interprète, né au Congo

Arrivée en France à l'âge de 7 ans ; s'installe dans la banlieue nord de Paris.

Adolescent, il découvre le rap ; il fait partie d'un groupe réputé : Ministère amer.

Puis, il se lance dans un album en solo *Tentations*. Avec le titre « Je zappe et je rappe », il se fait connaître d'un grand public. Toutes ces chansons sont basées sur la vie de tous les jours (joies, peines, rêves, soirées de fêtes) ainsi que sur sa vie.

Le groupe initié par Passi s'appelle Bisso Na Bisso (« entre nous », en congolais). Dans leur musique, se juxtaposent des sonorités rap, reggae, zouk. Passi est très attaché aux sonorités du continent noir.

---

❸ Vous êtes journaliste et vous devez rédiger et diffuser un flash radiophonique court sur le chanteur Passi. Aidez-vous des notes et de la chanson que vous venez d'écouter.

ENREGISTREMENT SONORE 2
LES JEUNES ET LE HIP-HOP

❶ Première écoute.
Combien de personnes parlent ? De quoi ?

❷ Deuxième écoute.
Prenez des notes et résumez oralement ce que chacune des personnes dit.

❸ Troisième écoute en vous aidant de la transcription p.175.
Soulignez les mots et expressions qui vous paraissent appartenir au langage relâché. Vous voulez publier ce que dit la première personne dans un article de magazine. Récrivez-le en langage standard.

Pour comprendre le parler des jeunes

• Voici quelques tendances, qui sont les mêmes depuis une vingtaine d'années :
– les abréviations en *-o* : *ado, intello, perso, pro…*
– les adjectifs utilisés comme des adverbes :
Je l'ai eu facile (facilement), *il l'a fait tranquille* (tranquillement).
– des expressions négatives ne signifiant pas exactement l'inverse de la forme de base :
Pas aidé = stupide, *pas évident* = difficile, *pas triste* = drôle.
– des expressions exprimant le contraire de ce qu'elles signifient habituellement :
Il a fait un malheur = il a fait un énorme succès.
C'est mortel = c'est génial.
– des métaphores :
Se planter = se tromper.
S'éclater = prendre du plaisir.

• Les jeunes utilisent très souvent :
– le verlan : les syllabes sont inversées et le mot subit des déformations surtout à la dernière syllabe :
Femme devient *meuf*.
Voici les mots les plus utilisés :
Relou : lourd. Ouf : fou.
Keuf et *teuf* : flic (policier) et fête.
Cistra : raciste.
Remps, reuf, reusse : parents (on prononce le *s*), frère et sœur.
– le langage relâché ou argotique :
Tchatcher : parler. *30 piges* : 30 ans.
Crever : mourir. *Être jouasse* : être content.
Être sapé : être bien habillé.
Piger : comprendre. *Ça craint* : c'est terrible.
– des mots empruntés à l'anglais :
Looker : regarder.
Cool : tranquille, bien.

LES NIVEAUX DE LANGUE

Pour formuler une même idée, le français dispose de diverses possibilités d'expression syntaxique et lexicale.
Le choix dépend de la situation de communication.
Il est déconseillé d'utiliser les mêmes expressions dans le langage écrit et dans le langage parlé.

• Différences grammaticales

Le passé surcomposé

Annie m'a dit qu'elle n'avait pas encore reçu ton fax.
Pourtant je l'ai envoyé dès que j'ai eu fini de manger !

– Le passé surcomposé remplace le passé antérieur et s'emploie essentiellement dans la langue parlée familière, voire populaire, alors que le passé simple et le passé antérieur ont pratiquement disparu dans le langage parlé sauf dans la narration de contes ou de biographies.
– Il concerne principalement des verbes comme : **commencer, terminer, finir, arriver, partir**. Il se forme avec le passé composé de l'auxiliaire auquel on ajoute le participe passé du verbe à conjuguer : *j'ai eu fini*, *il a été parti*.
Dans la langue populaire, il peut s'employer seul pour exprimer une action terminée :
*Le blé, ça paye pas. Ça **a eu payé**.*
Si le blé rapportait autrefois, il ne rapporte plus maintenant.
Dans une subordonnée, il suit une expression de temps et précède une action exprimée au passé composé :
*Quand il **a eu fini** de dîner, il est allé dormir.*

• Différences lexicales

On peut exprimer une même chose ou une même idée avec différents mots ou expressions. Le choix dépend de la situation et de l'intention de celui qui parle.

	soutenu	familier	argot
	progéniture	gamin	môme
enfant	héritier	gosse	moutard
	bambin	mioche	mouflet

❶ Mettez au temps convenable du passé les verbes entre parenthèses. (Ces phrases appartiennent au style courant ou populaire et expriment des actions passées.)

1. Quand elle (découvrir) la vérité, elle (comprendre) qu'elle (se faire) avoir.
2. Quand elle (monter) dans la voiture, elle (s'écrier) qu'elle (vouloir) conduire.
3. Je vous (téléphoner) dès que je (comprendre) comment il (obtenir) ce travail.
4. Dès qu'il (partir), elle (remettre) de l'ordre dans la cuisine.
5. Aussitôt qu'elle (finir) son roman, elle (se mettre) à écrire une lettre.

❷ Justifiez le choix des temps du passé des deux premières phrases du texte. Y a-t-il d'autres possibilités ? Puis complétez en mettant les verbes entre parenthèses au temps convenable.

Le phénomène de la fête s'est accéléré au point qu'en moins de deux décennies le nombre de fêtes célébrées en France a doublé.

Tout avait commencé avec la Fête de la musique qui marquait, en 1982, le changement de tendance politique au gouvernement. Le succès populaire fut tel qu'elle a été adoptée depuis par de nombreux pays. À son exemple, certaines fêtes (accéder) rapidement à une notoriété nationale comme la Fête du cinéma ou encore celle des grand-mères.
Plus curieusement, de typiques fêtes anglo-saxonnes (faire soudain apparition) dans l'Hexagone.
C'est le cas de la Saint-Patrick qui jusqu'à présent (être célébrée) seulement en Irlande. En 1988, personne en France ne (connaître) cette fête.
Aujourd'hui, le phénomène (prendre) des proportions inimaginables.
Dernière née, La Sainte-Fleur, Fête du cœur (tenter) sa chance le 5 octobre 1998, avec le soutien attentif de la profession. Le message (être) simple :
« le bonheur est dans les fleurs, les fleuristes en sont les vecteurs. » Mais cette fête (ne pas avoir) le succès escompté.

VOCABULAIRE

❶ Classez les mots signifiant *partir* du plus soutenu au plus familier ou argotique.

Prendre congé – se tirer – mettre les voiles – se casser – s'en aller – décoller – bouger – se retirer – décamper.

❷ Cherchez les mots signifiant *manger* et classez-les du plus soutenu au plus argotique. Aidez-vous d'un dictionnaire.

❸ Associez une phrase de la colonne A à son équivalent de la colonne B.

A Français soutenu ou standard

1. Il est très bien habillé. Ses vêtements sont très élégants.
2. Il est exténué, il en a assez de travailler.
3. Quand les parents sont partis, les amis de Claire ont beaucoup changé. Ils ont commencé à faire des bêtises.
4. J'ai regardé les informations sur la sixième chaîne. C'était formidable de voir ça à la télévision. J'étais très surpris et j'ai regardé avec beaucoup d'attention.
5. Ma mère n'était pas contente. Je suis allé immédiatement dans ma chambre.
6. Il n'y avait pas de doute : il était raciste.
7. Cet examen est très difficile.
8. Il a perdu la tête ; il est devenu fou.

B Français familier ou populaire

a. Y avait pas de doute qu'il était cistra.
b. J'ai regardé les infos sur la 6. C'était géant de voir ça. J'en revenais pas et j'ai maté super concentré !
c. Ma reum, elle était pas jouasse. J'ai été direct dans ma piaule.
d. Il est super bien sapé. Ses fringues sont vachement classe.
e. Cet exam, c'est carrément galère.
f. Une fois que les remps, ils se sont tirés, les copains à Claire, ils ont drôlement changé. Il se sont mis à déconner.
g. Il a pété les plombs.
h. Il est crevé. Il en a marre de bosser.

❹ Réécrivez en français standard puis en français soutenu le passage suivant extrait de *La vie de ma mère* !, de Thierry Jonquet.

Le goûter chez Clarisse, j'y ai été sapé classe, avec mon survet' Nike et les sketbas qu'allaient avec, du coup plus personne pouvait me prendrepour un sonac[1], c'était bien grâce à Djamel, tout ça je reconnais. [...] Le goûter chez Clarisse, ça a pas été vraiment une réussite. J'avais amené un cadeau, une cassette de *Terminator*, une que j'avais achetée en plus de la mienne avec la thune à Djamel. C'est le film que je préfère, alors je voulais que Clarisse, elle le voie, comme ça, après, on pourrait en parler. La reum à Clarisse, elle a défait le papier et regardé le boîtier, style elle était contente, mais j'ai bien vu qu'elle faisait semblant. Là j'ai pigé que j'aurais dû choisir autre chose, des fleurs ou alors bon, peut-être une cassette, oui, mais pas Terminator !... Quand même, elle a pas osé me dire que je m'étais planté. Clarisse elle m'a fait une bise, vachement gentille. Je l'aimais de plus en plus, cette meuf.

1. Sonac : abréviation de Sonacotra, foyer pour travailleurs immigrés.

❺ Faites une fiche avec le vocabulaire « jeune » que vous voulez retenir.

roman

Le silence obsède les Indiens. Un jour, il viendra peut-être jusqu'à nous. Il nous recouvrira peut-être, entrera à l'intérieur de notre corps. Il viendra et il brisera les milliers d'ampoules électriques, de phares, de feux clignotants, de vitrines embrasées. S'il vient, il tuera plusieurs de nos mots, il les arrachera à leurs supports de ciment et de verre, et les anéantira. Il détruira beaucoup de nos livres, ces livres qui ne servaient qu'à brouiller les émissions de la conscience. Il libérera beaucoup de mots et d'images aussi, qui étaient retenus prisonniers. Peut-être que le silence fera tout cela avec nous.

S'il vient jusqu'aux cellules de béton, s'il traverse les portes, le silence indien éteindra aussi beaucoup de musiques. Il les brisera très facilement, il crèvera les haut-parleurs et les tympans. Ce qu'il atteindra, sans doute, ce ne sera pas la musique, mais la prison qu'il y a dans la musique. [...]

Musique, musique, et elle tue le langage. Elle fêle les murs des immeubles qui entourent les hommes et qui sont impitoyables : ensuite ils s'écroulent dans un nuage de poussière, et la poussière qui flotte dans l'air est pareille au mot *liberté*. La violence s'est emmagasinée dans le cerveau des hommes, pendant des années, des siècles. Peut-être qu'on n'a jamais été vraiment libres. Alors le bruit intolérable que font les machines électriques sous les doigts des hommes se gonfle dans le vide, bouche les trous des abîmes, construit 300 ponts. Les mots ne naissent plus dans les bouches, les oreilles n'entendent plus les mots. Les ordres ont été rongés de l'intérieur, le bruit les a rendus creux. Les ordres, autrefois, venaient de toutes parts. Il étaient inscrits sur les panneaux, dans les livres, sur les barrières barbelées. Mais le bruit entre dans le regard, il y verse une coulée de fonte, et le regard ne baisse plus, ne s'éteint plus. Le bruit sort de chaque homme et de chaque femme, il y a dans chaque ventre un haut-parleur branché qui lâche ses ondes pareilles à des flammes.

J.-M. G. Le Clézio, *Haï*, Éd. d'art Albert Skira, 1971.

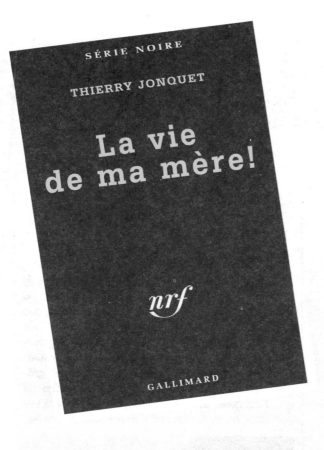

SÉRIE NOIRE

THIERRY JONQUET

La vie
de ma mère!

nrf

GALLIMARD

Ce soir-là, j'avais pas envie de regarder une vidéo, mais en même temps, j'avais plus l'habitude d'être tout seul, alors je savais pas quoi foutre. J'ai relu le bouquin de monsieur Hardouin sur les Yeux et je me suis dit comme ça que pourquoi j'en écrirais pas, moi aussi, des poèmes ? Des spécials que j'inventerais exprès pour Clarisse !

J'ai essayé de trouver des trucs jolis à dire, mais c'était dur à cause de l'orthographe. Fallait pas déconner[1] et lui amener un poème plein de fautes ! Au bout d'une heure, j'avais trouvé des idées sur la joue de Clarisse, comment elle la mettait sur son violon, et ses cheveux qui virevoltaient partout.

Virevolter, c'est un verbe que je me souvenais, dans une fiche lecture de mademoiselle Dambre, style les feuilles de l'automne qui tombent des arbres en allant pas droit. Elles font des zigzags tellement y a du vent. Clarisse elle avait les cheveux roux, alors ça me branchait bien question couleur, par rapport aux feuilles. J'ai juste fait deux vers, c'était crevant[2] de vérifier à chaque fois dans la grammaire pour les accords comme elle m'avait appris, mademoiselle Dambre.

C'est à la rentrée des vacances de Pâques que tout a merdé[3]. Dans la cour du collège, le matin, j'ai cherché Clarisse partout. Je voulais lui dire merci pour sa carte et la prévenir que le poème que je lui préparais, c'était vraiment géant. Elle était pas là. Je me suis bien pris la tête, genre elle s'était pété une guibolle[4], elle était à l'hôpital à avoir super mal ! La vérité, rien que de penser à ça, j'en pouvais plus ! Une petite meuf bien gentille comme Clarisse, ça aurait pas été juste mais dans la vie, de toute façon, tout est dégueulasse[5]. Ses copines savaient pas pourquoi elle était pas venue au collège, je me suis pas dégonflé[6], j'ai traversé toute la cour pour aller chez les sixièmes normales et je leur ai causé, mais ça a servi à rien, elles ont rien voulu me dire.

Thierry Jonquet, *La vie de ma mère !*, Éd. Gallimard, coll. « Série noire ».

1. Déconner : faire des bêtises.
2. Crevant : fatigant.
3. Merdé : raté.
4. Se péter une guibolle : se casser une jambe.
5. Dégueulasse : injuste.
6. Je ne me suis pas dégonflé : je n'ai pas abandonné.

Étude comparative de deux textes littéraires

1 Lisez rapidement les deux textes sans vous arrêter aux difficultés.
1. Quelle différence remarquez-vous dans le style ?
2. Quel texte préférez-vous ? Pourquoi ?

2 Relisez attentivement le texte 1.
Relevez :
1. les contrastes ;
2. les mots se rapportant à la destruction ;

3. les mots évoquant la lumière ;
4. les mots se rapportant à la matière ;
5. les mots se rapportant à la musique ;
Imaginez une autre suite à la première partie du texte (cinq ou six phrases). Respectez le style.

3 Relisez attentivement le texte 2.
Relevez les expressions familières.
Traduisez les paragraphes 1, 2 et 3 du texte en français standard.

TOUR DE FRANCE CULTUREL

Nouvelles Danses, à Uzès (danse) jusqu'au 20 juin

Courageuse entreprise que celle de ce jeune festival, qui s'évade des salles noires pour donner à la danse la clé des champs. De la danse donc, partout, dans les cours, dans les rues médiévales entourées de magnifiques remparts, ou dans les champs, et une belle programmation tout en légèreté.

Festival des forêts, en Picardie du 21 au 9 juillet (classique)

Original : la plupart des concerts sont précédés d'une randonnée guidée au cœur des futaies. Les loups n'existant plus en Picardie, on est censé sortir du bois sans encombre.

Festival des musiques du large sur l'île de Tatihou
(Manche) (World music) 15 au 23 août

Sans doute un des festivals les plus magiques de l'été : les concerts ont lieu sur la petite île de Tatihou (au large de Saint-Vaast-la-Hougue), que l'on rejoint à pied quand la marée est basse – il est recommandé de se munir de bottes. La programmation est à l'avenant : de la water-world-music irlandaise, finnoise, vénitienne, normande, galicienne… En invité spécial : des musiciens de Rodrigues, petite île de l'océan Indien dont la tradition musicale marie influences africaines et celtes.

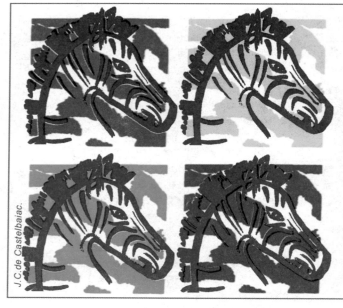

J.C. de Castelbajac.

FESTIVAL
Les zèbres de Limoges

Passées d'une convivialité bon enfant au statut de carrefour international, les Francophonies fêtent leurs 15 ans. Un rendez-vous qui s'impose.

Caracolant au royaume de la porcelaine depuis 1984, le drôle de zèbre à quatre têtes qui symbolise les Francophonies de Limoges fête son quinzième anniversaire dans la joie des retrouvailles du français tel qu'on le parle en Afrique comme au Québec et même en Limousin.

Country Music Festival, à Mirande
10 au 14 juillet

À l'attention de ceux qui auraient raté l'avion pour Nashville, c'est à Mirande que se déroule le plus grand festival français du genre. Où l'on se rendra autant pour la musique que pour les animations ; « exhibition » de voitures et de motos, danse western, élection de Miss Country, concours de bûcherons…

Le festival qui monte, qui monte…
CAHORS
LE PRINTEMPS EST BEAU

Et puis il y a le Printemps de Cahors. Un « festival » pas vraiment comme les autres. Consacrée à la photo et à la vidéo, cette manifestation a été créée en 1991.

Pendant les « Nuits nomades », les rues du centre de la ville, fermées à la circulation, sont envahies par un public débonnaire. On se presse, on se bouscule presque dans les lieux d'exposition, on déambule sur le boulevard Gambetta et dans les rues de la vieille ville. Sur les trottoirs, des comédiens improvisent des saynètes ; dans une cour, les danseurs de la compagnie de Loïc Touzé se livrent à un ballet silencieux ; sur une scène encadrée de tourelles métalliques, des DJ traficotent leurs platines.

L'éclairage des rues de la vieille ville a été revu et corrigé par l'artiste coréenne Koo Jeong-A : celle-ci a recouvert les lampadaires d'une pellicule de gélatine rose, imprégnant les maisons et les pavés d'une lueur douce.

Le Nouvel Observateur, 11/06/1998.

Célébrer la pensée à Clermont-Ferrand

Peut-on rêver meilleur endroit pour célébrer la pensée que la cité clermontoise, chère à Blaise Pascal ? La réponse à cette question a été fournie par les Pascalines, qui ont eu lieu du 22 au 27 juin à Clermont-Ferrand. Ce festival – ou plutôt ce pari –, proposé par la municipalité et par la mission pour la célébration de l'an 2000, qui dépend du ministère de la Culture, a été gagné pour l'essentiel. Deux cent cinquante spectacles, répartis dans la cité, associant habitants des quartiers à des comédiens, des musiciens, des chanteurs et des danseurs, ont accompagné les débats d'idées.

Le Monde, 04/07/1998.

Aux Tombées de la nuit, la poésie s'empare des Rennais

Des passants aux yeux imprudemment rivés sur leur programme croisent sans les voir des comédiens coiffés de chapeaux à plumes, les bras chargés de costumes, et des bébés en poussette écoutent bouche bée des textes pas toujours faciles. La poésie tient une large place dans ce festival éclectique. À ces heures-là, la ville elle-même en est empreinte. Imaginées pour retenir les vacanciers sur la route de l'Atlantique, les Tombées de la nuit ont surtout rencontré les Rennais : 150 000 personnes – la moitié de l'agglomération – assistent peu ou prou aux spectacles gratuits ou à des prix modérés.

Le Monde, 04/07/1998.

---

❶ Jeu-concours.

Divisez-vous en plusieurs équipes de trois à six joueurs et répondez aux questions. Au bout de vingt minutes, arrêtez le jeu, vérifiez les réponses et comptez les points. Attention, toutes les questions n'ont pas la même valeur !

CONSEIL : dans chaque équipe, répartissez-vous les documents à lire. Après deux ou trois lectures d'un document, si vous ne trouvez pas de réponse, échangez-le avec celui d'un autre membre de l'équipe, vous augmenterez ainsi vos chances.

1. Je passe mes vacances en Auvergne, à quel festival pourrai-je me rendre facilement ? *(1 point)*
2. Si je suis un fanatique de la randonnée pédestre, quel festival me conviendra ? *(1 point)*
3. Deux des villes citées appartiennent à la même région administrative. Laquelle ? *(2 points)*
4. Pourquoi faut-il mettre des bottes pour écouter des musiciens venus de l'océan Indien ? *(2 points)*
5. Combien y a-t-il d'habitants dans la ville de Rennes ? *(2 points)*
6. Dans quelle ville les maisons deviennent-elles roses au printemps ? *(2 points)*
7. Où est-ce que j'ai une chance de voir des tutus au milieu d'un champ ? *(3 points)*
8. Où peuvent se rencontrer le champion des coupeurs de bois et la plus jolie des amateurs de musique ? *(3 points)*
9. Quels sont les bébés les plus littéraires de France ? *(3 points)*
10. Quel est le point commun entre un zèbre, un service à café et un Québécois ? *(5 points)*
11. Pourquoi Clermont-Ferrand est-il le meilleur endroit pour célébrer la pensée ? *(5 points)*
12. Pourquoi est-il normal que les Pascalines soient un pari ? *(5 points)*

❷ Discussion.
Parmi tous ces festivals quel est celui qui vous paraît le plus original ? le plus intéressant ? Pourquoi ?
Avez-vous déjà assisté à un festival dans votre pays ou ailleurs ? Si oui, racontez votre expérience à votre groupe.

LE REGARD DES CRITIQUES

Journal de bord

On n'est pas à Cannes pour rigoler.

C'est encore ce qu'on se disait pendant la projection d'*À vendre* [...] de **Laetitia Masson**. Avant la projection on avait plutôt bonne impression de la cinéaste [...]. Là, c'est la chute libre. Il faudra très vite oublier ce pauvre film uniquement constitué de tics et de clichés [...], d'images surexposées et de ralentis débiles [...]. Alors qu'elle possédait un scénario potentiellement fécond (un détective privé qui doit retrouver une femme finit par être littéralement possédé par elle), Masson [...] conduit lentement mais sûrement des acteurs courageux [...] dans un traquenard sans issue. En voulant mélanger atmosphère onirique et détails naturalistes, Laetitia Masson ne parvient qu'à mettre à nu son manque de maîtrise (certaines scènes sont franchement tristes de comique involontaire) et son incapacité à regarder des gens et des lieux [...].

On en est sortis absolument navrés. [...] Heureusement, un film chassant le précédent en l'espace d'un quart d'heure, *La Vie rêvée des anges* a transformé *À vendre* en un vague mauvais souvenir. Ne tenant pas tout à fait jusqu'au bout les promesses d'une première heure éblouissante, le premier long métrage d'**Érick Zonca** nous a tout de même sidérés.

En s'inspirant du naturalisme à la française longuement façonné de Renoir à Pialat, Zonca [...] échappe [...] à tout misérabilisme. [...] Toute sa force réside dans la capacité à passer de la chronique éclatée (comment Isa et Marie galèrent pour organiser leur survie et résister à l'humiliation) aux deux intrigues principales (le grand amour de Marie, la « mission » que se découvre Isa) pour former ce qu'on appelle un *récit*. [...] L'unique défaut du film est sa volonté de mettre un point final à l'histoire [...] plutôt que de laisser flotter des points de suspension. [...]

Encore fallait-il que l'incarnation soit à la hauteur de l'ambition du projet. Et là, il faut saluer chapeau bas et le cœur battant le travail admirable d'Élodie Bouchez et Nathalie Régnier. [...] Cannes a trouvé ses princesses. Et nous pas encore retrouvé nos esprits. Pourvu que ça dure. •

Les Inrockuptibles, festival de Cannes, « journal de bord », 20/05/1998.

VIE RÊVÉE DES ANGES (LA) – Franç., coul. (98 – 1 h 53). Comédie dramatique, de Érick Zonca : Isa, vingt ans, fait la route avec son sac à dos et sa soif de vie. À Lille elle tombe sur Marie la rebelle avec qui elle va faire un bout de chemin. Deux anges d'aujourd'hui pour un double prix d'interprétation au festival de Cannes 1998. Avec Élodie Bouchez, Nathalie Régnier, Grégoire Colin, Jo Prestia, Patrick Mercado.

L'Officiel des spectacles, novembre 1998.

Pour reconnaître et comprendre un texte de critique

• Un article de critique est destiné à permettre au lecteur de savoir si un spectacle vaut la peine d'être vu, un livre d'être lu, etc. Pour répondre à cette attente, le journaliste doit **donner des informations** précises et **porter une appréciation** personnelle. Le texte de critique est donc principalement caractérisé par :
– un **aspect informatif** ;
– la **personnalisation du jugement** ;
– un **lexique valorisant ou dévalorisant**.

La France célèbre le bicentenaire de sa naissance
DELACROIX LE GRAND FAUVE

Une exposition au Grand-Palais, une autre à la Bibliothèque nationale et des manifestations à travers tout le pays : l'hommage à celui dont Baudelaire disait qu'il y avait du « sauvage » en lui s'annonce éclatant.

L'exposition du Grand-Palais regroupe les œuvres par thèmes, afin de souligner la réflexion que Delacroix mène alors sur son œuvre et de suivre la continuité de son inspiration. On y voit comment il revient sur des sujets déjà traités dans sa jeunesse, mais en les enrichissant d'autres expériences, par exemple des couleurs et une lumière découvertes au Maroc.

Maintes fois ainsi Delacroix a peint les fauves qu'il allait déjà observer au Jardin des Plantes, des années auparavant [...]. Dans la formidable « Chasse au Lion », [...], il rivalise avec les « Chasses » de Rubens

dont il a tant admiré la composition. Il se souvient aussi des couleurs de l'Orient, reprend le vert-bleu d'une mosaïque musulmane, l'orangé d'une gandoura qu'il a noté dans ses carnets au cours de son voyage au Maroc en 1832. [...] *« Une explosion de couleur »*, admire Baudelaire. Les griffes acérées que les lions plantent dans leur proie, leurs poils qui s'ébouriffent, la tension des muscles, la mêlée des corps évoquent encore cette assertion de l'auteur des « Fleurs du mal » : *« Il y avait dans Eugène Delacroix beaucoup du sauvage. »* Pour le peintre, scruter la cruauté des fauves, c'est aussi saisir le cœur même des hommes : *« Les hommes,* écrit-il, *sont des tigres et des loups animés les uns contre les autres [...], ces mains empressées qui serrent votre main sont des griffes acérées prêtes à s'enfoncer dans votre cœur. »* Faisant allusion aux sarcasmes et aux attaques du public, ne déclarait-il pas avoir toute sa vie été livré aux bêtes ?

Le Nouvel Observateur,
célébration du bicentenaire de Delacroix,
02/04/1998.

❶ **Relevez les informations données dans les textes 1 et 3. Vous semblent-elles complètes ?**
Si non, que manque-t-il ? Pour vous aider, comparez le texte 2 et la deuxième partie du texte 1 sur le même film *La Vie rêvée des anges.*

❷ **1.** Relisez les textes 1 et 3 et classez les appréciations en trois catégories : *totalement positive, totalement négative, nuancée.*
2. Relevez les procédés linguistiques de l'appréciation :
    a. Cherchez dans chaque texte les verbes qui expriment une opinion de l'auteur, les pronoms personnels qui le désignent (texte 1 : *on avait plutôt une bonne opinion*). Dans lequel des textes le point de vue personnel de l'auteur est-il le plus apparent ?

    b. Relevez et classez tous les mots qui expriment un jugement de valeur :
– dans la caractérisation : *pauvre film*…
– dans le choix des verbes péjoratifs ou valorisants : *nous a sidérés*…
    c. Relevez les procédés de style renforçant le jugement exprimé :
– procédés d'opposition ;
– comparaisons valorisantes ;
– citations à l'appui du jugement du journaliste.

❸ **Écrire un texte d'information et un texte de critique.**
Choisissez un film, un spectacle ou une exposition que vous avez vu et rédigez deux courts textes, un d'information et l'autre de critique, en vous inspirant des articles étudiés. Pour vous aider, reportez-vous à l'encadré, page 147.

À PROPOS DE LIVRES

❶ **Vrai ou faux ? Écoutez la première séquence deux fois si nécessaire et dites si la phrase est vraie ou fausse.**

1. La Belle Hélène est le nom de la libraire.
2. Raphaël, Pierre et Jean-Louis sont ses associés.
3. C'est une librairie où on peut boire du vin.
4. Les livres y sont très bien rangés.
5. La librairie est encore ouverte à minuit
6. Elle est fermée le dimanche.
7. Il n'y a que des ouvrages classiques.
8. La libraire aime la poésie.

❷ **1.** Écoutez la deuxième séquence.
Combien de personnes différentes parlent ?
Qui sont-elles ? De quoi parlent-elles ?
2. Réécoutez la séquence et dites quelle est l'opinion de chacun des participants à la discussion.
3. Écoutez à nouveau la séquence en vous aidant de la transcription. Relevez les expressions utilisées pour :

a. demander/donner son avis ;
b. exprimer son accord/son désaccord.

4. D'après le contexte, quel est à votre avis le sens des expressions familières suivantes ?
a. un petit fonds tricoté main ;
b. un livre qui fait dans la confiture ;
c. un livre gris souris ;
d. un livre barbifiant.

❸ **Expression orale.**

Vous participez à un débat à la radio (par groupes de six au maximum). Choisissez un livre ou un film que vous connaissez tous (français si possible) L'un d'entre vous sera l'animateur, les autres les critiques. Avant de commencer, réfléchissez aux arguments que vous donnerez pour justifier votre jugement : vous pouvez noter des mots clés sur une fiche mais vous ne devez pas lire pendant le débat. Prévoyez un temps limité (15 à 30 minutes au maximum).

▲ *Marie Desplechin.*   *Au marché de la poésie.* ▶

Un enregistrement de l'émission Le masque et la plume.

④ Transformez ces phrases neutres en jugements personnels.

1. Dans ce film, il y a de nombreuses poursuites en voiture.
2. L'intrigue du film est compliquée.
3. C'est un film de suspense.
4. Le film dépeint la vie quotidienne d'une famille ordinaire.
5. Il y a beaucoup de dialogues.

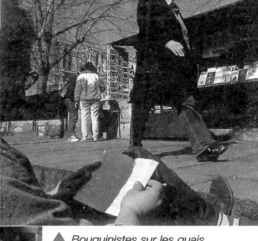

▲ *Bouquinistes sur les quais de la Seine.*

◄ *Le marché aux livres, parc Georges Brassens, Paris, 15ᵉ arrondissement.*

Pour exprimer des nuances et des degrés dans l'appréciation : quelques modificateurs

Observez ces exemples :
Ce roman a sept cents pages.
Il est très long.
700 pages, quel pavé indigeste !
On passe d'une constatation objective à un jugement de valeur très fortement marqué et très subjectif. Différents modificateurs sont à votre disposition pour marquer plus ou moins de subjectivité (de la neutralité à l'enthousiasme ou au mépris) dans vos jugements.

Vous pouvez :
• utiliser une gradation dans le choix des adjectifs ou des déterminants.
Enthousiasme croissant :
Une bonne actrice, une très bonne actrice, une excellente actrice.
Une grande actrice, une très grande actrice, une immense actrice.
Une actrice remarquable, extraordinaire, sensationnelle, hors du commun, unique.
Une philosophie plate, d'une grande platitude, d'une platitude absolue.

• utiliser des formules d'atténuation.
– Formes négatives :
Ce film n'est pas franchement mauvais, ce film n'est pas dénué d'intérêt, ce film ne manque pas de qualités, généralement suivi d'un *mais...* annonçant des critiques ou à l'inverse : *elle n'est pas belle, toutefois, elle a un charme certain. Je ne suis pas un fan (familier) mais...*
– Adverbes :
*un univers **un peu** tamisé, le film ne tient **pas tout à fait** ses promesses, ça me fatigue **un petit peu** (fam.), on avait **plutôt** une bonne opinion, j'ai l'impression de lire le journal **en quelque sorte**.*
– Noms :
*Une **sorte de** mélancolie, **une espèce de** mélancolie.*
Adjectifs :
*il n'y a pas de **vrai** conflit.*

• utiliser des formules de renforcement :
*Un livre à lire **absolument**.*

• utiliser des formes exclamatives.
Enthousiasme croissant :
C'est un beau texte. Quel beau texte ! Quel texte !
        La forme sans adjectif est la plus forte mais selon le contexte, peut avoir une valeur péjorative : *Quel texte ! un vrai galimatias !* ou admirative : *L'auteur est un vrai poète. Quel texte !*
À l'oral, les intentions du locuteur sont soulignées par l'intonation (voir le document oral, deuxième extrait).

GRAMMAIRE

COHÉRENCE DU TEXTE : LES TERMES DE REPRISE

Comment éviter les répétitions ?

Pour éviter les répétitions et assurer la relation entre les phrases d'un texte, il est nécessaire d'utiliser des termes de reprise. Ils peuvent être lexicaux ou grammaticaux.

L'Asie-sur-Méditerranée

Voici un joli petit musée qui a bien failli ne jamais voir le jour. Imaginé il y a une dizaine d'années, le bâtiment a été dessiné par Kenzo Tange. L'édifice se présente sous la forme de quatre cubes blancs, coiffés d'un ruban circulaire, lui-même surmonté d'une pyramide. Des promoteurs envisagèrent de le transformer en casino. Grâce à l'obstination de la directrice des Musées de France, le lieu, désormais baptisé Musée des arts asiatiques, a enfin trouvé une noble destination puisqu'il expose des miniatures, des estampes, des bijoux, des peintures et des sculptures. Pour ce nouveau-né, le plus dur reste à faire : étoffer ses collections.

D'après *Le Nouvel Observateur,* 05/11/1998.

Le thème de cette succession de phrases est le même : il s'agit toujours du *joli petit musée.* Cependant, le mot *musée* n'est employé qu'une fois : il est remplacé par des termes de reprise divers, soulignés dans le texte.

Ce sont :

• des noms de sens voisin :

– *Lieu* est un mot de sens beaucoup plus général que *musée* ;

– *Bâtiment, édifice* sont également des mots de sens plus général mais insistent sur l'aspect architectural ;

– *Nouveau-né* est une métaphore qui rappelle l'ouverture récente du musée.

La reprise par des noms est donc aussi un moyen d'enrichir le sens du texte.

• des mots grammaticaux :

– pronom personnel : ***le** transformer* ;

– adjectif possessif : ***ses** collections* ;

– adjectif démonstratif : ***ce** nouveau-né* ;

Dans certains cas, un nom ou un pronom reprennent non un mot mais une idée exprimée par tout ou partie de la phrase précédente :

Un jeune homme a tué son père. **Ce drame** *est au cœur du film « Alice et Martin ».*

*Un jeune homme a tué son père. Sa vie **en** est bouleversée.*

❶ Puzzles de textes : reconstituez ce texte dont les phrases ont été mélangées.
Comparez vos résultats avec ceux des autres.

Le dernier repas.

1. Il songe même au suicide.

2. Pour le distraire et aussi par machiavélisme, Victor lui propose, sous forme de pari, une expérience inoubliable : vivre un mois dans la peau d'un clochard.

3. Après une vie extrêmement riche et mouvementée, ce milliardaire, désabusé, blasé, s'ennuie.

4. Henry Smith est un richissime homme d'affaires qui vit reclus dans sa tour d'ivoire en compagnie de son valet Victor et de Mademoiselle Flesh chargée d'écrire ses mémoires.

À vot' bon cœur, m'sieurs-dames...

LES TERMES DE REPRISE GRAMMATICAUX

• Pronoms personnels

L'exposition Van Gogh ouvre demain au musée d'Orsay. **Elle** *sera inaugurée par le ministre de la Culture. On pourra* **y** *admirer les tableaux les plus célèbres du peintre.*

 La phrase doit rester claire. Voici une phrase maladroite : *L'auteur a présenté son livre à la presse. Il est très gros.* Qui est gros : le livre ou l'auteur ? Pour éviter l'équivoque, on peut dire, selon le cas : *C'est un très gros roman. C'est un homme très gros.* (Reprise par un nom.)

• Pronoms démonstratifs

Les jurés ont remis le prix au lauréat. **Celui-ci les** *a remerciés.*

Celui-ci, démonstratif, renvoie au dernier nom de la phrase précédente. **Les**, pronom personnel, renvoie au sujet de la phrase.

Ce, cela, ceci, ça peuvent reprendre tout ou partie de la phrase précédente :

Des fantômes, des cadavres, des disparitions… Tout **cela** *donne le frisson.*

• Pronoms possessifs

Jean et moi avons écrit une nouvelle. **La sienne** *a eu un prix,* **la mienne** *non !*

Autres pronoms : **l'un… l'autre, ce dernier, certains…**

Une foule de visiteurs se presse devant l'entrée du musée. **Certains** *sont là depuis plusieurs heures.*

• Adjectifs démonstratifs ou possessifs placés devant un nom de reprise

Le festival d'Avignon a lieu en juillet. **Ce** *rendez-vous annuel des amateurs de théâtre attire toujours de nombreux spectateurs.*

D'une façon générale, un terme de reprise ne peut se trouver dans la première phrase d'un texte, sauf s'il renvoie au titre *(festival d'Avignon, ce rendez-vous…)* ou, dans un texte littéraire, pour produire un effet particulier : de nombreux romans modernes commencent par un **il** ou **elle** dont le lecteur ignore l'identité. Cela donne l'impression à ce dernier de pénétrer dans une histoire déjà commencée.

Elles *allaient d'un village à l'autre, et dans chacun (ou du moins ce qu'il en restait) d'une maison à l'autre…* (début de *L'Acacia*, de Claude Simon).

VOCABULAIRE

① **Placez des termes de reprise qui conviennent dans les blancs du texte. En plus des termes grammaticaux, vous utiliserez les noms suivants :** *activités – aventure littéraire – prix – opération – jeunes lecteurs – jury – choix.*

Goncourt des lycéens

Le prix Goncourt des lycéens a dix ans. Dix années pendant lesquelles … aura permis à des milliers de lycéens d'élire le roman de leur choix, parmi les titres sélectionnés par l'Académie Goncourt. … sera décerné par les élèves de 53 lycées. … un peu spécial n'est pas constitué que de littéraires. De nombreux élèves de lycées techniques ou professionnels … font partie.

Tous … se sont montré par le passé des critiques avertis. … sont en effet aussi valables que … de leurs aînés du vrai Goncourt. … est l'occasion de rencontres avec des écrivains. Des ateliers d'écriture auront lieu au cours du mois d'octobre. … permettront peut-être à des auteurs déjà couronnés de découvrir de futurs « Goncourables ».

② **Dans les phrases suivantes, placez des termes de reprise (noms ou groupes nominaux) qui conviennent en les faisant précéder de** *ce, cet, cette* **ou** *ces* **si nécessaire.**

Georges Simenon a eu une production abondante. … doit surtout sa popularité au célèbre Maigret.

➜ *Cet auteur/cet écrivain/ce romancier doit surtout sa popularité au célèbre Maigret.*

1. Au début du roman, Pierre aime Jeanne, qui aime Paul, qui lui-même aime Sophie. Trois pages avant la fin, la mort de Paul vient miraculeusement apporter une solution à … sans issue. … paraît bien invraisemblable.

2. La *Phèdre* de Racine est jouée à la Comédie Française. … est sans doute la plus difficile du grand … et les actrices redoutent … écrasant.

3. Le prix Goncourt a été attribué cette année à Paule Constant. … prestigieuse assurera à … de confortables revenus.

4. Le festival de Cannes, la fête de la Musique, les journées du Patrimoine sont très connus du grand public. En effet, … sont fortement médiatisées.

Évaluation

1 COMPRÉHENSION ÉCRITE *(10 points)*

Brétécher, la tendresse assassine

Sauf erreur, Claire Brétécher est la seule femme à avoir pénétré le monde de la bande dessinée, dans lequel elle brille d'un éclat singulier. Son trait et son esprit, également féroces, lui ont permis de s'imposer vite et de durer. Cela depuis 1963.

Ces aventures nouvelles d'Agrippine constituent le troisième volume d'une série ; d'avoir raté les deux premiers, en 1988, puis en 1991, n'empêche pas d'aimer cette adolescente, touchante par ce qu'elle affiche de déconcertant et d'éternel.

Pour comprendre les finesses du métalangage des personnages de Brétécher, le plus souvent des femmes plutôt féministes, il faut être un fidèle lecteur de l'auteur.

Cependant, ces aventures d'Agrippine, dessinées avec une tendresse assassine, devraient amuser.

D'après *Le Point* n° 1370, 19-26 décembre 1998.

Lisez le texte et répondez aux questions suivantes *(2 points par réponse, total sur 10 points).*

1. À quelle rubrique de magazine peut figurer cet article ?
   a. Chronique de la vie littéraire.
   b. L'humour au quotidien.
   c. Les livres font leur cinéma.
   d. Rendez-vous avec le roman.
2. Le genre littéraire dont on parle est généralement illustré par des hommes.
   a. Vrai.
   b. Faux.
   c. On ne sait pas.
3. Ce livre s'adresse plus particulièrement :
   a. aux adolescents ;
   b. aux lecteurs avertis ;
   c. aux féministes.
4. Agrippine est le nom d'une nouvelle héroïne.
   a. Vrai.
   b. Faux.
   c. On ne sait pas.
5. Dans cet article, la critique est plutôt :
   a. favorable ;
   b. négative ;
   c. neutre.

2 PRATIQUE DE LA LANGUE

❶ **Mettez aux temps qui conviennent du passé les infinitifs entre parenthèses (on peut quelquefois utiliser deux temps différents pour le même verbe)** *(total sur 5 points).*

1. Hier soir, quand je (rentrer) de la piscine, je (regarder) la cassette vidéo qu'on me (prêter) la veille.
2. Dès que je (finir) de lire mon journal, je lui (envoyer) les photos que je lui (promettre).
3. Quand il (descendre) de l'arbre, il (ramasser) les pommes qu'il (faire) tomber.
4. Aussitôt qu'ils (finir) de manger, je (ranger) les verres en cristal que je (sortir) pour fêter l'événement.
5. J'ai beaucoup aimé les paroles qu'il (prononcer) et je (applaudir) chaleureusement dès qu'il (finir) son discours.

❷ **Vous écrivez un mot à un ami pour lui transmettre le message suivant. Utilisez des verbes introducteurs (du discours rapporté) variés** *(total sur 5 points).*

Je ne peux pas encore te dire la date de mon arrivée. Je suis désolé. Je n'ai pas encore fait de réservation. Je te rappellerai dès que je l'aurai. Retiens quand même la semaine que nous avions fixée.
Marc

Cher Arthur,
Marc m'a dit qu'il…

3 SAVOIR-FAIRE

❶ **Développez ces phrases neutres. Ajoutez un jugement personnel positif ou négatif** *(total sur 5 points).*
C'est un roman de 200 pages.
➜ *Il est presque trop court. On ne voit pas le temps passer.*

1. Ce film dure trois heures.
2. Le scénario de ce film est inspiré d'un roman.
3. C'est un film en noir et blanc.
4. Ce roman dépeint la vie au xixe siècle.
5. Il y a beaucoup de personnages différents.

❷ **Remettez dans l'ordre le texte de présentation du film *Le Frère irlandais*** *(total sur 5 points).*

1. Toujours perturbé par la mort prématurée de celle-ci, il s'entend si peu avec son frère cadet Sean qu'il tente un jour de le tuer.
2. Renversé par un cheval fou, Éric perd la mémoire.

3. Ses remords le poussent à regagner la France où il espère trouver des réponses aux questions douloureuses qui le hantent.

4. Éric Conelly est né en France, patrie de sa mère, mais a grandi en Irlande.

5. Il arrive ainsi chez un couple d'éleveurs qui a racheté la ferme de sa mère.

4 LEXIQUE
(1/2 point par blanc, total sur 5 points)

Dans le texte suivant, placez des termes de reprise.

Marguerite Duras a écrit de nombreux romans et a réalisé quelques films.

Écrivain et ... française, ... évoque souvent ... enfance passée en Indochine. Elle ... situe le cadre de plusieurs de ses romans.

Parmi ces héroïnes, ... vivent souvent « sans savoir pourquoi » mais attendent que quelque chose sorte du monde et vienne à ... . Mais incapables de vraiment communiquer , ... sont contraintes de « rentrer dans le silence ». ... art de l'ellipse et des sous-entendus se retrouve dans ... scénarios de films.

... illustrent toujours la tentative manquée de vivre un amour fou.

5 CONNAISSANCES DES RÉALITÉS FRANÇAISES

Le savez-vous *(total sur 5 points)* ?

1. Comment s'appelle le langage dont les syllabes sont inversées ?

2. Dans quelle ville de France les Francophonies ont-elles lieu ?

3. Un peintre a peint les fauves qu'il allait observer au Jardin des plantes à Paris.
Comment s'appelle-t-il ?

4. Quel est le plus grand parc de Paris ?

5. Citez le nom d'une pièce de théâtre de Jean Racine.

ÉCONOMIE ET LOISIRS

AVORIAZ

1 800 - 2 460 m

Station « famille », sans voiture dont les rues-pistes accueillent promeneurs, skieurs, et traîneaux tirés par des chevaux. Départ skis aux pieds de toutes les résidences

ACCÈS : En Haute-Savoie, à 75 km de Genève. Route par Cluses, Taninges et Morzine. Carte Michelin n°74. Gare T.G.V. de Thonon à 45 km ou de Cluses à 42 km. Aéroport de Genève-Cointrin a 80 km ou d'Annecy a 96 km.

ascenseurs et/ou escaliers mécaniques), départ ski aux pieds.

LES RESIDENCES STATION

Réparties en étage autour du coeur de la station, proximité des commerces (accès au centre par

■ Nöel au pays d'Avoriaz (du 20 au 27 Décembre 98) Animations quotidiennes : spectacles de rue, manège de cheveaux de bois, distribution de papillottes par les lutins, lancer de ballons, portant les lettres des enfants et arrivée du Père Noel sur son traineau chargé de surprises.

NEUF SERVEURS MINITEL POUR PARTIR DEMAIN

Même en été, on peut trouver où partir du jour au lendemain, et parfois à prix bradés. Il suffit de consulter nombre de 3615 (ou 3617). Sélection des meilleurs services

Degriftours
Accès : 3615 DT. Rubriques les plus intéressantes : « Coups de cœur » et « Super-affaires ».
Réductions : de 10 à 50% (*), entre J-15 et J-1.
Quelles vacances ? Tous styles : billets d'avion, circuits organisés, séjours balnéaires... dans le monde entier.
Points forts : le plus grand choix et notamment des rubriques France, thalasso, croisières et luxe.
Attention ! Dégriftours est pris d'assaut. On n'en est donc jamais sûr de sa réservation avant la confirmation, dans les 24 heures.

On Se Casse
Accès : 3615 OSC. Rubrique : « Nos promotions ».
Réductions : entre 10 et 50% une semaine avant.
Quelles vacances ? Vols secs, séjours, circuits.
Points forts : Jordanie, Syrie, Liban, Malte, Grèce, Chypre et Crète.
Attention ! En été, on trouve plus facilement un circuit en Syrie, où la saison

Une plage à Madagascar. Pour un départ coup de cœur, faites un 3615

AVORI

1 800 - 2 46

Station « famille », sans voiture rues-pistes accueillent pron skieurs, et traîneaux tirés par vaux. Départ skis aux pieds de to résidences
ACCES : En Haute-Savoie, a 75 km de Gen

Mondial 98, sur les Champs Élysées après la victoire...

Remue-méninges (travail de groupe).

1. **Quels sont les différents domaines de loisirs évoqués par ces documents ?**
   En quoi peuvent-ils être considérés comme une *industrie* ?

2. **Pour chacun des loisirs évoqués, faites une liste : *a.* des produits, *b.* des métiers, *c.* des secteurs économiques, qui sont les plus directement concernés.**

   Pour trouver plus facilement, demandez-vous quelles seraient les conséquences dans le domaine de la production et du travail, si, brusquement, les gens cessaient de pratiquer cette activité de loisir : dans quels métiers y aurait-il immédiatement beaucoup de chômage, quels produits deviendraient inutiles ?

   Loisirs : paris sur les courses de chevaux.
   Produits : tickets, publicités, journaux spécialisés, équipements des champs de course...
   Métiers : employés du PMU, des champs de course, des cafés où sont vendus les tickets, jockeys, palefreniers, entraîneurs, journalistes spécialisés, éleveurs de chevaux.
   Secteurs économiques : commerce, services, agriculture...

Corrida dans les arènes de Nîmes.

Faits de société

21 168 500 francs. Au café de *L'Union* de Neung-sur-Beuvron, où l'on peut boire un verre, acheter des cigarettes, se faire couper les cheveux (si, si) et valider son bulletin de Loto, la nouvelle est tombée telle une météorite : venue d'une autre planète. Une nouvelle inattendue, à peine croyable. Pensez ! Un responsable de La Française des Jeux vient d'appeler la patronne pour l'avertir qu'un bulletin de Loto gagnant de plus de 21 millions de francs a été validé chez elle. Personne dans ce petit village solognot[1] n'aurait imaginé pareil événement ! […] Qui va empocher le pactole ? C'est la question du jour.

À toute vitesse, l'extraordinaire nouvelle quitte le petit café de la place pour faire le tour du village, avant de se répandre sur l'ensemble du pays des étangs par la magie couplée des médias et du bouche à oreille. Sur les lèvres solognotes, les millions de francs se transforment vite en milliards de centimes. […]

Neung-sur-Beuvron est maintenant en état d'alerte. Ceux et celles qui ont enregistré leurs bulletins de Loto au café de *L'Union* s'empressent de comparer leurs numéros avec les six chiffres tirés au sort. Les cœurs battent fort et les déceptions sont à la mesure de l'enjeu, occasionnant de désespérés « c'est pas moi ».

Comme tous les autres, Gérard, dit Gégé, un habitué de *L'Union*, vérifie son reçu. Les numéros qu'il joue, lui, il ne les connaît pas par cœur. Et pour cause, cela fait longtemps qu'il a laissé tomber les dates de naissance au profit du Loto système flash, mettant ainsi chaque semaine son sort de joueur entre les mains du hasard et de l'informatique. Il examine maintenant les chiffres couchés sur son ticket. « Un, deux, trois ». Il en a trois. Ce n'est qu'au second regard qu'il constate les six bons numéros. Gagné ! « Gégé », l'élu de ce tirage, vient de gagner 21 168 500 francs. Enfin, la moitié, puisque l'autre revient à son copain Jean-Claude avec lequel il partage régulièrement le prix du ticket. […]

Ils sont réellement les gagnants du Loto, ce concept ludique élaboré pour satisfaire « le rêve du gros lot […] ». Sans le savoir, les deux Solognots, en devenant ainsi multimillionnaires, incarnent du même coup aux yeux du public (et aux leurs !) la preuve vivante que tout le monde peut faire fortune du jour au lendemain… à condition de jouer. C'est le principe du « 100 % des gagnants ont tenté leur chance ». Le slogan est célèbre mais mérite des précisions chiffrées.

Sur les 10,7 milliards de bulletin de loto validés depuis 1976 (soit 180,5 milliards de chiffre d'affaire pour 93,5 milliards de gains redistribués), on compte 3 milliards de gagnants dont […] 346 gagnants à six numéros de 10 millions de francs et plus, parmi lesquels 35 seulement ont encaissé un chèque supérieur à 30 millions de francs. […]

Danièle Luce-Alet, *L'Argent de la chance*,
Éd. Belfond, 1996.

1. Solognot : de Sologne, région boisée située au sud de la Loire.

❶ Première lecture.
Cherchez les informations contenues dans ce texte.
1. Quel est le fait de société que l'auteur veut nous présenter ?
2. Qu'est-ce que le texte nous apprend sur :
    a. l'importance économique du Loto ;
    b. son fonctionnement ;
    c. les pratiques des joueurs ?

❷ Deuxième lecture.
1. Ce texte comprend deux parties : lesquelles ? Donnez-leur un titre.

2. Dans la première partie observez la façon dont l'auteur :
    a. crée un effet de suspense (découverte progressive du gagnant) ;
    b. souligne le contraste entre le milieu où se situe l'événement et son caractère sensationnel : caractérisation de la région, du village, du café, des gens concernés.

❸ À la manière de…
Il existe sans doute chez vous des loteries plus ou moins semblables au Loto français.
Racontez l'histoire vraie ou imaginaire d'un gagnant en imitant la première partie du texte.

Partez dans le secret des dieux

C'est la devise de ce voyagiste, qui égrène à sa suite, de page en page, [...] ce chapelet de slogans :

Partagez le secret des dieux.
Un séjour digne des dieux.
L'héritage des dieux.
Découvrez le royaume des dieux
Le prix du secret des dieux. [...]
Les croisières sur la mer des dieux.

Cette litanie a quelque chose d'exaspérant. Mais ce n'est pas l'irrespect religieux qui exaspère – avec ce discours qui mêle, il est vrai, les dieux à tout, aux arguments mercantiles comme aux joies de la planche à voile. Ce sont les dieux eux-mêmes, *toujours les dieux*. [...] On voit des dieux partout. Ces divinités anciennes envahissent toute la scène – comme si la Grèce d'aujourd'hui n'existait pas !

Changeons de catalogue. Celui-ci ne propose que des voyages culturels [...]. Hors des sentiers battus (comme il se doit), vous serez sur les pas de Philippe de Macédoine, « en passant (comme il se doit aussi) par l'Olympe, « demeure des dieux » ! Toujours des dieux. [...] Et puis il est dit pour conclure que ces voyages sont des itinéraires destinés aux « curieux avides d'essentiel » désirant appréhender « en un seul regard la Grèce de toujours »

La Grèce de toujours ? *Qui est-ce ?* Serait-ce là l'essentiel de ce pays dès lors que l'on abandonne ses plages : ces sites, ces ruines, ces dieux vétustes ? [...] et les hommes, alors ? Quelles sont les images du peuple grec mises en circulation à l'appui de cette promotion ? Ce constat s'impose. De tous les personnages convoqués à cet effet dans les catalogues, une « star » se révèle omniprésente : *le vieillard* – le vieillard mal rasé à la moustache blanche, le vieillard assis sur sa chaise branlante, le vieillard habillé de noir, posant devant le mur immaculé de son humble demeure. Est-ce un berger, un pêcheur, un veuf ou un retraité des chemins de fer du Péloponnèse ? Peu importe ! L'essentiel est qu'il soit vieux.

[...]. Ainsi au fil des catalogues, on découvre sans cesse du Géronte[1] exotique : un vieillard turc vendant des brochettes dans le port d'Istanbul ; une vieille Indienne aymara sur les rives du lac Titicaca ; un vieux Chinois desséché dans la pénombre d'une boutique de légumes secs à Hong Kong ; ou encore un vieux brahmane, [...] à barbe blanche et cithare, posant devant le Tadj Mahall. [...]

Ce vieillard emblématique, photographié comme un monument, est un vestige. Un fossile vivant.

Jean-Didier Urbain, *L'Idiot du voyage*, Éd. Payot, 1993.

1. Nom d'un personnage de vieillard dans de nombreuses comédies.

❹ Première lecture : l'objet de l'analyse.

1. Quels sont les documents que le sociologue, auteur de ce texte, a étudiés ?

2. Quelle a été sa méthode de travail ?

3. Quelles sont les deux caractéristiques principales qu'il a observées dans ces documents ?

❺ Deuxième lecture : une prise de position polémique.

1. Quelles sont les réactions de l'auteur devant les documents qu'il étudie ?

2. Recherchez des exemples qui montrent comment il essaie d'entraîner le lecteur à partager son point de vue :

a. en soulignant par différents moyens l'aspect répétitif des images et des slogans : termes de reprise péjoratifs *(cette litanie)*...

b. en associant le lecteur à sa recherche *(changeons de catalogue...)* et à ses réactions ironiques ;

c. en créant une sorte de dialogue avec un adversaire fictif : *Qui est-ce ?*

VOYAGES, VOYAGES...

❶ Par groupes de deux ou trois, écoutez plusieurs fois le document en notant le maximum d'informations. Mettez en commun vos résultats, puis rédigez ensemble un bref article de journal (10 lignes maximum) pour présenter le cas des personnes interviewées sous le titre *La vie commence à 60 ans*. Contrôlez vos informations en écoutant une nouvelle fois avec la transcription. Comparez vos productions avec celles des autres groupes.

❷ Débat (par groupes de six maximum) : pour ou contre les jeux de hasard ? Préparation. Définissez clairement votre position (réelle ou simulée). Vous pouvez être totalement pour, totalement contre, pour ou contre avec des réserves, pour mais à condition que..., contre sauf si... Préparez votre argumentaire. Cherchez et classez vos arguments : arguments moraux, religieux, économiques, politiques... Réfléchissez aux arguments de vos adversaires et cherchez comment les réfuter. Notez les mots importants dont vous aurez besoin.

❸ 1. Observez d'abord les exemples de publicités. Que savez-vous des pays ou régions présentées ? Quels aspects en sont mis en valeur et comment ?

2. À votre tour, faites la promotion touristique de votre pays, de votre région ou de votre ville à l'intention de touristes français. Imaginez une affiche, ou réalisez-la, si vous en avez la possibilité. Quelle caractéristique, propre à séduire le public visé, mettrez-vous en relief ? Avec quelle image ? Avec quel slogan ? Écrivez quelques lignes pour présenter une proposition de visite ou de séjour. Aidez-vous des exemples de présentations de séjours et programmes de visite suivants. Vous pouvez réutiliser certaines structures de phrases en changeant les caractéristiques :
Avec ses/son/sa...
... mérite bien sa réputation de...
Découvrir..., c'est véritablement...

Andorre, le petit Pays où tout est plus grand ;
où vivre au rythme de la montagne.
Le Pays au coeur des Pyrénées où même
la culture est contraste,
où la lumière est émotion,
et les connaisseurs des privilégiés.
Rencontrez, découvrez Andorre,
Terre des Princes.

Pour le débat : concéder pour mieux affirmer

Dans un débat, il est souvent de bonne tactique d'approuver certains des arguments de l'adversaire pour mieux affirmer son propre point de vue :
Les publicités pour les jeux de grattage sont mensongères : on a l'impression qu'on y gagne à tous les coups !
Je vous l'accorde, c'est un fait *qu'elles nous montrent rarement des perdants.* **Mais** *les spectateurs ne sont pas dupes, ils connaissent très bien leurs chances réelles, ce qu'ils achètent, c'est un peu de rêve et c'est bien ça qu'on leur vend !*

Différentes expressions permettent de situer ainsi son opinion par rapport à celle des autres :

Acceptation	Réfutation
Il est exact/vrai/certain que.../Il ne fait pas de doute que...	mais, pourtant, toutefois, cependant,
Je vous accorde que.../Je reconnais bien volontiers que...	tout de même, quand même, il n'en reste
J'admets que... Admettons/je veux bien admettre que...	pas moins que...
J'admets votre point de vue/votre argument...	
C'est un argument valable...	
Certes.../certainement/évidemment...	
Bien que/en admettant que...	
Quand bien même...	

DÉCOUVRIR SAINT-PETERSBOURG L'HIVER,

c'est véritablement vivre un rêve éveillé, saupoudré de neige et de mystère. Plus que jamais romantique, elle offre une succession de lieux enchanteurs, ponctué de palais aux couleurs pastels et d'églises aux coupoles opulentes, dont la Neva, majestueuse dans son manteau de glace, est le point d'orgue.

Un cadre d'exception pour un grand réveillon

Catalogue Euro Pauli Noël, nouvel an 1998/1999.

Avec sa longue baie bordée de la plus belle plage d'Europe, La Baule mérite bien sa réputation internationale. Vous aurez plaisir à découvrir les charmes de la ville et l'accueil offert par ses habitants. Et les meilleurs endroits pour faire connaissance, sont les marchés [...]. Vous adorerez y marcher à votre rythme. Et si cette balade vous ouvre l'appétit, les restaurants gastronomiques vous accueilleront.

Guide SNCF *Échappée belle*, 1998.

Pour écrire des slogans publicitaires

• **Structures et procédés**

Pour attirer et retenir l'attention, un slogan publicitaire doit être court, présenter une structure simple (impératif, phrase sans verbe) et frappante. Quelques procédés fréquents : rimes ou répétition des mêmes sonorités *(eau, beau, canaux)*, oppositions fortes *(petit pays/tout est plus grand)*, jeux de mots *(cure de beauté/cure de beautés)*.

• **L'article dans les slogans**

Dans les slogans, comme dans les titres, on utilise souvent des phrases sans verbe, composées d'un nom *(Andorre)* suivi d'une apposition et d'un autre nom qui sert à caractériser le premier. Ce deuxième nom peut être :

– dépourvu d'article :

Andorre, petit pays où tout est plus grand ➜ le nom est une simple étiquette : l'Andorre présente la caractéristique d'être un petit pays où tout est plus grand ;

– précédé d'un article défini : *Andorre, le petit pays où tout est plus grand* ➜ l'Andorre est présenté comme le seul, ou du moins le meilleur pays ayant cette caractéristique ;

– ou indéfini : *Andorre, un petit pays où tout est plus grand* ➜ l'Andorre est présentée comme **un exemple** (parmi d'autres) de pays ayant cette caractéristique.

GRAMMAIRE

LES DEGRÉS D'INTENSITÉ : SUPERLATIFS ET ÉQUIVALENTS

Les publicités utilisent de nombreux procédés pour vanter les qualités du produit à vendre. Un des plus fréquents est d'affirmer que chacune de ces qualités est portée à son degré d'intensité maximum : le produit proposé n'est pas seulement *bon*, il est *le meilleur* de sa catégorie. Pour cela, on utilise :

• les superlatifs absolus :
C'est une très agréable station. Équivalents : particulièrement, extrêmement, remarquablement. *Un séjour extrêmement agréable dans un hôtel remarquablement bien situé.*

• les superlatifs relatifs :
Cuba, la plus grande île des Caraïbes. Assouan, un des sites les plus remarquables de l'Égypte.

• les comparatifs :
– souvent sans complément exprimé :
En Irlande, tout est plus vert. (Plus vert que quoi ? On laisse au lecteur le soin d'imaginer.)
– ou avec un complément qui donne une valeur absolue :
Le désert plus grandiose que tout.

• les adverbes d'intensité *(si, tellement)* **ou des équivalents** *(vraiment, véritablement)* **:**
Des noms qui font tellement rêver. Une cuisine si raffinée. Un séjour vraiment merveilleux.

• tout(e) dans des expressions comme :
La nature dans toute sa splendeur (= sa splendeur maximum). *Partez en toute liberté.*

• des préfixes ou des suffixes à valeur intensive : *maxi-, mini-, hyper-, -issime* :
Vous verrez des espèces rarissimes de la faune aquatique. Des voyages à miniprix/à des prix hyper-compétitifs qui vous offrent un maxi-dépaysement. (Ce procédé appartient à un registre de langue familière.)

• des adjectifs qui ont par eux-mêmes une valeur de superlatif :
Extraordinaire, magnifique, inoubliable, exceptionnel.

Remarque : ces procédés reflètent le point de vue de celui qui s'exprime : le séjour *merveilleux* promis par le catalogue sera peut-être jugé *épouvantable* par le touriste ! Le sens des adjectifs dépend souvent du contexte : dans un catalogue, un prix *exceptionnel* signifie évidemment *exceptionnellement bas*, et non l'inverse.

❶ **Reportez-vous aux différents textes publicitaires cités, relevez et classez les procédés d'intensification.**

LES BONNES AFFAIRES DE LA COUPE DU MONDE DE FOOTBALL : LES BUTS DE LA PUB

Les marques s'affrontent à coup de pubs sur le terrain de la notoriété. Pas besoin de trop se remuer les méninges créatives : le public est aussi grégaire que les foules du stade. Coca-Cola cible sur les jeunes : « *Répondez à l'appel de la Coupe du monde 98.* » La SNCF fait miroiter l'espoir d'assister à la finale : « *Avec la SNCF gagnez des places.* » D'autres brodent sur l'allégresse des foules : « *Faites la fête avec Hewlet Packard* » « *Rêvez, vivez, suivez la Coupe du monde* » (Magazine Officiel France 98). Quelques marques à tonalité féminine jouent l'alternative sur un mode humoristique. Ainsi la chaîne Arte, exclue des retransmissions, suggère : « *Ne vous coupez pas du monde, Arte vous a concocté une programmation "absolutely no*

foot". Une agence de voyage propose à ses clientes : « *Fuyez le foot, partez en Turquie avec 5 % de remise.* » Le foot peut servir aussi de support à des causes nobles. La RATP place dans ses couloirs des affiches de pays sur le thème : « *Découvrez les pays de la Coupe du monde autrement qu'en short* ». Plusieurs top models poseront pendant toute la durée de la Coupe en tenue de footballeuses signées Agnès B., pour soutenir l'action de la recherche médicale.

D'après *Le Nouvel Observateur*, 11/06/1998.

❷ **Reprenez toutes les phrases de discours rapporté dans le texte sur la Coupe du monde et mettez-les au discours indirect, en utilisant un verbe introducteur convenable :**
Coca-Cola suggère aux jeunes de répondre à l'appel de la Coupe du monde.

QUELQUES DIFFICULTÉS DU PASSAGE AU DISCOURS INDIRECT

• **Phrases à l'impératif :** changement de **mode**, l'impératif devient un infinitif.

Prenez le train. → Cette publicité nous suggère de **prendre** le train.

 Attention à la forme négative :

N'hésitez pas à nous consulter → On conseille aux clients de **ne pas hésiter** à consulter l'agence.

• **Verbes introductifs au passé :** changement de certains **temps** (**concordance** des temps)

Discours direct	→ Discours indirect
Présent	→ **Imparfait**
« C'est un hôtel confortable. »	*L'agence prétendait que **c'était** un hôtel confortable.*
Passé composé	→ **Plus-que-parfait**
« Je n'ai pas pu dormir. »	*Il a raconté qu'il **n'avait pas pu** dormir.*
Futur simple	→ **Conditionnel présent**
« Vous serez remboursé. »	*On lui a promis qu'il **serait** remboursé.*
Imparfait et plus-que-parfait	→ **Pas de changement**
« J'avais choisi cette agence parce qu'elle offrait une réduction aux étudiants. »	*Il a expliqué qu'il avait choisi cette agence parce qu'elle offrait une réduction aux étudiants.*

• **Changement des pronoms personnels et des adjectifs possessifs**

Il peut y avoir inversion entre **je/vous/tu** et **tu/vous/je** ou passage à la troisième personne :

Je vous réserverai une chambre.

Vous m'avez dit que vous me réserveriez une chambre.

Il m'avait dit qu'il me réserverait une chambre.

La même personne est représentée par **je** dans la première phrase, **vous** dans la deuxième et **il** dans la troisième.

Il ne faut pas oublier de faire les changements nécessaires pour les adjectifs possessifs :

*On m'a volé **ma** valise. Il prétend qu'on lui a volé **sa** valise.*

• **Changement dans les indicateurs de temps et de lieu**

Dans l'interview des retraités, la dame dit : *Ici, au Maroc, il y a beaucoup de contrastes.* **Ici** renvoie toujours au lieu où se trouve la personne qui parle. Si vous rapportez ces paroles au discours indirect, deux possibilités se présentent. Vous êtes vous-même au Maroc : vous pouvez conserver **ici** qui renvoie au lieu où vous êtes *(Elle a dit qu'ici au Maroc, il y avait beaucoup de contrastes).*

Mais ce cas se produit rarement : le plus souvent la personne qui rapporte les paroles ne se trouve pas dans le lieu, ni dans le temps où elles ont été dites. Des changements sont alors nécessaires : *Elle a dit que **là,** au Maroc, il y avait beaucoup de contrastes.*

Principaux indicateurs qui subissent des changements

Discours direct	Discours indirect
ici	là, là-bas
aujourd'hui, hier, demain	ce jour-là, la veille, le lendemain
ce matin, ce soir…	le matin, le soir

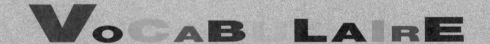

VOCABULAIRE

LES VERBES INTRODUCTEURS DU DISCOURS RAPPORTÉ

À côté des verbes de base qui servent à rapporter les paroles de l'autre *(dire, demander)*, il existe de nombreux verbes qui peuvent être utilisés pour varier et enrichir l'expression. Ils introduisent des nuances diverses.

• **Verbes déclaratifs :**

– pouvant remplacer ***dire :*** *affirmer, déclarer, expliquer, raconter, répéter, prétendre, soutenir…*

– pouvant remplacer **répondre :** *rétorquer, répliquer, objecter…*

• **Verbes interrogatifs** (pouvant remplacer **demander**) : *se demander, vouloir savoir, s'inquiéter de savoir…*

 Interroger, questionner ne peuvent pas se construire avec **si.**

Vous pouvez écrire : *« Vous avez votre passeport ? », questionna-t-il.* Mais vous devrez dire : *Il lui a demandé s'il avait son passeport.* Ou : *Il l'a questionné au sujet de son passeport.*

• **Verbes à valeur impérative** (pouvant remplacer *ordonner*) : *proposer, conseiller, suggérer, prier, enjoindre…*

ÉPREUVE A6 Expression spécialisée.
Domaine de référence : économie.

Objectif : comprendre un document écrit et s'exprimer oralement dans un domaine impliquant des connaissances et des compétences plus spécifiques, en relation avec la spécialité, la profession ou l'intérêt du candidat.

Oral 1. Compréhension écrite et expression orale.
Compte rendu oral d'un texte authentique d'une page, choisi en fonction d'un domaine de spécialisation défini par le candidat (quatre domaines : sciences humaines et sociales ; sciences économiques et juridiques ; mathématiques et sciences de la matière ; sciences de la vie).15 minutes maximum.

Objectif : synthétiser et reformuler les informations contenues dans le texte.

Principaux savoir-faire requis :
– saisir la nature et la spécificité du document ;
– dégager le thème principal et l'organisation d'ensemble (compréhension globale) ;
– extraire les informations essentielles (compréhension sélective) ;

– synthétiser et reformuler ces contenus de manière personnelle, mais sans introduire d'informations ou de commentaires étrangers au texte ;
– présenter un compte rendu cohérent et articulé.

Oral 2. Expression orale.
Entretien sur ce texte avec le jury : 20 minutes maximum. Temps de préparation : une heure maximum pour les deux épreuves.

Objectif : s'exprimer oralement (dialoguer, argumenter) dans le domaine de spécialité choisi, sur des questions en relation avec le document proposé dans l'oral 1.

Principaux savoir-faire requis :
– préciser l'objet d'un débat ;
– mettre le document en relation avec des notions fondamentales dans la spécialité choisie (à un niveau de culture générale) ;
– porter une appréciation, exprimer une opinion personnelle, argumenter, donner des exemples, nuancer ;
– réagir aux sollicitations de l'interlocuteur, relancer le débat.

LES MÉTAMORPHOSES DU TOURISME

Françoise Potier

L'évolution du tourisme en France reflète celle des autres pays européens : un tourisme de masse, des séjours plus courts et plus fréquents dans l'année et des vacances à thèmes.

Aujourd'hui, les Français, comme la plupart des Européens, voyagent plus souvent et sur des périodes moins longues. Ils ont remplacé le long mois de vacances (passé au même endroit) par des séjours plus courts répartis 5 tout au long de l'année.

L'augmentation continue des congestions autoroutières pendant les week-ends, les ponts et les grandes vacances, les files d'attente qui s'allongent devant les musées pour 10 les grandes expositions artistiques, la saturation des sites célèbres remarquables illustrent cette importance croissante des flux touristiques. Ainsi, le tourisme est devenu une des forces économiques de la France. Son mar- 15 ché s'est considérablement accru, ses cibles se sont diversifiées et les produits proposés cherchent par l'innovation à répondre aux attentes des nouveaux publics. Dans certaines régions, le tourisme devient, en outre, 20 par le niveau d'équipement et de service qu'il requiert, un facteur puissant d'implantation d'entreprises de pointe et d'industries nouvelles.

Il constitue, de par le chiffre d'affaires qu'il 25 génère, un énorme enjeu économique dans les secteurs du transport, de l'économie, du commerce et de l'animation en général. En France, on évalue cet enjeu à près de 10 % du PIB. Il génère de nombreux emplois esti- 30 més à 800 000 personnes en 1993 et entraîne un apport de devises pour 1995 d'environ 137 milliards de francs. La balance commerciale touristique représente trois fois les soldes de l'automobile, de l'aéronautique ou 35 de l'industrie spatiale et six fois celui du commerce de luxe. On estime à environ 325 millions le nombre de voyages touristiques effectués en 1994 par les Français âgés de 15 ans et plus. [...] 40 Pour la France, premier pays récepteur de visiteurs internationaux devant l'Espagne et les États-Unis, il faut ajouter, pour la même année 1994, 61 millions de séjours de touristes étrangers et 70 millions d'excursion- 45 nistes étrangers. La différence entre excursionnistes et touristes est, rappelons-le, la durée du voyage, le touriste passant au moins une nuit à sa destination. [...]

Les Français (et les Européens) fractionnent 50 de plus en plus leurs périodes de congés, et les courts séjours croissent plus rapidement que les grandes vacances. Dans le domaine professionnel aussi, le développement des foires, salons congrès... stimule les déplace- 55 ments relativement cours. Dans le même temps, les Français élargissent de plus en plus leur sphère de loisirs. Ils voyagent plus loin et diversifient leurs destinations. On peut schématiser l'évolution des pratiques touris- 60 tiques depuis vingt ans en trois étapes majeures : d'abord l'augmentation du taux de départ en vacances, puis le fractionnement des vacances depuis la moitié des années 80, avec la diminution de la durée des séjours et 65 la progression des courts séjours, enfin la diversification des destinations.

Un nouveau tourisme

Une plus grande autonomie des touristes et des choix « coups de cœur » complètent ces 70 transformations. Elles ont conduit notamment à une croissance importante des flux touristiques vers la ville, principale destination actuelle du tourisme de courte durée. [...] Une tendance récente pousse à une réelle 75 segmentation par grands thèmes (régénération du corps, culturel, ludique, sportif, aventure). [...]
La diminution du temps de travail et l'évolution des temps « libérés » [...] ont été fonda- 80 mentales dans l'évolution des pratiques de congé.

De nouvelles relations au travail

Un résultat global permet de prendre la mesure exacte de l'accroissement du temps 85 disponible. De l'après-guerre à nos jours, l'ensemble du temps de travail a été réduit de 40 % : sur la vie entière, une diminution moyenne de dix ans ; sur une année, une diminution de trois semaines ; sur la semai- 90 ne, une diminution d'environ 7 heures.
Par ailleurs de nouvelles relations au travail se sont développées. On trouve, d'une part, une conception très détendue de la vie dans l'entreprise ; d'autre part, dans bon nombre 95 de professions « interactives », notamment tertiaires, il y a difficulté de se libérer complè-

tement de son travail pour de longues périodes. [...] Ces nouvelles relations ont pour conséquence la fragmentation des congés et tout particulièrement le développement des longs week-ends. L'avancement de l'âge de la retraite, l'allongement de la durée de vie et la plus grande solvabilité des retraités font progresser le taux de départ touristique chez les personnes de 55-75 ans, taux qui était, jadis, particulièrement faible. Cette population, pouvant utiliser le potentiel touristique durant les périodes hors saison, est sollicitée par les transporteurs et les hébergeurs qui multiplient les offres spéciales. C'est ainsi qu'apparaissent des avions affrétés uniquement pour les « seniors » et que pendant la semaine fleurissent autour des monuments remarquables des cars de retraités. [...]

Quelle évolution ?

Au-delà des phénomènes économiques souvent lents, l'activité touristique est extrêmement sensible à la conjoncture sociopolitique.

Mais plus encore que pour les autres types de déplacement, ces déplacements sont aussi l'objet de cycles culturels courts d'où ne sont pas absents les phénomènes de mode. Cela rend délicate toute tentative de prévision ou de prospective sur ce secteur d'activité.

© *Sciences humaines* n° 73, juin 1997.

Conseils

Oral 1

On vous demande un compte rendu objectif et précis. Pour cela :

– avant de lire le texte, réfléchissez au sens du titre et relevez les informations données dans le « chapeau » ;

– lisez rapidement l'ensemble du texte de façon à en saisir l'idée générale et la constitution d'ensemble ;

– définissez les caractéristiques générales du texte : domaine de référence (économie, sociologie, technique, philosophie…), type de document (article de journal, extrait d'ouvrage…) et intention communicative (vulgarisation pour le grand public, étude savante pour spécialistes, valorisation publicitaire…), type de texte (à dominante informative, descriptive, argumentative…) ;

– relisez chaque partie et notez les informations et idées principales ;

– notez les exemples ou données chiffrées qui vous paraissent nécessaires à illustrer chacune des idées importantes ;

– préparez vos phrases d'introduction, de transition et de conclusion.

Vous ne devez pas lire vos notes mais vous pouvez vous y reporter pour retrouver un chiffre ou un mot précis qui vous fait défaut.

Oral 2

On vous demande d'exprimer des jugements appuyés sur des arguments. Évitez les prises de position brutales et sans nuances.

1 Intérêt du texte.

Un texte peut être intéressant :

– par son sujet : nouveauté (informations nouvelles, éclairage ou point de vue nouveaux sur des faits connus), importance du thème traité (pourquoi ?), actualité du problème ;

– par la façon de traiter le sujet (de façon scientifique, humoristique, dramatique…) ;

– en raison de la personnalité de son auteur (spécialiste de la question, personne célèbre…).

2 Opinion personnelle sur la question.

Pour pouvoir définir et justifier votre point de vue, interrogez-vous sur les points suivants :

– Aviez-vous déjà des connaissances sur cette question (par des lectures, des émissions de télévision, par vos études…) ? Si oui, le texte vous a-t-il apporté des informations ou un éclairage nouveau ? Si non, le texte vous a-t-il donné une information suffisante et claire ? Vous a-t-il donné envie d'en savoir plus ? Vous a-t-il amené à vous poser des questions et lesquelles ?

– Les faits de société analysés sont-ils spécifiquement français ou généraux ? Prennent-ils des formes différentes selon les pays ? Existent-ils dans votre pays et sous quelle forme ? S'ils n'existent pas, pourquoi n'existent-ils pas ?

– Ces faits peuvent-ils être considérés comme bénéfiques ou nuisibles ? À quel point de vue (économique, politique, social, moral…) ? Peut-on/doit-on agir pour changer les faits ou les situations décrits ? Comment ?

SIMULATION

Implanter une entreprise en France

VOUS AVEZ DÉCIDÉ D'IMPLANTER UNE ENTREPRISE EN FRANCE. TOUT EST À FAIRE.

DÉCISIONS

1 À la suite d'un débat, choisissez le type d'entreprise que vous voulez installer en France.

1. Choisissez un secteur d'activité : industriel, artisanal, agricole, commercial, touristique ou de services (cherchez dans l'unité 1).
2. Choisissez un type de produit nouveau et donnez-lui un nom. *Les œufs aromatisés…*
3. Identifiez précisément votre clientèle. Faites son portrait.

2 Recherchez :

1. le nom de l'entreprise : notez les noms qui vous viennent à l'esprit évoquant l'identité et la production de l'entreprise. Choisissez-en un par groupe. Enfin, mettez-vous d'accord sur un seul nom.
2. le logo. Dessinez-le.

3 Rédigez la fiche d'identité de votre entreprise. Aidez-vous des éléments de l'unité 2.

1. Structure juridique choisie : …
2. Date de création : …
3. Nom et portrait du ou des fondateurs : …
4. Activités : …
5. Implantation : …
6. Objectifs :…
7. Chiffre d'affaires prévu par an : …
8. Effectifs : …

4 Recherchez la ville de France et un site pour implanter votre entreprise.
Divisez-vous en groupes : cherchez sur une carte et étudiez l'intérêt de telle région ou de telle ville pour installer une usine sur le plan :

1. économique (histoire, vitalité…) ;
2. sociologique (taux de chômage, facilités d'embauche…) ;
3. infrastructure (transports, tissu industriel…) ;
4. environnement naturel, climat ;
5. culturel (produits régionaux…).

Une fois les éléments choisis débattez et argumentez pour choisir le meilleur lieu.

5 Élaborez les plans de l'entreprise.

Un groupe dessine les plans et élabore la maquette.

6 Construisez un organigramme. Choisissez des personnages pour :

Président … ; directeur général … ; Directeur des ressources humaines … ; directeur du budget ; direction informatique … .

7 Définissez les catégories de professions. Aidez-vous de l'unité 1.

8 Rédigez la biographie des dirigeants. Aidez-vous de l'unité 2.

Insistez sur ce que les dirigeants veulent et sur ce qu'ils ne veulent pas.

ÉCRITS ET JEUX DE RÔLE

1 Établissez la liste des personnes à contacter. Répartissez-vous les rôles.

Cherchez dans l'unité 1 les éléments qui peuvent vous aider :

1. pour obtenir le droit d'implanter l'entreprise ;
2. pour trouver un financement.

2 Jeux de rôle : conversations téléphoniques pour obtenir ces informations.

De quelles aides pouvez-vous bénéficier pour la création d'une entreprise ? Qui attribue cette aide ? Quel est le montant de l'aide ? Où doit-on retirer les dossiers ? Quel est le délai d'obtention de la subvention au dépôt du dossier ?
Faites plusieurs groupes :

1. Les journalistes de la télévision rédigent une fiche avec la présentation détaillée du nouveau produit. Les téléspectateurs interviennent en direct par téléphone.
2. Les dirigeants de l'entreprise élaborent le règlement intérieur.
3. Les publicitaires conçoivent une affiche pour le nouveau produit et un slogan.
4. Les responsables de la communication rédigent une plaquette de présentation de l'entreprise.
5. Les journalistes du journal régional écrivent un article sur les manifestations prévues pour l'inauguration de l'entreprise.
6. Un groupe d'écologistes rédige une pétition contre l'implantation de l'entreprise de la région.

LES ÉVÉNEMENTS

Préparez l'inauguration de l'entreprise.

Prévoyez les manifestations, la liste des invités, les interviews avec les journalistes régionaux et nationaux, les coups de téléphone à donner. Improvisez et vivez un événement : une découverte extraordinaire ou malheureuse pour l'entreprise, par exemple.

Jumelage

Vous avez décidé de faire le jumelage de votre ville avec une ville française.

Vous voulez promouvoir les échanges associatifs avec la France. Vous créez un comité de jumelage.

DÉCISIONS

1 Faites la liste des membres du comité : personnalités de votre ville engagées dans des activités citoyennes et représentants des mouvements associatifs. Choisissez des associations représentatives de votre ville. Aidez-vous des éléments de l'unité 6.

2 Désignez le président du comité de jumelage. Pour organiser le vote, reportez-vous à l'unité 8.

3 Rédigez :

1. la carte d'identité de chaque association présente dans le comité :
  – Nom de l'association : … – Date de création : …
  – Nom du président : … – Nombre de membres : …
  – Buts de l'association : … – Activités proposées aux membres : … – Mode de financement : …
2. la carte d'identité des autres membres du comité :
  Pour une personnalité politique :
  – Parti auquel il appartient : …
  – Fonctions actuelles : …
  – Principales étapes de sa carrière politique : …
  – Actions pour lesquelles il milite : …
  Pour une personnalité du monde des arts, de la science, de l'économie, etc. :…
  – Domaine dans lequel il est connu : …
  – Fonctions actuelles : …
  – Principales étapes de sa carrière : …
  – Activités qui l'ont fait connaître : …

4 Choisissez la ville de France avec laquelle vous voulez faire le jumelage.
Reportez-vous à la carte p. 6. Recherchez un point commun entre cette ville et la vôtre :
1. son nom se rapproche du nom de votre ville ;
2. des raisons historiques (un de vos compatriotes s'est illustré dans cette ville ou un Français originaire de cette ville s'est illustré chez vous) ;
3. des raisons économiques (une entreprise française originaire de cette ville s'est implantée chez vous, vous produisez dans votre région les mêmes produits que ceux de cette ville ou vous avez le même type d'activités) ;
4. des raisons géographiques (votre ville est située au bord de la mer, dans une région montagneuse, etc. comme cette ville française).
  Faites des propositions argumentées.
  Tirez au sort la personnalité ou l'association que vous représentez parmi les fiches rédigées.

ÉCRITS ET JEUX DE RÔLE

1 La première réunion du comité de jumelage a lieu. Vous faites la liste des atouts de votre ville pour réussir un jumelage.
En petits groupe, rédigez :

1. la fiche signalétique de votre ville (nombre d'habitants, situation administrative, principales activités).
2. les tableaux, les graphiques des associations (exemples dans l'unité 6),

2 En petits groupes, rédigez la lettre de proposition de jumelage destinée à la ville française que vous avez choisie.

Soyez persuasifs. Reportez-vous à l'unité 6. Chaque groupe présente sa lettre.

3 La deuxième réunion du comité de jumelage a lieu pour décider d'un programme d'échanges avec la ville jumelée.

Chaque représentant d'association fait des propositions sur :
1. les dates ;
2. les nombre de jours ;
3. les types de manifestations proposées (en rapport avec les activités des associations et des personnalités du comité) ;
4. les lieux où se dérouleront les manifestations ;
5. les aspects financiers (manifestations gratuites/payantes).

Rédigez le programme que vous joindrez à la lettre de proposition de jumelage.

4 Vous invitez une délégation de parlementaires français en visite dans votre pays pour leur demander d'appuyer votre projet.

Une partie du groupe joue les membres du comité de jumelage, l'autre les parlementaires français.
Vous essayez de convaincre les parlementaires de tous les avantages d'un jumelage de votre ville avec la ville choisie.
Les parlementaires interrogent les différents membres du comité pour obtenir des renseignements sur leurs activités.

5 Un journaliste français, présent à la réunion, rédige le compte rendu de cette rencontre. Écrivez l'article sur un ton humoristique. Vous pouvez vous aider des textes de l'unité 8.

Festival international

VOUS ÊTES CHARGÉS D'ORGANISER UN FESTIVAL INTERNATIONAL FRANCOPHONE DANS VOTRE PAYS. AU COURS DE CE FESTIVAL, UN PRIX SERA DÉCERNÉ.
Vous trouverez dans l'unité 14 de nombreux éléments pour vous aider, mais pensez aussi aux aides que peuvent vous fournir d'autres unités et l'index culturel.

DÉCISIONS

Après discussion entre vous, faites votre choix sur les points suivants.

1 Genre du festival.
Allez-vous organiser un festival de :

1. cinéma francophone ?
2. théâtre francophone ?
3. chansons francophones ?
4. littérature francophone (vous pouvez choisir un genre particulier : roman policier, poésie, BD…) ?

2 Organisation matérielle.

Date et durée du festival, lieux où il se passera. Possibilités de parrainage : quels sont, dans votre pays, les organismes officiels, les firmes susceptibles d'apporter leur soutien à une manifestation francophone ? Quels organismes pourriez-vous solliciter à l'étranger ? Quel sera le prix décerné ? Donnez un nom à votre festival et à son prix.

3 Participants.

De quels pays francophones peuvent provenir les participants ? Quels artistes ou auteurs participeront ? Dans votre pays quels groupes, associations culturelles, organismes sont susceptibles de proposer leur participation ? Quelles œuvres seront présentées ? Les œuvres et les artistes peuvent être soit réels soit imaginaires.

4 Constitution :

1. d'un comité d'organisation du festival : combien de personnes ? quelles seront leurs fonctions ? Le comité comprendra au moins un représentant étranger francophone, toutes ses réunions se passeront donc en français ;
2. d'un jury international, composé de spécialistes du domaine artistique choisi et présidé par une personnalité reconnue ;
3. d'un groupe de journalistes, envoyés spéciaux de la presse française et/ou francophone. Précisez à quel journal ou quelle revue réels ou imaginaires ils appartiennent. Pour chacun de ces groupes, établissez la fiche d'identité des personnes : nationalité, personnalité, physique, carrière. Répartissez-vous les rôles ; tout le groupe doit participer à la simulation. Lorsqu'un seul des trois groupes est concerné

par l'activité, ceux qui font partie des deux autres groupes jouent le rôle d'« assistants techniques » et apportent leur aide à la production des textes ou à la préparation des jeux de rôles. Notez avec précision les décisions prises et conservez soigneusement ces notes.

ÉCRITS ET JEUX DE RÔLE

1 Préparation d'une campagne publicitaire par le comité d'organisation.

1. Rédaction d'une annonce qui paraîtra dans la presse de divers pays francophones.
2. Préparation d'une affiche publicitaire : choix de l'illustration et du texte.
3. Rédaction de lettres destinées aux éventuels sponsors.
4. Rédaction du programme du festival : horaires, lieux, titres, brève présentation de l'artiste ou de l'œuvre.

2 Conférence de presse.

Le président du jury répond aux questions des journalistes (pourquoi a-t-il accepté cette présidence, qui sont les membres du jury, quels sont les critères sur lesquels ils feront leur choix…). Jury et journalistes prépareront séparément la conférence de presse : les journalistes se répartissent les questions, le jury essaie de prévoir les questions et aide le président à préparer ses réponses.

3 Réunion de crise du comité.

À la veille de l'ouverture du festival, une catastrophe se produit (la principale star s'est décommandée, le président du jury donne sa démission, le principal sponsor a fait faillite, le bâtiment prévu pour les spectacles s'est écroulé…). Quelles mesures prendre pour sauver le festival ? Propositions et discussion.

4 Échos du festival dans la presse orale et écrite.

1. Articles de journaux.
2. Compte rendus à la radio.
3. Débat entre critiques.

5 Réunion du jury pour l'attribution du prix : discussion, animée par le président, sur les qualités et les défauts des œuvres ou des artistes. Vote.

TRANSCRIPTIONS

UNITÉ 1

Peut-on classer les Français ?

Peut-on classer les Français ? En tout cas, on s'y essaie et depuis longtemps. En effet, vous le voyez sur ce tableau chronologique, la première tentative remonte à 1766, c'est la classification de notre premier économiste, Quesnay, qui divise la population en trois grandes classes. Pendant les deux siècles suivants, la société française a continué à se penser en termes de classes, en donnant il est vrai à ce mot des significations différentes. Au XIXe siècle, il est courant d'opposer les « classes laborieuses » aux « classes dominantes » ou les « classes inférieures » aux « classes supérieures ». Au début du XXe siècle, commence à se généraliser le terme imprécis de « classe moyenne » qui donne de la société une vision triangulaire, vous en voyez un exemple ici, sur ce transparent qui regroupe les principaux modèles de représentations de la société. Depuis, d'autres représentations de la société se sont fait jour. La classification par catégories socioprofessionnelles, celle-là tout le monde la connaît. Dans les années 70, est apparue la classification par « style de vie », ce sont ces sortes de patates que vous voyez là et qui regroupent, selon Bernard Cathelat, autour d'axes de valeurs partagées, ici par exemple en rouge les « entreprenants », là en bleu les « activistes », etc. ; ça a eu beaucoup de succès, mais en fait, c'est surtout utile pour le marketing. À partir des années 80, il est devenu courant d'envisager notre société comme une mosaïque de « tribus » ou communautés structurées autour de valeurs ou d'une culture communes : on parle de communautés à propos des Chinois de Paris ou des immigrés sénégalais, mais on peut regrouper sous ce label les prêtres, les skinheads ou les énarques ! C'est le modèle que vous avez ici. Enfin, le modèle le plus récent, celui de Bourdieu, que vous voyez là en bas, est plus complexe parce qu'en trois dimensions et compare la société à un mobile à la Calder.

UNITÉ 2

Une entreprise dynamique : la FNAC

La Fnac est/une entreprise très particulière/que vous connaissez bien/Pourriez-vous nous décrire son fonctionnement en quelques mots/

Mais bien sûr/La Fnac/c'est-à-dire/la fédération nationale d'achats des cadres/est aujourd'hui/le premier distributeur français de biens de culture et de loisirs/Elle est implantée dans…/ 42 villes de France/mais également/en Belgique/en Espagne et/au Portugal/

C'est un peu le magasin de l'écrit/de l'image/et du son/et/elle offre un vaste choix/dans le domaine du disque/du livre/de la photo/de tout ce qui est vidéo/micro informatique et bureautique/

Elle vend par ailleurs/bien d'autres produits/comme des voyages/des billets de spectacles…/

C'est vrai/c'est une entreprise particulière/et l'originalité de la Fnac/tient d'une part à/sa politique commerciale/d'autre part à sa vocation culturelle/et surtout à son alliance avec le consommateur/

Elle offre en effet/un choix très large/de produits de qualité à prix compétitifs/avec un niveau de service élevé/

Son…/chiffre d'affaires/est de 11 974 millions de francs pour 1997/ce qui la place parmi les 100 premières entreprises françaises/et les 500 premières entreprises européennes/

Elle compte plus de 8 000 salariés/dont 968 travaillent à l'étranger/Les trois quarts de l'effectif ont moins de 35 ans/

Elle a été fondée en 1954/et le premier magasin a ouvert/en 1957/à Paris/

UNITÉ 3

Vie familiale et vie professionnelle

Les femmes suédoises ayant accédé tôt au marché du travail/on avait besoin de la force de leur bras/les questions de l'égalité entre hommes et femmes/entre le travail et la maison se sont posées plus tôt ici que chez vous en France/donc nous en sommes arrivées peut-être un peu plus loin/alors quel est le problème/le problème c'est que les hommes suédois sont un peu comme les hommes français/avec tous leurs avantages/il n'y a que 25 % des pères d'enfants au-dessous de sept ans qui profitent de prendre le congé parental/alors vous me direz pourquoi/et là je ne vous dirai pas pourquoi/pensez chacun et chacune d'entre vous aux hommes qui vous entourent/si vous leur demandiez de prendre un congé pendant quelques mois qu'est-ce qu'ils vous répondraient/la réponse est la même en Suède/

si un pauvre père qui a demandé un congé papa même de courte durée se fait plaisanter par ses copains qui peut-être le traitent de femmelette ou je ne sais pas quoi d'autre/vous pensez bien qu'il y en a peu qui oseront suivre son exemple/

beaucoup d'entre nous ont peine à laisser les hommes entrer dans les domaines qui nous sont traditionnels/la famille/le ménage/la cuisine/les soins aux enfants/combien de femmes ne préfèrent-elles pas faire les choses elles-mêmes/plus vite et mieux plutôt que de voir un compagnon maladroit prendre trop de temps pour des résultats pas toujours réussis/je ne compte pas le nombre de lessives toutes roses ou toutes grises que j'ai [inaudible]/

mais soyons généreuses/laissons les hommes apprendre/ça leur prendra peut-être un peu de temps mais ils y viennent/

le jour où les hommes publics/des ministres comme ça a été le cas en Suède/des grands chefs d'entreprise/des dirigeants syndicaux/des dirigeants de fédération/de bureaux régionaux, etc. auront le courage de dire/je prends un mois de congé papa et j'en suis bien content/ce jour-là nous saurons que derrière les beaux discours et les belles paroles sur l'égalité dont on nous abreuve et dont nous sommes un peu rassasiées/il y a une vraie volonté de faire l'exemple de joindre l'action à la parole/alors ce jour-là un grand pas sera fait pour atteindre cette égalité dont nous avons toutes tellement envie et besoin/

UNITÉ 4

Être syndiqué ?

Document 1
Question
Je crois que tu n'es pas syndiqué, tu peux m'expliquer pourquoi ?

Personne 1
Oui bien sûr, je pense que tout d'abord un syndicat c'est un peu un contre-pouvoir plutôt qu'un pouvoir. Je ne

crois pas que les syndicats puissent réellement défendre des employés, je doute de parfois même de leur sincérité. Je crois que les représentants des syndicats travaillent plus pour eux-mêmes que pour les autres et je pense que d'une façon générale c'est aussi donner une étiquette politique mais qui ne répond peut-être pas exactement à un engagement réel. Je doute aussi de la sincérité peut-être de ceux qui se syndiquent je crois que la plupart des gens qui se syndiquent ne savent pas exactement pourquoi, je ne pense pas que ça corresponde d'ailleurs forcément à une idéologie quelle qu'elle soit et je pense que d'une façon générale on se fait un petit peu leurrer par le syndicalisme.

Personne 2

Je ne suis pas syndiquée. Il faut quand même préciser que j'ai été syndiquée et même représentante du personnel dans un précédent travail. Donc je ne suis pas hostile à ce syndicalisme. Je ne suis pas syndiquée dans mon entreprise pour deux raisons principales : d'abord parce qu'il est un peu difficile au niveau de ma fonction d'être syndiquée je suis en effet responsable de communication interne et je suis rattachée directement au directeur des ressources humaines du groupe ce qui veut dire et lui-même est rattaché directement au président-directeur général, donc je travaille sur les messages de la direction et ça me paraît difficile d'être très honnête dans mon emploi, dans ma mission en ayant de l'autre côté ma carte de syndiquée... et puis, je ne suis pas syndiquée pour une deuxième raison : parce que je crois que les syndicats, en tout cas dans mon entreprise, sont plutôt négationnistes, ou en tout cas sont plutôt contre toute proposition de l'entreprise au lieu de travailler ensemble avec la direction pour mettre en place de nouvelles façons de travailler, une nouvelle responsabilisation du travail, etc. Donc ce côté d'empêcheur de tourner en rond c'est quelque chose qui me gêne, je le vois à chaque fois que la direction essaie de mettre en place une nouvelle, un nouvel axe stratégique, une nouvelle stratégie, les syndicats sont là, surtout quelques-uns bien sûr, pour tout de suite dire non avant de réfléchir et je trouve que ce n'est pas une façon aujourd'hui de travailler en entreprise, je crois, que ce soit le salarié ou la direction, on est tous salariés et on est dans le même bateau et chacun doit apporter des idées, des idées nouvelles, des initiatives pour que l'entreprise marche mieux.

Document 2

Sont en train d'arriver/donc rue du Bac au terme du défilé alors que les derniers, les délégations de la CGT les cheminots notamment viennent à peine de quitter la place d'Italie/autant le dire/c'est un long, très long cortège/sans doute plusieurs dizaines de milliers de personnes qui a serpenté cet après-midi dans le cœur de Paris/un cortège avec un seul thème le retrait du plan Juppé sur la Sécurité sociale/avec une couleur dominante le rouge des drapeaux et des ballons de Force Ouvrière/et avec un objet fétiche le sifflet/chaque coup de sifflet explique un militant : c'est un avertissement au gouvernement/au milieu de la manif un petit monsieur 55 ans/il a peur pour sa retraite et pour l'avenir de sa fille/20 ans bac plus deux/toujours sans emploi/il dit que les fonctionnaires ne sont pas des privilégiés/il espère que la prochaine fois les salariés du privé défileront avec eux/rue du Bac à Paris Frédéric Carbone/France-Inter.

UNITÉ 5

Les métiers du futur

– Et puis l'innovation, c'est le télésecrétariat. Dominique..., vous avez créé votre propre entreprise de télésecrétariat, qu'est-ce que ça veut dire le télésecrétariat ?
– C'est du travail que je fais à domicile, à la maison, dans une vieille grange que j'ai aménagée avec de vieilles poutres, des murs tout blancs, un tapis rouge et je... j'ai un Mac, j'ai un PC et je travaille pour certaines entreprises...
– Et ça veut dire que vous profitez de la vie, vous travaillez quand vous voulez, en fait...
– Oui... heu... surtout en fonction de la demande des clients. Mais quand j'ai un peu de temps, eh bien, je m'occupe de mon jardin, de mes tomates, je vais m'occuper de mes oies, de mes lapins et mes poulets parce que c'est ma production personnelle et au bout d'une demi-heure, quand j'ai soigné tout le monde, eh bien je pars dans mon bureau travailler sur modem ou avec le fax et par disquette.
Faut que ça bouge et j'voudrais montrer aux jeunes que..., avec de l'ambition et avec de la motivation, on est capable d'arriver à monter quelque chose avec peu de moyens puisqu'il faut un ordinateur et mon projet était surtout d'embaucher pendant les cinq à six ans... de constitution de cette société, six à sept personnes à qui je pourrai revendre cette affaire sur un chiffre d'affaires annuel comme on fait pour un commerce etc. parce que... bon... j'ai 57 ans, je pense que, à 65 ans, je vais pouvoir commencer à arrêter et faire autre chose, après tout, peut-être que si j'ai gagné de l'argent, je pourrai voyager, c'est mon grand rêve.

UNITÉ 6

L'Europe au futur

Document 1

– Ce Finlandais fait un vœu dans sa langue natale, ceux-là le font en allemand, en espagnol ou en italien, mais c'est un spot publicitaire français, celui que le ministère de l'Économie va diffuser sur toutes les chaînes à partir de demain.
Imaginez ce que 300 millions d'hommes et de femmes vont construire ensemble quand ils feront des vœux dans la même monnaie. Une nouvelle campagne de communication pour nous rappeler que l'euro arrive officiellement dans 50 jours. Une nouvelle brochure. Pour les détails pratiques, concrètement on pourra payer en euros dès janvier prochain, par chèque ou carte bancaire à condition que le commerçant soit prêt. Certaines grandes surfaces s'en font un point d'honneur.
– L'objectif ce n'est pas qu'il passe 5 ou 10 minutes de plus à la caisse, parce qu'il va payer en euros demain. L'objectif, c'est qu'il passe le même temps en temps égal qu'avec un moyen de paiement tout à fait classique.
– En revanche, beaucoup de petits commerçants attendent de voir.
– Bah, on va essayer de s'y habituer. Je crois qu'on aura beaucoup de mal, ça va être très difficile, il faut tout recalculer. Il faut tout... C'est vrai que ça fait un peu peur.
– Nous ne sommes pas informatisés, donc il va falloir changer toutes les étiquettes et on a beaucoup de travail à faire.

– Beaucoup de travail et de calcul mental, pour les clients aussi, mais il nous reste encore trois ans avant l'arrivée des pièces et des billets en euros, trois ans pour s'habituer définitivement à une nouvelle monnaie.

Document 2

– *Le passage à l'euro est pour bientôt, est-ce que ça vous inquiète ?*

Personne 1

– Oui, un petit peu, parce que bon j'ai déjà eu du mal avec les nouveaux francs et ça m'inquiète un petit peu, ne serait-ce que le fait de faire toujours au début… s'habituer à changer, donc voir un petit peu combien ça coûte en euros, combien ça coûte en francs, et j'aurai l'impression un petit peu de perdre de l'argent même si c'est pas vrai.

Personne 2

– Inquiétant pas vraiment, bon, ben, je pense pas que ça change grand-chose à ma situation. Je crois pas que l'euro d'un coup de baguette magique va faire changer mon salaire. Ce qui m'inquiète plutôt c'est les commerçants, bon je crois pas qu'ils vont afficher des prix à 0,75 euros, non, ils vont chercher à mettre des prix ronds et automatiquement ça va augmenter les prix. Bon, on a beau nous prétendre le contraire, j'y crois pas beaucoup.

Personne 3

– Je ne suis pas d'une génération née avec l'euro donc il va falloir que je convertisse et que je calcule donc le changement de francs en euros, c'est pour ça que sur moi j'ai dès maintenant un petit convertisseur, il y a beaucoup de gens qui auront besoin de la calculette aussi.

Personne 4

– Ça ne m'inquiète pas vraiment si j'en juge par mes expériences de voyage à l'étranger, ça serait plutôt un avantage de ne pas avoir à calculer dans sa tête lorsqu'on achète telle ou telle chose en Espagne ou en Italie quel est l'équivalent en francs. Mais évidemment, pour les gens qui ne voyagent pas et même pour ceux qui voyagent, ils passent quand même une grande partie de leur temps dans leur propre pays, c'est au quotidien qu'il va falloir faire des calculs.

Personne 5

– C'est surtout bon pour l'économie, tous les pays de la zone euro ont réduit leur inflation et leur déficit budgétaire, à terme, cet assainissement de l'économie aura des répercussions sur le chômage, il y aura un recul du chômage et la croissance suivra.

Document 3

– *Une proposition de la Commission européenne sur les règles d'hygiène en matière de production, de stockage et de transport du lait cru et des produits à base de lait cru a fortement inquiété les amateurs de fromage. Le bruit a couru que les fromages au lait cru allaient disparaître. Vous êtes crémier détaillant à Paris, vous appartenez je crois à la guilde des fromagers ?*
– Oui, c'est une association de 3 400 professionnels.
– *Alors, cette proposition, c'est une remise en cause de nos traditions ?*
– Non, j'ai lu les textes officiels et je ne me suis pas laissé abuser par certains journaux à sensation.
– *On dit aussi qu'il y a deux Europe des fromages. Est-ce que c'est vrai ?*
– Non, une stricte distinction entre une Europe du cru au Sud et une Europe du cuit au Nord est erronée. Les médias ont oublié de dire qu'en Grande-Bretagne comme en Hollande, il existe une production fermière. Certains Gouda et Chester sont fabriqués à base de lait cru, mais sont encore malheureusement très peu exportés.
– *Et vous, qu'attendez-vous du marché unique ?*
– J'espère pouvoir aller directement chercher mes fromages dans les fermes d'autres pays européens comme je le fais à présent en France. Actuellement, les importations sont surtout organisées en circuits contrôlés par les grands groupes alimentaires. Tout le monde y trouvera son compte : les clients auront de bons produits et les prix baisseront.

Document 4

– *L'Europe c'est aussi la circulation des personnes et des échanges dans le domaine du savoir. L'année dernière, 12 000 étudiants français sont partis poursuivre leurs études dans un autre pays européen.*
Après trois années à l'université de Lyon, Lucie, étudiante en histoire de l'art a choisi Florence et la Toscane pour orienter sa fin de maîtrise sur le thème des mosaïques.
– J'ai découvert d'autres méthodes d'enseignement, plus pointues qu'en France. Sur le plan financier c'est un peu juste, mais bon, on se débrouille.

UNITÉ 7

S'engager dans une association ?

Document 1

La chanson des restos

Moi, je file un rancard à ceux qui n'ont plus rien
Sans idéologie, discours ou baratin
On vous promettra pas les beaux jours des grands soirs
Mais juste pour l'hiver à manger et à boire

À tous les recalés de l'art et du chômage,
Les privés du gâteau, les exclus du partage
Si nous pensions à vous c'est en fait égoïste
Demain mourront peut être, grossiront la liste

Refrain
Aujourd'hui on n'a plus le droit
Ni d'avoir faim ni d'avoir froid
Des passés de chacun pour soi,
Je pense à toi je pense à moi
Je te promets pas le grand soir
Mais juste à manger et à boire
Un peu de pain et de chaleur
Dans les restos, les restos du cœur

Aujourd'hui on n'a plus le droit
Ni d'avoir faim ni d'avoir froid

Autrefois on gardait toujours une place à table,
Une chaise, une soupe, un coin dans l'étable
Aujourd'hui nos paupières et nos portes sont closes,
Les autres sont toujours, toujours en overdose

J'ai pas mauvaise conscience, ça m'empêche pas de dormir
Mais pour tout dire, ça gâche un peu le goût d'mes plaisirs
C'est pas vraiment ma faute s'il y en a qui ont faim
Mais ça le deviendrait si on n'y change rien

Refrain

J'ai pas d'autre mission pour te changer la vie
Mais si je peux t'aider quelques heures allons-y
Y a bien d'autre misère qu'on pourrait l'inventer

Mais ça se passe ici, ici et aujourd'hui
Aujourd'hui les paupières et les portes sont closes,
Les autres sont toujours, toujours en overdose

Document 2

– *Luc, 27 ans, jeune père de famille, est engagé dans plusieurs associations, mais il y en a une qui lui tient spécialement à cœur.*

– Oui, donc je fais partie d'une association qui s'appelle Dharma Orient-Occident, qui organise donc des cycles de cours et de conférences en région parisienne, qui ont pour thème, essentiellement donc les échanges culturels entre l'Orient et l'Occident, sur le plan culturel, philosohique et religieux. Je suis donc trésorier de cette association.

Alors cette année j'ai quitté le poste de trésorerie qui est effectivement un poste relativement prenant, tout dépend du volume d'affaires que réalise l'association, mais notre association fonctionne avec un budget annuel de l'ordre de 150 000 francs, donc quand même un certain nombre d'opérations financières à réaliser aussi bien en dépenses qu'en recettes donc c'est effectivement assez prenant en temps donc je consacrais en gros jusqu'au mois de septembre en moyenne une heure par jour à mon travail associatif.

Alors en fait ça m'apporte beaucoup de choses, essentiellement je dirai c'est un enrichissement extra-professionnel, en fait on rencontre des personnes de milieux professionnels très différents du nôtre et qu'on aurait pas eu l'occasion de rencontrer en d'autres circonstances. On est amené à s'engager, à agir ensemble et c'est un moyen très puissant effectivement de, de nouer des contacts et c'est très enrichissant à ce niveau-là.

Document 3

– *Sylvie, célibataire, trente huit ans, est vice-présidente d'une association.*

– J'ai commencé à être d'abord la secrétaire puis maintenant je suis la vice-présidente depuis six ou sept ans, bon, je suis membre de ce club depuis un peu plus de dix ans une douzaine d'années maintenant. Alors, dans le club nous sommes environ une cinquantaine de membres, le bureau compte neuf personnes on constate en général que les gens, il y a un certain nombre de gens qui sont fidèles au club, disons les deux tiers, et puis chaque année à peu près il y a une douzaine de membres qui partent, une douzaine, une quinzaine qui arrivent, des nouveaux, bon ça c'est peut-être aussi un phénomène qui fait que les gens vont d'un club à un autre, ou d'une activité sportive culturelle à une autre, selon leurs loisirs, selon leurs envies.

C'est très enrichissant de faire partie d'un club photo, parce que d'abord j'aime la photo, ça permet d'avoir des contacts avec beaucoup d'autres personnes, d'organiser aussi des sorties ensemble, une des dernières que nous ayons organisée, toute récente, c'était une sortie au Puy, où nous nous sommes retrouvés donc à quatre photographes du même club pour suivre une manifestation internationale de montgolfières, donc sur deux jours nous avons pu assister, malheureusement pas voler mais assister à l'envol et à l'atterrissage des montgolfières, ça a permis de faire de très très belles photos, et dans un cadre superbe, et puis sinon des contacts, on se lie d'amitié comme dans tout autre club, je crois que c'est toujours enrichissant, chacun apporte son expérience, ses compétences différentes, et on a toujours beaucoup de choses à partager, et quand on regarde des photos

que les uns ou les autres ont faites ou que d'autres personnes nous envoient dans le cadre de circulation d'images qui vont de club en club, ça permet de discuter sur des images et de voir certaines personnes ont une interprétation, une vision différente de l'image que moi je peux avoir. On a toujours à y gagner d'une vision différente.

Document 4

– *Jany, retraitée, consacre son temps à conter et à former des conteurs. Elle a répondu à nos questions au téléphone.*

– Le conte est quelque chose qui est devenu important dans la vie contemporaine, ça date depuis toujours mais actuellement il y a comme un resserrement autour du conte et un épanouissement en même temps pour des lieux de conte dans Paris et en province, dans les cafés, dans les théâtres, dans les écoles, les collèges, dans les bibliothèques. C'est pour cette raison que beaucoup d'associations de conteurs se sont fondées. Alors il y a une association de conteurs en France l'Ancef l'Association nationale des conteurs en France, dont je fais partie et qui a pour but de régionaliser le conte et les besoins des conteurs en fonction de leur région et puis en même temps de se retrouver tous ensemble après sur le plan national. C'est un moyen pour nous, membres de l'association de se rencontrer de temps en temps et de rencontrer les conteurs de toutes les régions de France. Et puis il y a une autre association qui s'est fondée à Sèvres, l'association des conteurs de Sèvres, dont je suis un des membres fondateurs qui avait pour but de conter, de développer le conte à Sèvres, dans les écoles, dans les collèges, de faire des spectacles au conservatoire de Sèvres, au Sel, c'est un moyen de nous retrouver, de former des conteurs parce que nous n'étions que deux ou trois au départ à l'origine qui avions reçu une formation, et nous avons un petit peu fait tache d'huile beaucoup d'autres, enfin beaucoup c'est beaucoup dire, d'autres, enseignants ou bien enseignantes ou bien des psychologues, des mères de famille, sont venus suivre une formation de conteur, qui leur est dispensée tous les mois. dans le but de réfléchir sur ce que c'est que conter, car c'est pas répéter, c'est pas réciter par cœur, c'est se connaître à travers le conte et puis faire connaître aux autres tout ce qu'il peut y avoir de riche dans ces traditions qui nous viennent de millénaires et puis de connaître aussi d'autres civilisations d'autres manières de voir et de conter les problèmes des mères et des filles, des pères et des fils et des humains ensemble les uns avec les autres tels qu'ils se vivent dans les divers pays, dans les divers continents. [...] L'association c'est une vie, c'est pas facile, hein, c'est pas toujours facile, parce qu'il peut y avoir des tensions, mais ces tensions sont toujours font toujours rebondir en avant, donc à moins de se bloquer, il y a ceux qui démissionnent qui s'en vont, mais comme on est sur un plan très personnel, le conte en plus étant quelque chose de très personnel, il peut y avoir des tensions, qu'il faut vivre mais qui font rebondir en avant, et qui resserrent les liens en général. Dans une association il y a aussi pas mal de paperasserie, à faire, parce qu'il faut envoyer des documents, il faut chercher des débouchés pour conter, il faut faire de la... du marketing presque ! Il faut faire, il faut aller coller des affiches, il faut aller beaucoup écouter d'autres conteurs, et puis ensemble ensuite on discute de ce qu'on a compris et entendu voilà pour l'essentiel.

UNITÉ 8

Élections régionales

Document 1

Depuis que l'élection au suffrage universel pour les régions existe en 1986, il y a eu une constante progression de l'abstention : 86 : 21 %, 31 % six ans plus tard, douze années plus tard on arrive à 42 % et on rejoint des taux d'abstention record aux élections locales qui étaient recensés en particulier à la fin des années 80 quand la France a commencé à connaître cette poussée abstentionniste dont Roland Cayrol parlait tout à l'heure et qui dure toujours puisque même aux dernières législatives le taux de participation n'était pas fameux.

Document 2

Retour au standard pour un autre appel.
– *Voilà, c'est à vous, bonsoir. Bienvenue.*
– Oui, bonsoir, moi, je suis Stéphane de Chartres. Donc, moi je vous appelais bon il y a une partie de la question, une question que je voulais poser concernant l'abstention qui a déjà été dite par l'auditrice antérieure, donc je vais pas revenir dessus… Moi je suis un abstentionniste depuis que j'ai le droit de vote ce qui est quand même grave et ma question était la suivante : est-ce que justement le mode de scrutin dont vient de parler l'un des intervenants est-ce que la constitution de la Ve République convient encore aux électeurs ? Est-ce que les électeurs s'y retrouvent et est-ce que politiquement il n'y a pas des choses à remanier réellement au niveau de cette constitution et de cette république ?
– *On va vous répondre, mais Stéphane quel âge avez-vous ? Quand vous disiez : depuis que j'ai le droit de vote je m'abstiens, ça fait longtemps ?*
– Écoutez, je vais être clair, j'ai 33 ans donc vous voyez je fais partie de la génération Mitterrand, et effectivement, je n'ai pas atteint des élections qui étaient des élections syndicales entre guillemets lorsque j'avais 16 ans je n'ai jamais voté pour des raisons simples qui étaient d'abord la complexité des choses et ensuite pour des raisons politiques je considérais que ce n'était pas ce qu'on appelle directement la démocratie directe dont certains de vos intervenants ont parlé mais une démocratie de parlementaires encravatés qui ne correspondent donc plus à la population et c'est pour ça d'ailleurs qu'il y a 42 % des gens qui, je pense, n'ont pas voulu s'exprimer cette fois-ci.

Document 3

– … Comment amener aux urnes tous ces Français qui en effet depuis bientôt dix ans commencent à bouder les urnes et à pratiquer un abstentionnisme qui est un abstentionnisme de protestation alors qu'ils n'ont pas de désintérêt pour la chose publique et la vie politique. Et là je crois qu'il faut se tourner essentiellement vers les politiques, vers la classe politique de gauche et de droite, parce que cet abstentionnisme de protestation il est avant tout dû au fait que nombre d'électeurs intéressés par la vie de la cité ne se retrouvent pas dans la faiblesse, l'inanité parfois du discours politique de gauche et de droite, son caractère complètement convenu. […]
Je crois que les politiques doivent se poser le problème du renouvellement du message politique, du renouvellement des générations et aussi des hommes et des femmes qui incarnent les programmes politiques et je crois qu'aussi bien à gauche qu'à droite ce renouvellement n'a certainement pas été assez vigoureux à l'occasion de ces élections régionales.

UNITÉ 9

Les immigrés, un sujet brûlant

Cent mille nouveaux immigrés réguliers entrent chaque année en France. Ce fut pendant longtemps la règle. Mais récemment le flux s'est tari : de cent dix mille en 92, les arrivées, notamment au titre du regroupement familial, n'ont cessé de diminuer pour tomber à cinquante mille en 95, cinquante mille étrangers, possesseurs d'un titre de séjour d'au moins un an. D'où viennent-ils ? Sans surprise, l'Institut de la statistique indique qu'ils arrivent d'abord d'Afrique du Nord et Afrique noire pour 44 % d'entre eux. L'Europe fournit le second contingent avec 32 % des immigrants, loin devant l'Asie, 14 %. Au total, le nombre d'immigrés dans la population française reste stable par rapport à 1975. Le dernier recensement indiquait qu'ils étaient 7,4 % mais cette moyenne recouvre des disparités énormes : les étrangers sont moins de 1 % dans les Côtes-d'Armor ou en Vendée, mais près d'un habitant sur cinq en Seine-Saint-Denis et à Paris. Logique, puisque les immigrés vont là où se trouvent l'industrie et les activités de service. Les étrangers venus travailler en France sont d'abord des habitants des villes : ainsi, un sur trois réside dans l'agglomération parisienne, mais pour eux le chômage frappe encore plus durement que pour les Français de souche. Chez les hommes, le taux de chômage est presque deux fois plus élevé pour les immigrés. Principale raison à cela en France, ce sont d'abord les emplois les moins qualifiés, dans les secteurs d'activité les plus traditionnels qui sont aujourd'hui touchés par la redistribution des cartes sur le marché mondial du travail, des emplois qui occupaient une majorité d'immigrés.

Alors, il faut avouer que lorsqu'on s'est penché sur le sujet, on a trouvé assez peu d'études euh qualitatives et quantitatives sur l'importance de l'immigration pour euh… l'économie alors p'têt qu'on pourrait aborder le problème de cette façon euh : que serait la France aujourd'hui sans l'immigration ?
– Si on prenait la question par l'absurde : supposons qu'il n'y ait pas eu de… d'immigrés en France depuis 1850, par exemple, eh bien la France aurait quarante millions d'habitants au lieu de cinquante-six, cinquante-sept, elle serait un pays euh très vieilli et elle ne serait certainement pas la quatrième puissance de la planète, sans aucun doute. Donc la richesse de la France est très largement déterminée par le fait qu'elle a pu accueillir des Polonais, des Italiens, des Russes, des Algériens, des Marocains, etc. Euh, en plus la France aurait perdu qualitativement beaucoup de choses : elle aurait perdu la… la dynamique, la mobilité qui ont représenté les étrangers et l'extraordinaire réseau à l'étranger qui a permis à la France de devenir euh le premier exportateur par habitant de la planète, qui est très largement dû au fait que euh ayant des étrangers en France, nous avons beaucoup de Français à l'étranger et donc nous sommes un pays qui a un réseau mondial, ce qui est la condition pour survivre au vingt-et-unième siècle.

UNITÉ 10

Qu'est-ce qu'une région ?

– *Pourquoi le nom de région est-il tantôt écrit avec un « R » majuscule/ou un « r » minuscule ?*
– Alors, quand il s'écrit avec un « R » majuscule/il s'agit

de…/l'institution régionale/le conseil régional/Avec un « r » minuscule/ce n'est plus la collectivité territoriale dont il est question/mais du…/territoire dans sa globalité/

– *Pourquoi on a créé un échelon régional/En quoi cette institution est-elle utile ?*
– Bon/…Avant 1986/ l'idée de départ était de/faciliter l'administration du pays/surtout dans le domaine économique/C'est vrai que maintenant/l'intérêt des régions est beaucoup plus large/Et l'institution régionale/est devenue/un échelon de coordination/essentiel/pour réussir un aménagement/harmonieux et équilibré/du territoire/
Cette institution détermine donc ses objectifs/dans plusieurs secteurs/très variés/comme l'enseignement/les transports/la culture/le tourisme…/Puis/il faut aussi qu'elle trouve les moyens nécessaires pour y parvenir/

– *Il y a combien de régions en France/Vous pourriez me préciser leurs noms ?*
La France compte 26 régions/dont 22 en métropole et 4 outre-mer/c'est-à-dire dans les quatre départements de/Guadeloupe/Martinique…/Guyane et Réunion/
Le Languedoc-Roussillon/par exemple/occupe le huitième rang des régions françaises/par sa superficie/et le onzième par sa population/mais le…/premier par la progression/démographique.

– *Quelle est la composition du conseil régional, comment est-ce qu'il fonctionne et où est-ce qu'il siège exactement ?*
Le conseil général/c'est l'assemblée élue de la Région/qui… elle se compose donc de conseillers régionaux élus au suffrage universel depuis 1986/Le président est élu par les conseillers/pour un mandat de six ans/renouvelable/
Pour répondre à votre deuxième question/le conseil régional siège à l'hôtel de région/qui se trouve/dans le chef-lieu de la région/à Montpellier dans le…/Languedoc-Roussillon/Il règle les affaires de la collectivité territoriale/Les dossiers sont… examinées par des commissions/avant leur présentation/Et surtout/il vote le budget/et autorise les emprunts/

– *Oui alors/d'où proviennent les ressources/et comment s'effectuent les dépenses ?*
– Il y a trois types de ressources financières/D'abord les recettes fiscales indirectes/qui comprennent la taxe sur les cartes grises/la taxe sur les permis de conduire/et la taxe/sur les droits de mutation/Le conseil régional/reçoit aussi/des recettes fiscales directes/la taxe d'habitation/la taxe professionnelle/et la…/taxe sur le foncier/qu'il partage avec les communes et les départements/

– *Ensuite/il reçoit des participations versées par l'État et par l'Europe/*
Les dépenses/elles/sont de deux/sortes/Bien sûr les dépenses de structure/tout ce qui est/charges de personnel fonctionnement de l'institution/Et puis/les dépenses d'intervention/la construction de lycées/de routes/d'aéroport/d'équipements collectifs culturels, etc./

– *Que pensez-vous de cette institution/On dit qu'elle n'est pas encore complètement…/ vraiment définie/Est-ce votre avis ?*
C'est vrai/…C'est une entité administrative récente/qui se superpose aux anciennes structures/À mon avis/…. elle cherche encore ses…/ses marques/

UNITÉ 11

Les catégories de loisirs
Document 1
La règle du jeu
Vous êtes un excellent joueur de pétanque/Savez-vous d'où vient le mot « pétanque » ?
Oui/alors/c'est un mot qui vient de l'occitan *pestanques*/et ce mot signifie « pieds joints »/Effectivement, les joueurs n'ont pas l'autorisation de déplacer leurs pieds/hors/de la position de départ/

En quoi consiste le jeu/Quel est le but du jeu ?
Chaque joueur dispose de deux boules métalliques/d'un poids maximal de 900 g/Et on se place/à la même distance d'un but/alors le but c'est une petite boule en bois appelée cochonnet/qu'on lance pour commencer la partie/Il s'agit de lancer la boule/le plus près possible de ce but/

À quelle distance est lancé le cochonnet ?
À une faible distance/entre 5 et 10 mètres/

À combien de joueurs, on peut jouer ?
On peut jouer chacun pour soi ou à deux ou trois/joueurs. Mais/c'est plus amusant de constituer des équipes de deux personnes/et à ce moment-là/on peut jouer jusqu'à 8/

Qu'est-ce qu'il faut faire pour gagner ?
Les parties peuvent se jouer en 13/15 ou 21 points/On décide à l'avance/

Comment on compte les points ?
Les boules d'une même équipe/les plus rapprochées du cochonnet comptent chacune pour un point.

Et comment se termine le jeu ?
L'équipe/qui la première obtient 13/15 ou 21 points/remporte la partie/On décide généralement de faire une deuxième partie/qu'on appelle la « revanche »/ Si l'équipe adverse remporte la revanche/on fait une troisième partie qu'on appelle « la belle »/L'équipe qui remporte « la belle » a gagné/Voilà/
On peut décider de modifier les équipes et à ce moment-là, on fait une nouvelle partie.

À votre avis, est-ce que ce jeu requiert une habileté particulière ?
Il faut beaucoup d'adresse/de…/ précision/de stratégie et puis/de technique aussi. Quand une boule est très près du cochonnet/quand elle « tète » le cochonnet/son adversaire doit viser/pour calculer précisément la distance/et puis/tirer./Il envoie alors sa boule avec force/pour bouler/c'est-à-dire… déloger la boule de l'adversaire/Il peut aussi décider de bouler le cochonnet./

Document 2
Le jeu des Mille francs
Séquence 1
– *Mes amis de France inter les fidèles bienvenue/une fois encore à Digne-les-Bains dans/les Alpes-de-Haute-Provence/Alors jetez les yeux sur la tour de l'horloge/et vous réalisez tout de suite que vous êtes bien en Provence/Construite en 1620 ce campanile/en fer forgé en forme de cage à oiseaux est de pur style provençal/ J'aimerais que vous accueilliez avec la chaleur qui vous est coutumière/Michel Riate et Maurice Mercier / Bienvenue à Digne/dans les Alpes-de-Haute-Provence/*

Michel d'où êtes-vous/Michel ?

– Eh bien je suis venu en/je suis venu en voisin de/d'Oraison/

– *D'Oraison/*

– À/une trentaine de km de Digne/

– *Les noms sont beaux ici Oraison/Mirabeau/…La retraite se passe bien pour vous ici ?*

– Très bien ici c'est merveilleux/

– *Vous êtes un très jeune retraité quand même hein/C'est la première fois que vous participez au jeu,*

– Oui c'est la première fois

– *C'est la première très bien en tous les cas bravo/et Maurice merci et bonjour d'où êtes-vous ?*

– J'habite à 25 km entre Dignes et Oraison/

– *Et que faites-vous dans la vie ?*

– En ce moment/je suis sans emploi/

– *Vous cherchez/vous cherchez/euh/dans quel domaine ?*

– J'ai été professeur et journaliste/

– *Bon alors j'espère que/ça va s'arranger pour vous/et puis aujourd'hui la chance va être avec vous je croise les doigts/Allez on vous applaudit et nous allons vous lancer/*

Séquence 2

– *Thibaud Luiller qu'est à Chirens/dans l'Isère/il vous/vous raconte/cette histoire/Parfois je suis un château/parfois je suis un chameau mais je peut-être un visage/un vieux sage/un paysage/un monstre/un cacatoès/une barque/un aloès/je me transforme souvent au gré du vent/Qui suis-je/Il est poète et il a de l'imagination/la fin/de ce petit/poème peut vous mettre sur la voie/*

– Girouette/

– *Non/*

– Silhouette/

– *Non, plus simple plus… C'est trop simple/c'est pour ça que vous ne trouvez pas/Je laisse cette question bleue de côté/Une autre question de Monsieur Gagère qui est à Paris dans le 16ᵉ/*

Dans un navire/quel nom porte le magasin/contenant les vivres et les provisions ?

– La cambuse

– *Les cambuses exactement/Vous avez l'origine du mot/Elle est néerlandaise, ça vient de*

Combui/on le dit familièrement d'une chambre ou d'une maison sans confort/une cambuse/c'est un petit peu/désuet maintenant/Les cambuses/

Madame Bénique qui est à Saint-Malo en Ille-et-Vilaine/quel était/le nom de baptême/donc le vrai nom/de la chanteuse Barbara ?

– Serf/Monique Serf

– *Monique Serf SERF exactement…*

Une autre question maintenant/on arrive déjà aux questions blanches…

Connaissez-vous le nom de cet arbre d'Abyssinie et du Yémen dont les feuilles contenant des alcaloïdes sont mastiquées/alors on les trouve aussi en Arabie en A/en Afrique orientale ?

– Le gath/

– *Et vous l'écrivez comment/Ah ah ah/*

– GATH/non GATT/

– *Non/*

– KATH

– *Alors c'est QAT/ou KHATt/*

Alors ça/ça nous rappellera des souvenirs/quel est l'auteur/du roman porté à l'écran par Yves Robert/en 1962/la Guerre des boutons ?

– *Louis Pergaud/*

– *Louis Pergaud/sans hésitation/c'est un cadeau je trouve cette belle question/*

…Alors je vais revenir en/arrière/la petite question qui va faire plaisir à Thibaud Luillier de Chirans/de Chirens/Parfois je suis un château, parfois je suis un chameau mais je peut-être un visage/un vieux sage/un paysage/un monstre/un cacatoès/une barque/un aloès/e me transforme souvent au gré du vent/Qui suis-je ?

– Un nuage/une ombre/

– *C'est un nuage/mais bien sûr que c'est un nuage/c'était bien vu/*

Séquence 3

– *Alors Michel Riate et Maurice Mercier vous avez 1 000 francs/voulez-vous tenter le banco/*

– Banco/banco/banco/banco/…

– *Qu'est-ce que vous décidez ?*

– Oui/nous prenons le banco/

– *Oui bien sûr alors on tire la question banco/Michel/et Maurice/écoutez bien mes amis de Digne Mme Soquet qui habite Queyrac en Gironde/vous pose cette question banco/elle vaut 2 000 francs pour vous/*

Vous devez savoir que la thébaïde est un lieu/isolé propice à la méditation/mais que signifie/l'adjectif thébaïque/THEBAÏQUE/thébaïque/les surprises du vocabulaire/…Quel silence/on en apprend tous les jours avec le jeu des 1 000 francs… Vous n'avez pas d'idée/non malheureusement

– Ben c'est propre à la ville de Thèbes/simplement non/Non/

– *Non c'est qui contient de l'opium/*

Donc Mme Choquet/vous avez gagné 300 francs et Michel Oriate et Maurice Mercier bien/bravo parce que vous êtes arrivés quand même à une question banco difficile qui vous a fait chuter/Je vais vous remettre à chacun le poste de radio enfin le petit bon qui vous permettra de le recevoir dans quelques semaines/et puis merci d'être venus à Digne/merci aussi mes amis de France Inter/vous êtes venus nombreux ici avec les jeunes/et c'est toujours un bonheur/…

UNITÉ 12

Qu'est-ce qui est favorable à votre forme ?

Séquence 1

Monsieur/pourriez-vous me lister les événements favorables à votre forme/au cours de votre journée/Qu'est-ce qui vous met en forme ?

Bah les premières choses qui me mettent en forme/c'est quand je me lève/C'est vrai que/par exemple avoir un/un réveil/qui donne de la musique agréable/ça commence/à me mettre en forme au sens où ça me donne/de l'énergie au départ/et je laisse/quelque temps/la musique/se dérouler pour me réveiller doucement/Déjà j' peux dire que/me réveiller brutalement/ça ne me met pas forcément en forme/

Ensuite quand je me lève/ce qui me met en forme c'est que/les choses se passent/le matin/relativement simplement/ça veut dire par exemple que je trouve tout de suite/le café pour faire le café/que je trouve tout de suite/le mon rasoir pour mettre mon rasoir/autrement dit que je n'ai pas à réfléchir du tout/que j'ai pas à me poser de problèmes/d'ordre matériel/dans les s…/dans les dix premières minutes on va dire/ça ça me met en forme/et puis y a une deuxième chose qui me met en forme moi j'adore ça/c'est mettre la radio/j'adore écouter la radio le matin les nouvelles/et/je suis extrêmement attentif à tout ce qui se/dit le matin/j'ai l'esprit complètement/ouvert à…/ quelles que soient d'ailleurs les nouvelles c'est le fait d'entendre/parler du monde/ça ça me met en forme/

Oui et maintenant quels sont les événements/qui sont défavorables à votre forme ?

Bah bien sûr les événements défavorables à/à me mettre en forme/c'est déjà ceux que j'ai évoqués à l'inverse tout à l'heure ça pourrait être/effectivement de/passer trois heures à trouver/le café quand je cherche le café etc bon ça c'est clair/puis la deuxième chose qui peut me mettre/pas en forme du tout/c'est/bah par exemple/me réveiller/avec/un problème pas résolu/c'est-à-dire que je me suis/la veille j'avais quelque chose d'un petit peu compliqué/et pis finalement le matin ça me paraît aussi compliqué que la veille ça m' met pas en forme/autre chose qui me met pas en forme/c'est/bah par exemple/euh/c'est vrai que quand il fait extrêmement mauvais/quand le temps est très sale/très mauvais/euh/ça me met moins en forme que quand il y a le plein soleil/euh/et c'est la raison pour laquelle d'ailleurs je trouve que finalement l'hiver est pas mal parce que/quand on se réveille en hiver et qu'il fait/pleine nuit/à la limite le temps influe influe moins parce que l'on a/y a pas de différence alors qu'en été on est plus sensible à la/enfin moi je suis plus sensible à la météorologie/

Séquence 2

Et combien de/vous faites des longs trajets pour aller à votre travail est-ce que ça a une influence/sur votre forme ?

Alors le problème des trajets c'est que ce n'est pas tellement la longueur/c'est comment ils se passent/soit effectivement/dans Paris par exemple/euh on prend/… si je prends le métro par exemple/là c'est un petit peu la même chose/le/le matin je/j'aime bien que ça se/quand je prends le métro normalement/que je peux prendre/un livre à lire/que le déroulement du voyage se passe bien/ça c'est parfait ou quand c'est pour aller en voiture et que la circulation est à peu près fluide/ça va bien/et c'est vrai ce qui me met pas en forme ben c'est quand la ligne de métro tombe en panne/ou qu'il y a/y a/un incident de circulation qui fait que je passe trois deux heures sur l'autoroute ou/enfin sur l'autoroute ou le périphérique et cetera donc ça ce que j'aime pas/c'est les grains de sable/ce qui me met pas en forme c'est les petits grains de sable/c'est les petites choses/qui/sont…/ qui contrarient en fait/le programme que je me suis fait/

Oui alors justement/si vous dépassez les vos horaires normaux de travail/est-ce que ça a aussi une influence sur votre forme ?

Moi ce qui/les horaires pour moi c'est pas une question les horaires c'est que/si ce que je fais m'intéresse me passionne je suis complètement en forme et je peux travailler douze heures par jour dans une journée et là/je ressors d'une journée/quand j'ai travaillé/sur quelque chose qui m'a bien/intéressé/que ça s'est/et/et que j'ai/bien terminé mon travail/ça je suis au contraire complètement en forme/ça peut être une journée de huit heures voire de six heures, mais si ça a été une suite de petites choses un petit peu/plus ou moins intéressantes/avec euh/des choses qui ne sont pas finies en fait ce qui me met pas en forme c'est des choses qui ne sont pas finies/.. je/je déteste terminer une journée quand ce que j'avais/envie

et prévu/que les choses soient terminées ne sont pas terminées/ça ça me met vraiment en mauvaise forme alors que l'inverse/c'est pas tellement le temps qui compte/c'est surtout le fait que/euh ce que je me suis mis dans la tête/qui doit être fait soit fait ou non/

UNITÉ 13

Chansons

Enregistrement 1
Enregistrement 2

Le metteur en scène : Le propre de la danse hip-hop/c'est justement le cercle/où des antagonismes entre quartiers/se règlent à travers la danse/c'est celui qui fera la plus belle phase/et d'ailleurs ça reste/c'est toujours profondément vivant dans le hip-hop chaque spectacle même aujourd'hui de création qui se joue/sur une scène de la maison de la danse/ou au théâtre contemporain de la danse/à la fin les les brakeurs montent sur scène/se défient/et euh/c'est celui qui fera la plus belle phase/qui l'emportera enfin ce côté profondément euh/articulé sur dépasser les les antagonismes par le/par le corps/par la danse par l'expression/et pour le rapper au début c'est ça/c'est la tchache euh/je parle/je tchache mieux que mon/que mon voisin/

Le journaliste : Je tchache plus vite que mon ombre/On va écouter la tchache/qu'on entend/qu'on voit bien sûr/mais on entend/le début de la piste sonore du film/où y a la tchatche d'un/c'est un rapper celui qu'on voit au début du film/

Le metteur en scène : Non, c'est un grapheur…

Le grapheur : De toute façon la culture hip-hop/c'est la culture du futur/On critique/euh/ça va se développer/et pis que/Ils seront obligés de s'mettre à quatre pattes devant/mais le problème c'est/c'est que nous/euh/le temps qu'ils y arrivent on aura cinquante piges/En France tant que tu payes pas tout dans ton quartier/ben/il tombe en ruines ton quartier y peut tomber en ruines les gens y peuvent crever comme des chiens/de la came/crever de faim/crever de la came/crever de tout ce que tu veux/personne s'en occupe/Et le jour où/tu fous le feu à/trois ou quatre voitures tu massacres deux trois flics/après on dit ouais faut faire quelque chose/ça craint/faut s'occuper d'eux/Mais faut s'occuper des gens avant que/avant qu'ils soient dans la merde/faut pas s'en occuper une fois qu'ils sont/qu'ils sont dedans/jusqu'au cou/

Cette violence c'est/c'est heu/c'est heu/c'est la force du chômage quoi/euh/…c'est la personne qui est là/qui/qui euh/qui pense pas plus loin que/que/que ce qu'il vit/quoi hen/le jour le jour/euh/ce que je disais un petit peu tout à l'heure/il a écrit/il a pas de retour pour avoir un travail/il se présente/c'est la/c'est la tête ou le nom qui fait peur/ou c'est/c'est euh/c'est euh une hypocrisie que les patrons/peuvent avoir auprès de la personne en face/c'est euh/les promesses qui sont pas tenues/, c'est heu/c'est heu/…un discours politique qui euh/on va y arriver/on va y arriver/et puis/15 ans après/euh/y en a qui sont encore au chômage/c'est euh/c'est tout ça/je veux dire arriver à un stade où/l'humain entre/hen dans un système très large mais euh/euh/L'humain resté ici/constamment/c'est/c'est pas plaisant/c'est/c'est pas plaisant du tout

Donc j'étais un déchet/quoi/j'étais un déchet/et euh/et

puis j'ai commencé à refleurir avec le/la découverte du hip hop/quoi/tu vois/et je me suis trouvé dedans/Y avait des trucs/j'avais/tout à coup/je me suis dit/euh/putain/je suis pas un âne/parce qu'à travers ça/je suis capable de faire des choses/quoi/tu vois/

Personne 4 : C'est quelque chose qui/comment on appelle ça/qui/est émotionnel c'est-à-dire que c'est tout ce qui/est instinct/c'est tous la manière d'improviser à l'instant même/c'est ce qu'on recherche/et l'animal l'a/parce que l'animal ne pense pas/mais il agit toujours en fonction du flair/et nous/si on veut évoluer/y faut qu'on arrête de calculer/

UNITÉ 14

À propos de livres

Document 1

– *Vous avez... vous avez ouvert cette librairie il y a juste un an ?*
– Pas tout à fait encore.
– À peine même.
– À peine.
– *Alors quel est le principe de La Belle Hortense ?*
– Alors son principe c'est que... y paraît que tous les coups sont bons pour faire lire
– Enfin, Raphaël, Pierre, Jean-Louis sont des habitués de La belle Hortense, si j'ose dire...
– Absolument, ils le sont, donc tous les coups sont bons, alors on s'est dit avec euh... avec un camarade qu'on allait tenter le coup à savoir... à savoir ouvrir un bistrot, il se trouve que c'est un bistrot à vin, plutôt... plutôt consacré au vin, une cave, une petite librairie, toute petite euh... sans classement, l'ordre y est absolument aléatoire euh... on y trouve rarement, rarissimement ce qu'on y cherche mais on peut éventuellement y...
– Les vins sont classés en revanche.
– Les vins sont classés, ils observent un ordre, un ordre rigoureux...
– Ce qui est curieux à La Belle Hortense, c'est que effectivement, les livres sont en désordre quand on arrive, mais une fois qu'on a bu trois ou quatre ballons de rouge, on les trouve en ordre tout d'un coup, on trouve qu'ils sont tout à fait bien rangés ;
– Le vin délivre.
– *À qu... à quelle heure cette librairie... cette librairie ouvre-t-elle, alors ?*
– Elle ouvre à dix-sept heures et elle ferme à deux heures du matin et le week-end de treize heures à deux heures ;
– *Est-ce qu'on peut dire que c'est une librairie quand même où on trouve les livres de l'actualité ou est-ce que vous... est-ce que vous poussez quand même le vice jusqu'à ne prendre que des classiques ou que des ouvrages introuvables ?*
– Non, non absolument pas, c'est pas une librairie d'introuvables... de... c'est... j'suis pas une bibliophile en plus, non y'se trouve que euh le choix... le fonds, le fonds, le tout petit fonds de cette librairie a été euh... observait des choix assez personnels, ainsi qu'à mon camarade Hernan avec qui j'travaille et on a des choix assez euh personnels l'un et l'autre puis on se retrouve autour de certains genres, la poésie notamment, donc le fonds est un petit fonds tricoté main vraiment avec des...

Document 2

–... Nathalie Choukroun, vous restez avec nous, vous nous direz ce que vous pensez des livres que nous allons

évoquer et on commence par cette petite révélation et même cette petite révolution de l'édition de... de l'automne, c'est-à-dire *Sans moi*, le deuxième roman de Marie Desplechin, elle a 39 ans, je le rappelle, elle est la sœur du cinéaste Arnaud Desplechin, elle est... elle est en tête des meilleures ventes euh je crois même qu'elle a ravi la première place à Houellebecq, certaines semaines, Raphaël, son roman a été tiré, à la fin du mois d'août à 6000 exemplaires, il approche aujourd'hui les 100 000 exemplaires – je dois avouer que je n'en reviens pas – pour aller vite, son héroïne, Olivia, enfant de la DASS[1] et de la rue, toxicomane et prostituée occasionnelle, s'installe chez une femme qui est exerce le métier de nègre[2] et qui est mère de deux enfants ; c'est la rencontre un peu insolite de deux univers qu'apparemment tout oppose j'oubliais de dire que ça a paru aux éditions de l'Olivier. Donc euh qu'avez-vous pensé de ce roman euh Pierre Assouline ?
– Au début j'étais pas très chaud hein parce que je trouvais qu'elle en faisait beaucoup que c'était un peu trop un catalogue de toutes les déprimes et de la morosité du monde d'aujourd'hui que euh son héroïne Olivia les collectionnait quoi donc de page en page on se disait bon qu'est-ce qui va... qu'est-ce qui lui manque ? euh pour finir la panoplie et donc ça me euh... bon... Et puis en allant jusqu'au bout, finalement, j'ai trouvé... bon... je suis pas un fan de ce livre mais en même temps je trouve que... il mérite son succès parce que euh... il est racheté quand même par sa fin : c'est-à-dire que... que c'est une belle histoire d'amitié, c'est une belle rencontre, y a une sorte de mélancolie qui se dégage de ce livre au départ mais en fait c'est un livre très optimiste, c'est un livre optimiste qui part... qui part mal, qui part noir
– *Donc tu y vois aussi une des raisons du succès ?*
– Probablement oui, parce que... y a une sorte de... y a une rédemption et c'est quand même une belle histoire qui commence noir mais qui finit quand même dans l'optimisme donc [...]
– *Raphaël ?*
– [...] C'est un univers finalement un peu... qui fait penser aux... à une certaine presse... presse féminine qui fait dans la confiture ou dans le euh dans l'ameublement
– *Presse féminine qui fait dans...*
– Oui dans les... les journaux de décoration on a l'impression que c'est un univers un peu tamisé, un peu... y a jamais de vraie violence, tout ça est est euh un peu euh désincarné et c'est vraiment... c'est un livre... je ne sais pas si elle l'a fait exprès mais qui est extrêmement bien fabriqué pour avoir du succès, moi son succès ne m'étonne pas du tout parce que y a pas... y a pas de vrai conflit avec le lecteur, on ne peut, si on adhère à ce livre, on ne peut qu'adhérer complètement à sa philosophie qui est d'une euh platitude absolue et euh on a l'impression...
– *Bon on a... on a compris, Raphaël*
– On a l'impression en plus qu'on lit un livre de bonne littérature et c'est une impression évidemment puisqu'il n'en reste pas grand-chose une fois que c'est fini
– *Jean-Louis ?*
– Oui, je partage assez le... le point de vue de euh de Raphaël
– *Mais qu'est-ce qu'il leur arrive à ces critiques cette semaine ?*
– C'est vrai que... bon de quoi y s'agit ? y s'agit euh des sujets les plus violents qu'on puisse évoquer dans la société d'aujourd'hui, il s'agit de la drogue, il s'agit de

l'inceste, il s'agit de quoi encore ? de... des problèmes de la DASS, il s'agit des problèmes de... d'abandon, il s'agit des problèmes de... bon il s'agit de ce qu'on peut imaginer de pire mais c'est vrai que c'est vu à travers... moi j'avais l'impression de lire le journal en quelque sorte. ()

– *Alors est-ce que Nathalie Choukroun a aimé « Sans moi » de Marie Desplechin aux éditions de l'Olivier ?*
– Modérément.
– *Modérément.*
– À vrai dire euh oui j'avais... au départ je trouvais ce livre gris souris et barbifiant enfin J'aime...
– Ah, c'est pas mal barbifiant !

1. Nègre (fam.) : personne qui rédige un livre pour le compte d'une autre personne qui le signera.
2. DASS : Direction des Affaires Sanitaires et Sociales, organisme qui s'occupe des enfants abandonnés.

UNITÉ 15

Voyages...

– *Alors vous êtes tous retraités, vous de la maçonnerie, entreprise de maçonnerie, vous, vous l'aidiez*
– Oui mais j'ai tenu un commerce aussi
– *Et vous de l'agriculture,*
– Moi j'étais éleveur, éleveur de bovins
– *Votre épouse est en train de se reposer*
– Elle se repose
– *Vous voyagez souvent tous les... tous les quatre ensemble ?*
– Ah oui, oui
– Oui tous les ans on fait un voyage ensemble
– Un voyage ou deux ensemble
– Un voyage ou deux des fois
– Des fois oui
– *Vous êtes des am... des amis de longue date ?*
– Ah ben depuis... depuis l'école
– *Ah depuis l'école ?*
– Depuis le début de la petite école
– *Et là pendant ces vacances, vous vous êtes séparés pour certaines activités ou vous avez tout fait ensemble ?*
– Non, on a tout fait ensemble
– On a fait toutes les mêmes excursions, visité les mêmes magasins, oui
– Tout à fait oui
– On a toujours fait ensemble
– *Lorsque vous travailliez, vous vous étiez... vous vous étiez dit... enfin vous l'aviez formulé, voilà quand on sera à la retraite on partira à l'étranger, on ira visiter des pays ?*
– On travaillait du premier janvier au 31 décembre hein. Et puis après y avait les enfants, y avait les parents, y avait... pff...
– On pouvait pas y aller
– On pouvait pas
– *Et vous avez l'impression que là maintenant vous vous faites plaisir ?*
– Oui on se fait plaisir
– *De vrais plaisirs ?*
– On se fait de vrais plaisirs, oui
– *Lorsque vous venez comme ça dans un pays comme... comme le Maroc, qu'est-ce que vous avez... qu'est-ce que vous attendez... qu'est-ce que vous espérez de ces vacances quand vous êtes à l'étranger*

– Ben, d'abord on espère le dépaysement, d'abord. On n'est pas toujours... on est des fois surpris comme ici au Maroc, y a beaucoup de contrastes quand même
– *Lesquels ?*
– Ben y a le Club ici, les grands hôtels et à côté, il y a quand même de la différence hein énorme
– *Quand vous étiez jeunes, vous avez eu des vacances ?*
– Non, jamais
– Ah non, jamais
– *Vous n'avez pas quitté la Vendée ?*
– Ah ben non, jamais
– *C'est une fois que vous vous êtes mariés ?*
– Ah si, à huit ans, j'avais été en Loire Atlantique, on avait été voir quelqu'un de la famille mais c'était toute une expédition de faire 100 km !
– *Et vous ?*
– Ah non, nous, on n'était, on n'est jamais partis non
– *Mais maintenant...*
– Ma mère travaillait, on était dans une petite maison et puis elle avait une vache et puis elle élevait un petit peu de volaille, comme ça pour pouvoir payer le champ où la vache pouvait aller et puis mon père était journalier agricole eh ben nous, on était très, très pauvres, on n'avait rien du tout. On est parti travailler à 12 ans, on n'avait rien, alors les voyages, non !
– *Vos premiers voyages, vous les avez, vous les avez connus ensemble ?*
– Mon premier voyage, oui que j'ai fait en vélo — et encore qu'on m'avait prêté — c'était pour aller passer mon certificat d'études, avant de partir travailler à Saint-Gilles à 8 km de chez nous, c'est tout oui.
– *Vous arrivez parfois dans des pays où justement il y a beaucoup de pauvreté.*
– Oui
– *C'est quelque chose que, que vous ressentez ?*
– Oui, je le ressens mal quand même, je me dis quand même ça... ça fait mal au cœur de voir ça quoi euh. Je vois au Mexique, quand on y était quand on voyait des petits enfants qui étaient tout... qui demandaient à manger... qui demandaient... On avait mauvaise conscience. Je me disais mon Dieu nous qu'on a été pauvres et puis mais bon ben, on ne peut pas donner à tous, c'est pas possible. Comme là les gamins qui quêtent et tout, ben on peut pas donner à tous mais enfin vraiment, ça fait un peu mal au cœur quand même
– *Les premières vacances, vous vous en souvenez que vous vous êtes payées ensemble, parce que ça a dû être à ce moment-là un événement ?*
– Oui, on était allés à Lourdes
– Oui, en 59
– On était allés dans les Pyrénées
– *Vous êtes allés à Lourdes ?*
– Oui, en 59, oh la la !
– Mais on était en voiture, notre première voiture
– *C'était la première fois que vous voyiez les montagnes ?*
– Ah oui, la première fois !
– Oui, je me souviens qu'elle me disait : mais non on passera jamais, faut faire demi tour
– On se disait : on reverra jamais nos enfants, c'est pas possible !
– Surtout que c'étaient pas des routes comme y a maintenant
– Si bien que j'en avais été malade, moi, arrivée à Lourdes, malade pendant trois jours !

INDEX CULTUREL

A

Andorre (Principauté d') : Petit pays (465 km²), situé dans les Pyrénées et placé sous la souveraineté de la France et de l'Espagne.

ANPE : Agence nationale pour l'emploi. Établissement public fondé en 1967, dépendant du ministère du Travail et qui a pour mission de maîtriser le marché du travail. L'ANPE met en relation les demandeurs d'emploi et les employeurs. Les chômeurs doivent s'inscrire à l'ANPE pour pouvoir bénéficier des allocations de chômage.

Appel du 18 juin : message lancé à la radio depuis Londres le 18 juin 1940, par le général de Gaulle et appelant les Français à reprendre la lutte contre l'Allemagne malgré l'armistice signé par le maréchal Pétain.

Arte : une des trois chaînes (avec France 2 et France 3) de la télévision publique. Elle a une vocation culturelle. Les trois autres chaînes hertziennes, TF1, M6 et Canal+, sont privées.

Ascension : fête chrétienne commémorant la montée au ciel du Christ. Elle a toujours lieu un jeudi, quarante jours après Pâques. Jour férié.

Assemblée nationale : proclamée pour la première fois en 1789 par les délégués aux états-généraux du royaume. Depuis la constitution de la Vᵉ République, elle est l'une des deux chambres, avec le Sénat, du parlement français. Elle est composée de 577 députés élus au suffrage universel direct. Elle exerce une fonction de contrôle du gouvernement. Elle a l'initiative des propositions de lois.

Assomption : fête chrétienne, célébrée le 15 août, commémorant la montée de la Vierge au ciel. Jour férié.

Auchan : chaîne de supermarchés.

B

Bac : abréviation de *baccalauréat*. Examen de fin d'études secondaires. Diplôme national, il sanctionne la scolarité effectuée dans les lycées d'enseignement général ou technologique et dans les lycées professionnels. Son obtention permet l'inscription dans les établissements d'enseignement supérieur. On indique les années d'études supérieures à partir du bac. On dit, par exemple, Bac + 3, Bac + 5 etc.

Balzac, Honoré de (1799-1850) : un des plus grands écrivains français. Auteur de contes, de pièces de théâtre, il est surtout apprécié aujourd'hui pour ses romans et nouvelles réunis sous le titre *La Comédie humaine* dans lesquels il brosse un tableau réaliste de la société française.

Baudelaire, Charles (1821-1867) : écrivain du XIXᵉ siècle. Son recueil de poésies *Les Fleurs du mal* (1857) fut condamné pour immoralité lors d'un procès célèbre. Il y exprime une vision mystique de l'univers où il découvre de mystérieuses « correspondances ». Ses critiques d'art sont à la source de la sensibilité moderne.

Benda, Julien (1867-1956) : écrivain français. Il défend dans son œuvre la connaissance rationnelle et rejette la philosophie du sentiment. Dans *La Trahison des clercs* (1927), il dénonce la démission des intellectuels qui succombent aux attraits des pouvoirs temporels au lieu de demeurer garants de la justice et de la raison.

Berezina : entre le 26 et le 29 novembre 1812, pendant la retraite de Russie, la Grande Armée de Napoléon franchit le fleuve Berezina dans des conditions très difficiles. Plus de 10 000 soldats y laissèrent leur vie, et une partie seulement des troupes put passer sur l'autre rive. Le mot *bérézina* est alors devenu synonyme d'échec catastrophique.

Bofill, Ricardo (né en 1939) : architecte catalan contemporain. À la fin des années 1970, de nombreuses réalisations comme le quartier d'Antigone, à Montpellier, et la construction d'un quartier dans le quatorzième arrondissement de Paris lui ont valu en France un grand succès.

Brandade : spécialité provençale. Morue émiettée, mêlée à de l'huile, du lait (ou de la crème) et de l'ail pilé.

BTS : Brevet de technicien supérieur. Diplôme qui sanctionne des études supérieures courtes (bac +2) dans un domaine technique et permet d'entrer dans la vie active.

C

Caisse d'épargne : fonctionnant presque comme une banque, la caisse d'épargne est chargée de diffuser une forme d'épargne accessible à tous.

Canal de Suez : construit par l'ingénieur français Ferdinand de Lesseps sous le second Empire, il relie la Méditerranée à la mer Rouge.

CAP : Certificat d'aptitude professionnelle. Diplôme qui sanctionne un apprentissage dans un métier manuel et qui permet d'entrer dans la vie active.

Carrefour : chaîne de supermarchés.

CDD : Contrat (de travail) à durée déterminée.

CDI : Contrat (de travail) à durée indéterminée.

CGT : Confédération générale du travail. Première organisation syndicale en France. Proche, dès l'origine, du parti communiste français, la CGT a choisi de ne plus subordonner la lutte syndicale aux objectifs politiques du parti. Les adhérents du secteur public sont désormais plus nombreux que ceux du privé. La CGT est importante dans les grandes entreprises (EDF-GDF, SNCF, les ports, les arsenaux).

Charles X : roi de France, de 1824 à 1830.

Chirac, Jacques (né en 1932) : homme politique français. Militant du gaullisme, il accède pour la première fois au gouvernement sous la présidence de Georges Pompidou. Fondateur du RPR (Rassemblement pour la république), il est à deux reprises Premier ministre (sous la présidence de Valéry Giscard d'Estaing puis celle de François Mitterrand). Il est élu président de la République en mai 1995. Il a également occupé les fonctions de maire de Paris de 1977 à 1995.

Chocs pétroliers : nom donné à des périodes de déséquilibre économique dans les pays occidentaux dues à l'augmentation des prix du pétrole décidé par l'Organisation des pays producteurs de pétrole (l'OPEP).

Cités (jeunes des) : expression couramment utilisée pour désigner les jeunes des banlieues défavorisées.

Citoyen (activité citoyenne, actions citoyennes) : être citoyen se définit par une appartenance à un territoire ou une communauté et par un ensemble de droits et de devoirs. On parle aujourd'hui d'action citoyenne pour des actions qui engagent la personne à l'échelon local (école, entreprise, quartier), national ou européen au service de valeurs reconnues.

CNRS : Centre national de la recherche scientifique. Fondé en 1939, il couvre l'ensemble de la recherche fondamentale. Il est lié aux universités par un dispositif de laboratoires associés.

Colbert, Jean-Baptiste (1619-1683) : homme d'État français. Contrôleur des finances, puis secrétaire d'État à la maison du roi, il a marqué le règne de Louis XIV dans tous les domaines de l'administration publique, de la politique extérieure, des arts, des lettres et des sciences. Sa méthode de gouvernement faite de centralisation, de protectionnisme et d'innovation est passée à la postérité sous le nom de « colbertisme ».

Commission de Bruxelles : la Commission européenne, organe exécutif de l'Union, siège à Bruxelles. Elle établit les textes d'application des dispositions, applique les règles des traités, gère les crédits budgétaires. Composée de vingt commissaires désignés par les États membres, responsable devant le Parlement européen, son mandat est de cinq ans.

Conseil d'État : juridiction d'ordre administratif, le Conseil d'État statue sur la légitimité des actions administratives. À ce titre, il juge, en dernier recours, les litiges dans lesquels l'État et les collectivités peuvent être mis en cause. Il est aussi le conseiller juridique du gouvernement.

Constitution de la Ve République : la constitution de la Ve République (septembre 1958) marque le retour du général de Gaulle au pouvoir. Elle affirme un pouvoir exécutif fort autour d'un président de la République (élu au suffrage universel direct depuis 1965) et d'un gouvernement qui « détermine et conduit la politique de la nation ».

Coupe du monde/Mondial : la Coupe du monde de football a eu lieu en France en juin-juillet 1998. La France a remporté la victoire sur le Brésil.

Crédit Lyonnais : banque.

Croix (La) : journal fondé en 1893. Diffusion : environ 98 000 exemplaires. Quotidien d'actualité générale. Caractéristique : catholique.

Défense (La) : quartier d'affaires moderne dans la banlieue Ouest de Paris, siège de nombreuses sociétés.

Delacroix, Eugène (1798-1863) : peintre du XIXe siècle. Chef de l'école romantique, il est l'auteur de vastes scènes épiques (*Les Massacres de Scio*, *La Liberté guidant le peuple*…).

DESS : Diplôme d'études supérieures spécialisées. Il sanctionne des études de troisième cycle universitaire (bac + 5) à finalité professionnelle.

Deug : Diplôme d'études universitaires générales. Il sanctionne le premier cycle des études universitaires longues (bac + 2) et permet d'accéder au deuxième cycle universitaire.

DEUST : Diplôme d'études universitaires en sciences et techniques, sanctionne le premier cycle de formation scientifique et professionnelle.

DJ : anglicisme, abréviation de *disc-jockey*.

E

Entreprise (L') : magazine économique mensuel, fondé en 1985. Diffusion environ 110 000 exemplaire.

ESB : encéphalopathie spongiforme bovine. Maladie plus connue sous le nom de la *maladie de la vache folle*.

État-providence : conception particulière du rôle de l'État qui prend en charge tous les besoins sociaux (santé, chômage, retraite) des citoyens et les protège des risques.

Événement du Jeudi (L') : magazine fondé en 1984. Devenu *L'Événement* en 1999. Diffusion : environ 167 000 exemplaires. Hebdomadaire d'information générale. Tendance politique : gauche modérée.

Express (L') : magazine fondé en 1953. Diffusion : environ 562 000 exemplaires. Hebdomadaire d'information générale. Tendance politique : droite modérée.

F

Festival de Cannes : festival international de cinéma créé en 1939 dans la station balnéaire de Cannes sur la côte d'Azur. Chaque année, en mai, la Palme d'or est décernée au meilleur film.

Figaro (Le) : journal fondé en 1854, c'est le plus ancien des quotidiens français. Diffusion : environ 391 000 exemplaires. Quotidien d'actualité générale, offrant de nombreuses pages de services (petites annonces). Tendance politique : droite modérée.

Figaro Magazine (Le) : supplément du quotidien *Le Figaro*. Fondé en 1978. Diffusion : environ 531 000 exemplaires. Hebdomadaire d'information générale.

FO : la Confédération générale du travail-Force ouvrière (CGT-FO) est née, en 1920, de la scission avec la CGT. Bien représenté dans le secteur public et l'administration, ce syndicat est aujourd'hui majoritaire dans les hôpitaux, les communes, le ministère des Finances. Il est moins bien implanté dans le secteur privé.

Francs (nouveaux et anciens) : le franc est l'unité monétaire de la France, de la Belgique, du Luxembourg, de la Suisse et de nombreux États d'Afrique francophone. Le franc français a été institué par le Consulat en 1803. Le nouveau franc fut l'appellation provisoire utilisée pour désigner l'unité monétaire, créée en 1960 et valant 100 anciens francs. Certaines personnes âgées calculent encore en anciens francs.

Francs : peuple germanique composé de diverses ethnies. Lors des grandes invasions, ils pénétrèrent la Gaule entre 430 et 450. C'est de ce peuple que sont issues les dynasties des Mérovingiens et des Carolingiens.

Fromages (au lait cru) : fromages faits à partir de lait non pasteurisé. La Commission européenne s'oppose à ce type de fabrication en invoquant des raisons d'hygiène. Les partisans des fromages au lait cru objectent que le lait pasteurisé tue le goût.

Front national : parti d'extrême droite créé en 1972 par Jean-Marie Le Pen. Selon ce parti, c'est l'immigration qui est responsable du chômage et de l'insécurité en France.

Gabs : dessinateur humoristique contemporain, spécialisé dans les dessins d'humour relatifs à l'entreprise.

Gard : département du sud-est de la France, situé en région Languedoc-Roussillon, ayant pour principal centre la ville de Nîmes.

Goncourt (prix) : prix littéraire, fondé en 1903 et décerné chaque année à un roman récemment paru. L'œuvre récompensée est assurée d'un fort tirage.

Goths : ancien peuple germanique qui affirma sa puissance dans l'Empire romain entre les IIIe et VIe siècles apr. J.-C.

Grand Palais : musée parisien où ont lieu de grandes expositions artistiques.

Groult, Benoîte (née en 1920) : romancière française dont l'œuvre est marquée par la préoccupation de la condition féminine. *Le Féminin pluriel,* grand succès de librairie en 1963, écrit à deux mains avec sa sœur Flora ; *Maxime ou la déchirure* (1972) ont été sujets de débats et thèmes de société.

Hérault (département) : département du sud de la France, situé en région Languedoc-Roussillon, ayant pour chef-lieu la ville de Montpellier.

Hugo, Victor (1802-1885) : écrivain, homme politique français, considéré comme la « figure achevée du génie du XIXe siècle », il a marqué de son empreinte la vie publique de son temps à travers ses régimes successifs, qu'il les ait soutenus (monarchie de Juillet, IIe République, débuts de la IIIe République) ou combattus de son lieu d'exil (second Empire). Véritable chef du courant romantique, son œuvre (poésie, théâtre, roman, dessin) occupe une place exceptionnelle dans l'histoire littéraire et culturelle française.

IBM : International business machines. Société multinationale d'informatique.

INSEE : Institut national de la statistique et des études économiques. Organisme public d'information économique le plus important en France.

Ipsos : institut de sondage d'opinion.

Itinérant (L') : un des journaux de rue qui se sont créés depuis 1993. Vendu 10 F par des chômeurs qui conservent une partie du produit de la vente.

Jonquet, Thierry : auteur contemporain de romans policiers.

Jospin, Lionel (né en 1937) : homme politique français. Il succède en 1981 à François Mitterrand à la tête du parti socialiste. Candidat à la présidence de la République en 1995, il a été battu par Jacques Chirac. Il est devenu Premier ministre en juin 1997.

Journal du Dimanche (Le) : périodique fondé en 1948. Diffusion : environ 343 000 exemplaires. Hebdomadaire d'actualité générale. Paraît le dimanche, jour où les quotidiens ne sont pas publiés.

Journées du patrimoine : journées annuelles d'ouverture des monuments historiques publics ou privés habituellement fermés au public.

Juppé, Alain (plan Juppé) : homme politique français. Premier ministre de juin 1995 a juin 1997, il a donné son nom à un plan de sauvetage de la protection sociale dont les mesures annoncées sur le financement des retraites et l'encadrement financier des dépenses de santé provoqua un immense mouvement de grève qui paralysa la France de novembre à décembre 1995.

Kristof, Agota : écrivain contemporain. D'origine hongroise, elle écrit en français. Son roman le plus connu, *Le Troisième Mensonge,* a été traduit dans de nombreuses langues.

L

Label : marque apposée sur un produit pour garantir l'origine ou la qualité.

La Fontaine, Jean de (1621-1695) : écrivain du XVIIIᵉ siècle. Ses *Fables* mettent en scène des animaux et illustrent une morale. Deux des plus célèbres, « La cigale et la fourmi » et « Le corbeau et le renard », font souvent l'objet d'allusions et de citations. La première oppose la cigale qui « ayant chanté tout l'été » se trouve « dépourvue » lorsque l'hiver arrive. Elle demande secours à la fourmi, travailleuse et économe, qui lui répond sans pitié : « Eh bien dansez maintenant. » La seconde montre les dangers de la vanité : le corbeau « tient en son bec un fromage ». Incité par les flatteries du renard à « montrer sa belle voix », il lâche son fromage que le renard s'empresse de manger.

Lainé, Pascal (né en 1942) : écrivain français, essayiste et romancier, il rencontre le grand public avec *La Dentellière* (1974), adapté ensuite au cinéma. Son œuvre traite de l'aliénation féminine, du désarroi de la jeunesse, de la relation entre l'intellectuel et le pouvoir.

Le Clézio, Jean-Marie Gustave (né en 1940) : romancier français, auteur, entre autre, du *Rêve mexicain* (1988). Ses personnages aspirent à l'authenticité face à l'agression du monde moderne. Les Indiens du Mexique avec leur mode de vie réduit à l'essentiel et en harmonie avec la nature donnent une image de cet idéal.

Le Particulier : magazine fondé en 1949. Diffusion : environ 517 000 exemplaires. Bimensuel. Revue de vulgarisation dans le domaine juridique.

Le Point : magazine fondé en 1972. Diffusion : environ 312 000 exemplaires. Hebdomadaire d'information générale. Tendance politique : droite modérée.

Les Inrockuptibles : magazine fondé en 1986. Diffusion : environ 39 000 exemplaires. Hebdomadaire d'information culturelle, accordant une large place au rock et à la musique moderne. Public jeune et « branché ».

Libération : quotidien d'opinion. Créé en 1973 dans la mouvance idéologique de Mai 1968. Ses titres percutants et souvent pleins d'humour, sa liberté de ton le distinguent d'emblée des autres quotidiens. Tendance politique : contestataire gauchiste à sa création, a évolué dans le sens de la modération. Depuis 1981, l'ouverture de son capital l'a fait rentrer dans le rang. Il touche un lectorat plutôt jeune et tire à un peu plus de 160 000 exemplaires. Souvent appelé familièrement *Libé*.

M

Maastricht (traité de) : le traité sur l'Union européenne signé à Maastricht (Pays-Bas) le 7 février 1992 prévoit une intégration accrue des États européens. Il innove en rajoutant à la construction européenne une politique étrangère et de sécurité commune, une coordination dans les domaines de la justice et des affaires intérieures. Il prévoit une monnaie unique.

Magazine littéraire (Le) : magazine fondé en 1966. Diffusion environ 55 000 exemplaires. Mensuel d'information et de critique littéraire.

8 Mai : fête commémorant la victoire sur l'Allemagne en 1945.

Maîtrise (diplôme de) : diplôme de fin du second cycle universitaire, la maîtrise sanctionne quatre années d'études après le bac. Elle comprend généralement la rédaction d'un mémoire.

Marché unique : découlant de l'Acte unique adopté en février 1986, le Grand Marché, ou Marché unique européen, garantit la libre circulation des personnes, des marchandises et des capitaux ainsi que la libre prestation de services. Pour l'essentiel, il est réalisé depuis 1993.

Mets de l'huile : nom d'une chanson reggae connue du groupe Regl'yss.

Mitterrand, François (1916-1997) : homme politique français. Plusieurs fois ministre sous la IVᵉ République, il connaît à partir de 1958 une longue période à l'écart du pouvoir exécutif. Il prend en 1971 la tête du parti socialiste et accède à la présidence de la République en 1981. Réélu en 1988, il est, à ce jour, le seul président français à avoir accompli l'intégralité de ses deux mandats.

Monde (Le) : journal fondé en 1945. Diffusion : environ 379 000 exemplaires. Quotidien d'actualité générale. Un des journaux français les plus prestigieux. Information considérée comme de grande qualité, mise en page austère, place importante accordée aux nouvelles de l'étranger. Tendance politique : centre gauche. Lectorat de cadres et d'intellectuels. Ce journal propose aussi des mensuels plus spécialisés : *Le Monde de la musique*, *Le Monde de l'éducation*, *Le Monde diplomatique*.

Monde diplomatique (Le) : périodique fondé en 1953. Diffusion : environ 164 000 exemplaires. Mensuel, édité par le journal *Le Monde*. Articles de synthèse sur l'actualité en France et dans le monde.

Napoléon Ier, Napoléon Bonaparte (1769-1821) : né en Corse, général sous la Révolution, il remporta de brillantes victoires lors de la campagne d'Italie (Arcole, Rivoli). Devenu Premier consul par un coup d'État en 1799, il se fait couronner empereur en 1804. Sa réorganisation de l'administration, des finances, de la justice (création du Code civil), de l'enseignement (création des lycées) a laissé une empreinte durable sur les structures de la société française. Grand stratège, très populaire auprès des soldats de la Grande Armée, il mena des guerres incessantes avec ses voisins européens. D'abord victorieux (Austerlitz, Wagram), il étendit les frontières de l'Empire. En 1812, l'échec de la campagne de Russie marque le début de ses revers. Il abdique en 1814 et se retire dans l'île d'Elbe, puis reprend le pouvoir pour quelques mois en 1815 (les Cent-Jours). La terrible défaite de Waterloo met fin au premier Empire. Napoléon meurt en exil dans la petite île de Sainte-Hélène.

Napoléon III (1808-1873) : neveu de Napoléon Ier. Exilé lorsque la royauté reprit le pouvoir après la chute de Napoléon Ier, il rentra en France après la révolution de 1848. Élu président de la République, il s'empare du pouvoir par un coup d'État, puis devient empereur en 1852. Le second Empire est marqué par la modernisation industrielle et les grands travaux du préfet Haussmann. La défaite de la France lors de la guerre avec l'Allemagne en 1870 amène la chute du second Empire.

Nouvel Observateur (Le) : magazine fondé en 1950. Diffusion : environ 471 000 exemplaires. Hebdomadaire d'information générale. Tendance politique : gauche modérée.

Officiel des spectacles (L') : magazine. Diffusion : environ 186 000 exemplaires. Hebdomadaire. Brèves informations pratiques (horaires, salles) sur l'actualité culturelle à Paris (cinéma, théâtre, expositions…).

Orsay (musée d') : musée installé dans l'ancienne gare d'Orsay et consacré à l'art de la deuxième moitié du XIXe siècle.

PAC : Politique agricole commune. La PAC est le symbole du Marché commun. Prévue par le Traité de Rome (en 1957) pour une Europe à six, elle a connu depuis de nombreuses transformations. Elle est régulièrement l'objet de renégociations aux lourds enjeux entre les quinze pays membres.

Pacte de stabilité : adopté le 13 décembre 1996, il organise les relations entre les États participant à l'union économique et monétaire. Il vise à garantir des politiques budgétaires strictes de la part de ces pays après la création de l'euro.

Pagnol, Marcel (1895-1974) : écrivain et cinéaste français, né à Aubagne, en Provence, et rendu populaire par sa trilogie marseillaise, *Marius*, *Fanny* et *César*. Il est connu aujourd'hui pour ses adaptations cinématographiques et pour sa série célèbre des *Souvenirs d'enfances*.

Pâques : fête chrétienne commémorant la résurrection du Christ. Elle a toujours lieu un dimanche, entre le 22 mars et le 25 avril. Le lundi suivant est un jour férié.

Paris Match : magazine fondé en 1949. Diffusion : environ 825 000 exemplaires. Hebdomadaire d'information abondamment illustré. Mêle actualité, culture et rubriques sur les célébrités (hommes politiques, vedettes de cinéma, familles royales…). Sa devise : « le poids des mots, le choc des photos » souligne l'importance accordée aux images et à une certaine recherche du sensationnel.

Parité : terme utilisé dans le débat politique en France pour désigner les mécanismes plus ou moins contraignants visant à favoriser un accès égal des femmes aux fonctions sociales et politiques.

Pascal, Blaise (1623-1662) : savant et philosophe du XVIIe siècle, né à Clermont-Ferrand. Le recueil de ses *Pensées* sur la religion chrétienne a été publié après sa mort. Il y incite le lecteur à « faire le pari » que Dieu existe.

Pentecôte : fête chrétienne, célébrée le septième dimanche après Pâques pour commémorer la descente du Saint-Esprit sur les apôtres. Le lundi suivant est un jour férié.

Périgord : région du sud-ouest de la France, réputée pour ses truffes (petits champignons noirs) qui s'étend pour l'essentiel sur l'actuel département de la Dordogne.

PIB : Produit intérieur brut. Ensemble des biens et services produits dans un pays donné.

Picasso, Pablo (1881-1973) : peintre espagnol installé en France. Un des créateurs du cubisme, il a révolutionné l'art moderne par l'audace et la variété de son œuvre. Un musée lui est consacré à Paris.

PME : Petites et moyennes entreprises. Entreprises juridiquement et financièrement indépendantes. Les petites entreprises ont moins de 20 salariés ; les moyennes ont de 20 à 499 salariés.

PMI : Petites et moyennes entreprises industrielles. Entreprises ayant de 10 à 499 salariés et dont le chiffre d'affaires ne dépasse pas 100 millions.

PMU : Pari mutuel urbain, organisme qui détient le monopole des paris sur les courses de chevaux.

Prométhée : dans la mythologie grecque, un des Titans, célébré comme l'ami et le bienfaiteur de l'humanité. Chargé de créer l'humanité, il alla dérober le feu aux dieux. Ses actions déclenchèrent la colère de Zeus. Pour le punir, Zeus le fit enchaîner au sommet du Caucase, où un aigle lui dévorait le foie, qui repoussait sans cesse. Il fut finalement délivré par Héraclès qui tua l'aigle.

Q

Quinze (les) : terme utilisé par les médias pour désigner l'ensemble des quinze pays membres de l'Union européenne au 1er janvier 1995, date à laquelle l'Autriche, la Finlande, et la Suède ont rejoint 7 les douze », signataires de l'Acte unique.

R

Racine, Jean (1639-1699) : écrivain du XVIIe siècle. Il est, avec Corneille, le plus célèbre des auteurs de tragédies classiques et ses pièces figurent fréquemment au répertoire des grands théâtres nationaux. *Phèdre*, tragédie en alexandrins (vers de douze pieds), est inspirée de thèmes de l'Antiquité grecque. Elle met en scène la passion fatale de l'héroïne pour le jeune Hippolyte, fils de son époux Thésée.

Rap : de l'argot américain *to rap*, bavarder. Style de musique apparu aux États-Unis vers le milieu des années 1970, et développé par les Noirs américains. Le rappeur récite des paroles sur un rythme saccadé. Le rap naît commercialement dans la musique de danse des années 1980. En France, ses principaux interprètes sont : MC Solaar, Tonton David, les groupes IAM et Supreme NTM.

RATP : Régie autonome des transports parisiens. Établissement public fondé en 1948 et qui exploite le métro et les bus parisiens. La RATP emploie environ 38 000 salariés.

Religion, guerres de : nom donné aux guerres qui opposèrent catholiques et protestants calvinistes entre 1562 et 1598, date de la promulgation de l'édit de Nantes.

Renoir, Jean (1894-1979) : réalisateur de cinéma. Maître du " réalisme poétique ", il a porté à l'écran plusieurs œuvres de Zola *(Nana, La bête humaine)*.

Restaus du cœur : nés d'une initiative généreuse de Coluche (1944-1986), artiste engagé, les restaurants du cœur sont une réponse à la crise et à la grande précarité. Ils vivent de la générosité des donateurs et du travail de milliers de bénévoles. Ils assurent repas et dons de nourriture en période hivernale.

Richelieu, cardinal de (1585-1642) : cardinal et homme d'État français, qui encouragea l'absolutisme en France en consolidant l'autorité du roi.

RMI : Revenu minimum d'insertion. Allocation créée en 1988 et destinée aux personnes sans ressources afin de leur permettre de se réinsérer dans la société. Près d'un million de personnes en bénéficient.

Rmiste : personne qui reçoit le RMI.

Rock : amalgame des différents styles de musique populaire en Occident depuis environ 1955. Adopté par les chanteurs Eddy Mitchell et Johnny Hallyday, il est devenu populaire en France.

Rome (traité de) : signé le 25 mars 1957 entre les six États déjà membres de la CECA (Communauté européenne du charbon et de l'acier), le traité de Rome est l'acte fondateur de l'Union européenne. Les six pays (Allemagne, Belgique, France, Italie, Luxembourg, Pays-Bas) s'engagent à lier leur destin économique.

Roudy, Yvette : femme politique, militante féministe, ministre déléguée aux Droits de la Femme (1981-1986) durant le premier septennat de François Mitterrand. A fait voter par le parlement une loi permettant le remboursement par la sécurité sociale de l'IVG (interruption volontaire de grossesse). Vice-présidente de l'Internationale socialiste depuis 1988. Chargée du secteur « action féminine » au parti socialiste.

Saint-Yorre : marque d'eau minérale.

SAMU/SAMU social : Service d'aide médicale urgente. Rattaché à un centre hospitalier, le SAMU coordonne l'ensemble des urgences médicales d'un département. Par analogie, le SAMU social désigne un dispositif de secours des personnes en grande difficulté sociale.

SARL : Société anonyme à responsabilité limitée. Dans ce type de société commerciale, la responsabilité des associés est limitée au montant de leur apport de capitaux.

Sciences éco : abréviation de sciences économiques, matière étudiée en faculté de droit.

Sciences humaines : magazine de vulgarisation scientifique qui couvre tous les domaines des sciences humaines (sociologie, économie, psychologie, histoire, etc.). Mensuel. Numéros hors série thématiques.

Sécu (la) : terme familier pour désigner la Sécurité sociale, organisme créé en 1945 assurant la sécurité des travailleurs et de leur famille en cas de maladie, d'accident du travail, de maternité et leur garantissant une retraite. Son financement est assuré par le prélèvement de cotisations sociales payées par les employeurs et les salariés.

Simenon, Georges (1903-1989) : écrivain belge de langue française. Auteur de plus de 500 romans dont la célèbre série des *Maigret* (80 titres), romans policiers dont le commissaire Maigret est le héros.

Simon, Claude (né en 1913) : Écrivain contemporain. Un des principaux représentants du nouveau roman. Prix Nobel de littérature en 1985.

SME : Système monétaire européen. Élaboré à l'initiative du président Valéry Giscard d'Estaing (France) et du chancelier Helmut Schmidt (Allemagne), il encadre les marges de fluctuation des monnaies liées entre elles.

SNCF : Société nationale des chemins de fer français. Établissement public industriel et commercial assurant l'exploitation du réseau ferroviaire français.

Tauromachie : art de combattre les taureaux dans l'arène.

Technopole : ville où sont rassemblées toutes les techniques modernes.

Télérama : magazine fondé en 1950. Diffusion : environ 627 000 exemplaires. Hebdomadaire de l'actualité de la télévision et de la culture (cinéma, théâtre, livres). Informations pratiques et articles critiques. Clientèle plutôt intellectuelle. Numéros spéciaux thématiques.

Top 50 : émission télévisée des années 50 où l'on classait les meilleures chansons de la semaine.

TVA : Taxe à la valeur ajoutée. Elle affecte toutes les activités commerciales et de service d'un coefficient qui varie selon les produits et les prestations.

U

Union européenne/UE (L') : fruit du traité de Maastricht (voir ce terme), l'Union européenne représente la phase actuellement la plus évoluée de la construction européenne. Elle associe quinze pays et a engagé des négociations pour accueillir des pays d'Europe centrale ou orientale, candidats à l'adhésion.

Vailland, Roger (1907-1965) : écrivain français. D'abord proche des surréalistes, puis compagnon de route du parti communiste jusqu'en 1956 (invasion de la Hongrie), il participe à la Seconde Guerre mondiale comme correspondant de guerre, puis comme résistant. Prix Goncourt en 1957 pour *La loi*, ses romans affichent idées sociales et détachement.

Veuve Cliquot : nom d'une célèbre marque de vin de champagne.

Villette (parc de la) : situé au nord-est de Paris, il abrite plusieurs musées (cité des Sciences et de l'Industrie, cité de la Musique), des salles de spectacle et de cinéma et sert de cadre à de nombreuses manifestations culturelles.

Woodstock : festival de musique rock qui a rassemblé des milliers de personnes sur l'île de White en 1968.

ZEP : Zones d'éducation prioritaire. Elles combinent un encadrement renforcé et de nouvelles méthodes pédagogiques.

Zola, Émile (1840-1902) : un des plus grands romanciers français. *La bête humaine* fait partie du cycle des *Rougon-Macquard*. Dans cette vaste fresque, Zola dépeint toute la société de son époque, à travers les destins individuels des descendants d'une même famille.

Zone euro : ensemble des pays de l'Union européenne ayant adopté au 1er janvier 1999 une monnaie unique, l'euro.

ZUP : zones à urbaniser en priorité. Elles permettent la réalisation d'opérations complexes, mêlant souvent des constructions à usage d'habitation, de commerces, d'entreprises, d'installations et d'équipements collectifs.

TABLE DES MATIÈRES

PARTIE 2
LA CITOYENNETÉ

PARTIE 3
LE TEMPS LIBRE

Crédits photographiques

© **AKG Photo**/E. Delacroix (1798-1863), *Jeune tigre jouant avec sa mère*, Paris, Musée du Louvre : 145 ; P. Klee (1879-1940) © **Adagp**, Paris 1999, *Révolution des viaducs* (1937) : 7, *La belle jardinière* (1939) : 59, « *Park bei lu* » (1938) 111 ; J.E. Millais (1829-1896), Ophelia, 1851 : 36 ; M. Robert (1897-1983) : 16 ; *Veintimilla*, Francisco Toaquiza : 140. **J.L. Charmet**, *Les émigrants italiens arrivant gare Saint-Lazare*, Gravure de H. Meyer in Le Petit Journal, 1896 : 92. **Ciric**/A. Pinoges, 1987 : 94. **Editing**/G. Atger, *Vendanges en Bourgogne* ; *Lycée J. Brel, La Courneuve* : 8 ; J. P. Bajard, *France Télécom*, Lyon : 12 ; J. Graf, 109 ; D. Giry, *Elections municipales*, Nov. 1996 : 85 ; J.M. Huron, *Boulangerie*, Beaumes de Venise : 8 ; *Cheminots en grève* : 43 ; J. M. Lalier, *Usine MBK*, St Quentin : 8 ; J. F. Marin, *Hôpital E. Herriot*, Lyon : 8, 26 ; V. Paul, *Tour et salle de contrôle* : 8 ; P. Schuller, *Rencontres pour l'emploi* : 48, 161. **Enguerand**/M. Del Curto : 133 ; M. Enguerand, *Opéra équestre, Zingaro* : 133 ; C. Masson, *Casse-noisette* : 132. **Gamma**/G. Bensadoun : 147d ; Daher : 73 ; F. Demange : 70 ; 74 ; M. Deville : 153h ; M. Djamdjian, Paris, *le marché aux livres anciens de Brancion* : 147g ; Gaillarde, *E. Badinter* : 83 ; L. Monier, *Benoîte Groult*, 1993 : 31 ; C. Vioujard, *R. Bachelot* : 83. **Gamma Sport**/*Finale coupe du monde*, France-Brésil : 158. **Giraudon**/Didier, *Métallurgie*, Paris, Musée du Petit Palais : 12 ; H. Gervex, *À la direction de la République française*, Paris, Musée d'Orsay : 88. **Hoa Qui**/B. Bois : 100 ; T. Borredon : 104g ; J. Bravo : 100 ; W. Buss, *Strasbourg, Palais de l'Europe* : 64bg ; *Paris jardin de la mosquée* : 90hg ; 104h ; *St Petersbourg, Cathédrale Sts Pierre et Paul* : 157 ; S. Grandadam, *Marseille, Panisse autour de Pagnol* : 116 ; G. Guittard : 113 ; M. Renaudeau, *Eglise russe* : 90m ; *Paris, Statue de la Liberté* : 90bd ; Ph. Renault, *Lyon, Les murs peints de la cité des Etats-Unis* : 53 ; D. Reperant, *Bourgogne, vignoble de la côte chalonnaise* : 89 ; X. Richer, *Défilé du nouvel an chinois, Paris* : 90mg ; *Eglise de la Madeleine* : 90bg ; G. Rigoulet, *Mairie de Villalet*, Eure : 81g ; 104mb, bd ; C. Sappa, *Place de la Concorde* : 90md ; C. Vaisse : 100 ; C. Valentin, *Village de Chalen-çon* : 116bd ; B. Wojtek, *Strasbourg, Grande rue* : 64md ; A. Wolf, *L'Assemblée Nationale* : 81d ; 100 ; K. Zefa et H. Benser : 123 ; J.F. Lanzarone : 142. **Jerrican**/ P. Nieto, 56 ; **Keystone Paris**/A. Rata, *Paris, quartier de la Chapelle* : 93. **Kipa Interpress**/J.F. Rault : 146b. **Opale**/G. Plazy : 146 ; J.L. Vallet : 146g. **Pix**/V.C.L. : 23. **Jean Pottier**, *Paris, juin 1995* : 39. **Prod DB**/Marius : 120 ; *Film de Erick Zonca, La vie rêvée des anges* :144. **Rapho**/ F. Bibal : 103 ; J.C. Bourcart, *rave party*, 1990 : 134 ; H. Donnezan : 100 ; F. Ducasse, *fondation Maeght* : 132 ; J. Hilary : 153b. **L. Schifres** : 132. **Stills Press Agency**/D. Charriau : 136.

Crédits textes

© **INSEE** : Les femmes, 1995, p. 171. © **Belfond** : Danièle Luce-Alet, *L'argent de la chance*, 1996. © **Librairie Plon** : Jean-Didier Urbain, *L'idiot du voyage*. © **Armand Colin** : R. Schor, *Histoire de l'immigration française*. © **Editions Bernard Grasset** : Philippe Alexandre, *Paysages de campagne*. © **Figaro Magazine** : n° du 20 sept. 1997. © **La Croix** : n° du 4 juin 1998. © **L'Evénement**.D.R. © **Le Nouvel Observateur** : n° du 15 mai 1997, n°du 11 juin 1998, n°du 9 février 1995, n° du 28 avril 1998, n°du 6 mars 1997, n°du 14 novembre 1996, n° du 23 juillet 1998, n° du 11 juin 1998, n° du 17 septembre 1998, n° du 2 avril 1998, n° du 5 novembre 1998, n° du 15 mai 1997. © **Denis Pessin**. © **Editions du Seuil** : Agota Kristof, *Hier*. © **Buchet Chastel** : Roger Vaillant, *Drôle de jeu*. © **Editions Gallimard** : *La dentellière* ; *Français et étrangers* ; *La vie de ma mère*. © **Editions Balland** : Vivre me tue, Paul Smaïl. © **Libération** : 27/11/97 ; 14-15/03/98. © **Willem**. © **Joe Magee**. © **Le Monde**. © **Plantu**. © **Passi Balende**, *Je zape et je mate*, 1998 by **Editions DELABEL** - 24 place des Vosges - 75003 Paris & **Editions POLYGRAM** - 20, rue des Fossés St Jacques- 75235 Paris Cedex 05. © **Sciences Humaines** : n°73, juin 1997 ; n°30, juillet 1993 ; hors série n°10, sept.95. © **Nathan** : Education civique, 4ème 1998. © **Dictionnaires Le Robert** : Petit Robert 1998.

Avec nos remerciements à

© **Auchan** : campagne publicitaire bio. © **FNAC** : DDB Advertising, Geoffroy de Boismenu, Affiche « toutes les musiques se croisent », 1998. © **CFDT Magazine** : N°205, juin 95. © **Belin** : La France en Europe et dans le monde. © **Agence Saatchi** : campagne publicitaire Carrefour. © **7 jours Europe** : spécial Euro. © **Les Inrockuptibles** : 20 mai 1998 © **Le Journal du Dimanche** : n° du 2 août 1998. © Panorama du Languedoc Roussillon : éd. 1998. © **Edater** pour la carte de la région. © **Croix Rouge Française** : n°383, Présence Croix Rouge. © **Larousse-Bordas**, 1996 : Gérard Mermet, Francoscopie 1997. © **Groupe Extension** : n°103, avril 1994 du journal L'Entreprise. © **Forest Hill** : campagne publicitaire. © **Les Editions Bernard de Fallois** : M. Pagnol, extrait de Marius. © **Editions d'Art Albert Skira** : J.M.G. Le Clézio, Haï. © **Télérama** : n°2463 ; n°2096 ; n°2358.© **Montpellier District** (campagne publicitaire 1988 à 1990) © Médias & langage DR. © Festival International de Francophonie en Limousin, ed. 1997.